社会调查与评价

民生智库"社会调查与评价"课题组◎编著

国家行政学院出版社
NATIONAL ACADEMY OF GOVERNANCE PRESS

·北 京·

图书在版编目（CIP）数据

社会调查与评价 / 民生智库"社会调查与评价"课题组编著 . -- 北京：国家行政学院出版社，2025. 1.

ISBN 978-7-5150-2967-2

Ⅰ . C915

中国国家版本馆 CIP 数据核字第 2024S6P584 号

书　　　名	社会调查与评价	
	SHEHUI DIAOCHA YU PINGJIA	
作　　　者	民生智库"社会调查与评价"课题组　编著	
统筹策划	王　莹	
责任编辑	孔令慧	
责任校对	许海利	
责任印制	吴　霞	
出版发行	国家行政学院出版社	
	（北京市海淀区长春桥路 6 号　100089）	
综 合 办	（010）68928887	
发 行 部	（010）68928866	
经　　销	新华书店	
印　　刷	北京九州迅驰传媒文化有限公司	
版　　次	2025 年 1 月北京第 1 版	
印　　次	2025 年 1 月北京第 1 次印刷	
开　　本	170 毫米 ×240 毫米　16 开	
印　　张	19.5	
字　　数	287 千字	
定　　价	75.00 元	

本书如有印装质量问题，可随时调换，联系电话：（010）68929022

民生智库 "社会调查与评价" 课题组

组　长：张　磊

副组长：周红英　　包启挺　　张洪云　　熊山华　　张家华　　刘丽丽

成　员（按姓氏笔画排序）：

　　　　王东华　　王永平　　邢艳杰　　朱兰香　　杨立娟

　　　　杨丽娟　　张　娜　　苑　云　　唐艳红　　韩　朔

编 委 会

主　编：张洪云

副主编：陈季琴　方　园

成　员（按姓氏笔画排序）：

于　瑶	王文娟	王晓霞	王静妍	毛丽红	申明华
付世龙	邢　岩	毕晓佳	刘　源	关凯承	李　璐
张珊珊	张俊娜	张海叶	陈　欢	陈　颖	陈佳云
金志玲	宗　莉	赵引凡	赵明月	胡嘉琪	梁庆宇
程　成	程红红	谢卓玉	潘　吟	冀　娜	

推荐序一

　　社会调查作为一种科学研究方法，对于我们理解社会现象、分析社会问题、剖析问题根源、制定社会政策以及推动社会进步具有重要意义。本书为我们提供了一个系统了解、科学运用、深度掌握社会调查与评价的载体与工具。全书以清晰的结构和逻辑、扎实的实践应用案例，生动呈现社会调查与评价国内外现状、常用方法、相关要点及实践应用。无论是学术界的研究者还是政策制定者，或是对社会科学充满好奇心的普通读者，都能从本书获得深刻的见解和实用的指导。期待本书激发每位读者对社会科学研究方法更全面的理解以及对社会现象更深层次的思考。

金勇进

中国人民大学统计学院原院长、教授

推荐序二

　　重视调查研究是我党的光荣传统和优良作风,社会调查、统计分析始终贯穿于决策和市场运行之中。党的十八大以来,以习近平同志为核心的党中央高度重视调查研究工作,习近平总书记作出"调查研究是我们党的传家宝,是做好各项工作的基本功"的深刻论断,多次强调以深化调查研究推动解决发展难题。在统计学中,社会调查法是一种常见的数据信息收集方法;在现代政府治理中,社会调查是提升治理能力和治理水平的重要手段。随着大数据、人工智能等新技术的不断涌现,社会调查的手段和方法也不断完善和创新。社会调查与评价将通过深度融合社会学、统计学、经济学、计算机科学、心理学等多学科,为解决复杂的社会问题提供更具创新性和综合性的解决方案。本书通过扎实的实证研究,结合丰富的实践案例,系统呈现了当前社会调查与评价的状况,将抽象的理论概念转化为具体可操作的方法和路径,为相关从业者和研究者提供参考。本书紧跟时代发展的步伐,提出了数智治理时代社会调查与评价工作的展望和建议,为对该领域感兴趣的从业者和学者的研究和学习提供启发和指导。

郑　新

北京市统计局原总统计师

推荐序三

本书以严谨的方法论和翔实的实证案例，为我们呈现了一个多维度的社会调查图景。它不仅是关于如何开展社会调查与评价的图书，更是引导我们深入思考构建共建共治共享格局的指南。编者通过脉络梳理、要点总结与案例研究，展现了社会调查与评价在公共服务、经济发展和政府治理中的作用机制与效果。本书中的研究不仅关注调查与评价的使用和操作，更关注调查与评价在支撑决策优化、优化治理格局、提高资源配置效率等方面的效用。

在过去的20多年里，随着中国经济的不断成长和壮大，中国旅游业逐渐成为国家重要的经济和社会发展力量之一，在促进经济繁荣、拉动国内消费的同时，也满足了人民对美好生活的追求，推动了社会、经济和自然的可持续发展。尽管中国旅游业在国内和国际上均取得了很大的成就，但仍然需要政府、行业和社会各方共同努力，通过对旅游行业的调查、分析与评价，在精准把握行业发展现状的基础上，以新质生产力为着力点，以技术赋能、生产力要素创新性配置和产业深度转型为引导，制定更合理、更有效的旅游行业发展政策和规划，推动中国旅游业更高质量发展。

作为联合国旅游组织大使，我关注到书中关于社会调查在文化旅游领域的讨论。书中对于未来完善旅游服务质量评价体系、深化信用监管体系建设、推动监管数字化智能化发展等问题的探讨，为我们提供了一定启发，有助于我们更好地理解和应对旅游领域社会调查的机遇与挑战，激发我们创造更多有利于社会和谐、文化繁荣、环境友好的文化旅游实践。

在此，希望本书的出版，能够引起社会各界对社会调查与评价的广泛关注与深入思考，促进学术界、政府、企业及社会组织间的对话与合作，共同推动全社会的可持续发展。

祝善忠

联合国旅游组织大使

原国家旅游局副局长

推荐序四

　　社会调查是指人们为达到一定目的，有意识地通过对社会现象的考察、了解和分析、研究，来了解社会真实情况的一种自觉认识活动。中国共产党在长期革命和建设实践中，形成了一切从实际出发、理论联系实际、实事求是的思想路线。调查研究是贯彻这一思想路线的重要手段，它有助于我们更好地了解实际情况，制定正确的方针政策，推动工作的发展。一百多年来从毛泽东同志提出"没有调查，没有发言权"的重大命题，到习近平总书记作出"调查研究是我们党的传家宝，是做好各项工作的基本功"的深刻论断，重视调查研究成为党的优良传统和作风。

　　社会调查作为一种认识活动，其起源可以追溯到原始社会末期。为了生存和发展，部落首领需要掌握本部落的人口、食物、武器等情况，可以视为社会调查的萌芽。随着社会分工的细化，特别是奴隶社会的出现，国家为了管理社会、征税、征兵等，开始对人口、土地、财产等社会资源进行调查。这些调查活动不仅满足了统治者的需求，也推动了社会调查方法的初步形成。在中国，现代社会调查肇兴于清末，并在民国时期得到了广泛的发展，随着近代中国社会的急剧变迁，社会调查成为了解社会实情、制定社会政策的重要工具。政府、社会团体、学术机构等纷纷开展社会调查，以应对各种社会问题。当代社会，随着信息技术的飞速发展和大数据时代的到来，社会调查与评价的方法和技术也在不断更新和完善，现代社会科学研究越来越依赖于数据分析和实证研究，社会调查成为获取这些数据的重要途径。同时，随着全球化的加速和社会问题的复杂化，党的十八大提出"国家治理体系和治理能力现代化"的重大命题，社会调查与评价在了解社会现象和问题、为政策制定和社会治理提供科学依据方面的重要性日益凸显。

但是我们在与相关政府部门、治理主体的沟通交流中发现，不少主体对如何充分用好社会调查与评价、如何科学开展社会调查与评价、如何发挥社会调查与评价在提升治理能力大局中的效能等方面缺乏系统指导和思考。

习近平总书记强调要提高调查研究能力，认为这是提升工作本领的关键。他提出了调查研究的"五字诀"，即"深、实、细、准、效"。这意味着要深入群众和基层，保持求真务实的作风，认真听取各方面意见，深入分析问题，确保调查研究的有效性。

社会调查与评价作为我国现代化治理体系的重要环节，已经在支撑公共服务、经济发展、政府治理等工作上积累了丰富的实践经验，关于社会调查干什么、何时干、怎么干等问题亟须系统梳理和研究，形成系统化的方法体系和工作指引，以便更高效、更智能、更多元化开展，在未来解决和应对更多更复杂的社会治理问题中发挥支撑作用。

科学的本质是方法。有效运用和创新社会调查方法，可以提升社会调查人员的科学素质，增进社会调查人员的聪明才智。本书在这样的时代背景和现实需求下应运而生，秉承"为社会思考、为国家献策、为人民发声"的使命，以助力治理体系和治理能力现代化为目标，积极发挥社会智库在多元治理格局中的重要作用，系统梳理国内外社会调查与评价现状、方法与要点，列举当前我国在公共服务、经济发展、政府治理领域开展的社会调查与评价实践，旨在为相关工作者指迷为悟，提供有效参考和借鉴。

本书通过大量的研究分析和实践案例，展示了当前我国社会调查与评价工作的全貌与特点，为实践应用提供了有力的支撑，是一本理论与实践相结合，既具有实操指导意义又富有启发思考意义的专业图书，兼具研究性与工具性。本书组织结构合理、逻辑性强，包含的信息量大、覆盖面广，引用的资料详尽准确，力求让读者在轻松易懂的阅读中掌握社会调查与评价的精髓。它不仅是一部关于如何进行社会调查的指南，更是一部教会我们如何运用科学的方法和严谨的态度去评价社会现象、解决社会问题的宝典，是一本值得相关领域从业者反复阅读和思考的好书。

社会调查与评价是一项永无止境的探索，随着社会的不断进步，我们的调查工具和评价标准也需要不断地更新和完善。2024年，中国将开展第三次全国时间利用调查，这是社会调查为国家治理能力现代化服务的一项重要举措。本书的出版不是终点，而是一个新的起点，在此，我衷心希望本书的出版能够引起相关部门和领域的广泛关注和讨论，为推动社会调查的发展贡献一份力量。同时，我也鼓励广大读者认真阅读本书，积极思考并勇于探索。期待读者能够通过本书获得有价值的见解。

陈争平

清华大学人文学院教授

目　录

第一章　社会调查与评价的现状、方法和要点……………… 1
第一节　国内外政府工作社会调查与评价现状 ……………… 1
第二节　常用方法与工具 ……………………………………… 11
第三节　社会调查与评价工作要点 ………………………… 23

第二章　公共服务调查与评价 ……………………………… 35
第一节　交通出行 …………………………………………… 35
第二节　养老服务 …………………………………………… 53
第三节　生态环境 …………………………………………… 69
第四节　园林绿化 …………………………………………… 83

第三章　经济发展调查与评价 ……………………………… 101
第一节　营商环境 …………………………………………… 101
第二节　市场监管 …………………………………………… 120
第三节　文化旅游 …………………………………………… 137
第四节　就业环境 …………………………………………… 153
第五节　乡村振兴 …………………………………………… 167
第六节　农村人居环境 ……………………………………… 186

第四章 政府治理调查与评价 ···························· 201

第一节 政府绩效 ································· 201

第二节 城市精细化管理 ··························· 220

第三节 环卫一体化 ······························ 236

第四节 乡村治理 ································· 250

第五节 数字政府——智慧园林建设与应用 ·············· 266

第五章 建议与展望 ······························· 283

第一节 调查评价工作优化建议 ······················ 283

第二节 调查评价在政府工作中的展望 ·················· 287

后 记 ······································ 296

第一章
社会调查与评价的现状、方法和要点

习近平总书记指出："调查研究是谋事之基、成事之道，没有调查就没有发言权，没有调查就没有决策权。"重视调查研究是党和国家在各个历史时期做好领导工作的重要传家宝。调查评价在国际国内政府工作中都有广泛深入的应用，在发展过程中衍生出收集、分析和决策的系列方法和工具。本章从调研对象确定、样本选择、调研数据获取、工作质量控制到调研报告撰写各环节，提炼出很多指导性的工作要点，为社会调查与评价工作的实施提供借鉴。

第一节　国内外政府工作社会调查与评价现状

早在20世纪中叶，社会调查在西方发达国家已发展成熟，调查主体、范围、领域等不断拓展，政府与社会智库之间的合作不断加强，社会智库成为政府决策的重要支撑。自社会调查引入我国以来，逐渐应用于政府工作中，了解民生状况、掌握经济发展、助力政府治理等。在新形势下，加强政府与社会智库合作，深化社会调查在政府决策中的应用，是推动国家发展和社会进步的关键。

一、国外政府工作社会调查与评价情况

（一）社会智库在国外政府和国际组织中发挥重要作用

1.专业智库在国外政府工作中扮演重要角色

随着社会进步与科技发展，世界各国对智库建设越来越重视，独立运营的智库大量兴起，政府与智库的合作越来越频繁。专业智库作为"政府外脑"不仅参与基础社会情况摸排，还参与政府重要决策过程，以及政策制定和对未来发展预测及研判等。"想政府所想""想政府所未想""紧紧跟上国家的决策进程"作为智库建设的主要方针，使之在国家建设发展中的地位和作用越来越突出。

一是深受政府信赖，在重点工作和重要事务上应用普遍。专业智库依靠其扎实深厚的资政能力、与政界广泛深入的联系、精准专业的对策建议及多样化的社会覆盖度等，为政府提供坚实的数据基础和多角度视野，帮助政府更精准地掌握社会需求、评估政策效果、预测政策影响等，同时在政策宣传和社会发展趋势等方面发挥重要作用，是政府推行新政的重要支撑[1]。如美国、英国和法国等众多国家，在公共政策、国防和安全政策、公共事务、国际事务等领域涉及的多项重点工作和重要事务中，委托专业智库来提供政策建议和解决方案。这些智库因其高质量的研究和咨询服务，成为政府在寻求专业建议时的重要合作伙伴[2]。

二是应用领域广泛，是政府决策和预测的重要支持力量。近年来，国外智库综合性不断增强，应用领域日益广泛，从传统的内政、外交、军事扩展到经济政策、社会福利、环境保护、科技创新、公共卫生、文化教育、城市发展规划、网络安全等多个领域。如在经济政策方面，提

---

① 赵国安.全球主要国家智库建设发展经验启示 [EB/OL]. https://c.m.163.com/news/a/IQTLFFFL105387ILS.html.

② 如全球知名的专业咨询和市场研究智库盖洛普（Gallup）、兰德公司（RAND Corporation）、尼尔森（Nielsen）、凯度（Kantar）和益普索（Ipsos）等。

供市场分析、财政策略、国际贸易、经济预测及政策分析。在社会福利领域，研究如何构建更加公平和可持续的社会保护体系。在环境保护方面，致力于气候变化、生态保护和绿色能源政策的研究，为政府提供实现可持续发展的方案。在公共卫生领域，如研究疫情应对、健康政策和医疗体系改革，帮助政府提高应对公共卫生危机的能力。在城市发展规划方面，则提供城市规划、住房政策、交通管理等多领域的研究结果与对策建议。国外智库的综合性和应用领域的广泛性，为政府在多个重要领域的决策提供了多维度视角与前沿建议，成为推动社会进步和国家发展的重要力量。

2.国际组织与社会智库常态化合作开展社会调查

国际组织在经济发展、劳动就业、健康与公共卫生、环境与可持续发展等多领域与专业智库深入合作，为推动全球社会问题解决、提升全球治理质量、提高政策有效性、增进国际社会的团结与协作提供决策依据，也为国际合作和学术交流提供了宝贵信息。

由国际劳工组织、劳氏船级社基金会和社会智库开展的《职场暴力和骚扰经历：全球首次调查》，对就业者在工作中是否经历某种形式的暴力和骚扰等开展了调查，结果显示现有的政策和预防体系在大多数情况下不够充分或不被信任，为各国政府和组织制定或改进相关政策、法规和预防措施提供了依据[①]。

由世界卫生组织（WHO）联同联合国儿童基金会（UNICEF）、联合国教科文组织（UNESCO）和联合国艾滋病规划署（UNAIDS），在美国疾病控制与预防中心（CDC）的技术协助下开展的全球学校学生健康状况调查项目（Global School-based Student Health Survey，GSHS），为学校健康和青少年健康计划和政策开发资源，其调查结果对于制定公共卫生策略、学校健康教育计划和预防措施具有重要意义。

由世界银行与社会调查机构合作开展全球治理指标项目（Worldwide

---

① 劳工组织报告：超过五分之一的人受到职场暴力和骚扰的影响 [EB/OL]. https：//news. un.org/zh/story/2022/12/1113042.

Governance Indicators，WGI）、全球人才竞争力指数项目（Global Talent Competitiveness Index，GTCI）、营商环境调查项目（Business Ready Survey），激励国家提高治理水平、人才竞争力和商业环境，吸引投资和促进经济增长。

此外，其他国际组织如经济合作与发展组织（Organization for Economic Co-operation and Development，OECD）、联合国妇女署（UN Women）、世界自然保护联盟（International Union for Conservation of Nature，IUCN）等在经济发展、性别平等和妇女权利及生物多样性保护等多个领域积极委托社会智库开展各类社会调查工作。

（二）部分国家委托社会智库开展社会调查的典型实践

英国、德国、美国等发达国家在20世纪就建立了成熟的社会调查体系，在多个领域广泛开展社会调查，并将调查结果与工作实践相结合，为政策制定和社会管理等提供参考。

1.科研评价与英国社会调查

英国在科学研究和技术创新方面拥有全球领先优势，稳固、定期且高标准的科研评价对英国科研政策的制定、执行和成效具有深远影响[1]。如英国政府分别在1993年、2007年与2019年开展了政府科研能力评估；在2014年对弹射中心网络建设情况开展第三方评价；2017年对弹射中心网络绩效表现等情况开展第三方评价。这些科研政策、机构及项目评价展现出四个共同特征：一是内部评价和外部评价相结合的模式，通过聘请独立第三方来保证评价结果的客观公正性。二是定量分析和定性分析相结合的方式，确保数据充分性及分析结果的完整性与科学性。三是以回顾总结和未来展望相结合的方式，对成果和经验进行梳理和评价，同时对未来长期发展提供有力支撑。四是突出时效性和实效性，通过开展周期性评估保障科研结果影响力和创新效益。

---

① 谢会萍.英国科研评价政策、实践和典型案例研究[J].全球科技经济瞭望，2022（1）：18-25.

2.经济、民生视角下的德国社会调查

德国较为典型的社会调查有德国综合社会调查（ALLBUS）和德国选举研究（German Election Studies）等，通常涉及德国民众对社会福利、教育、环境、移民等问题的态度和看法，以及政治选举和政党支持率的关注。除综合社会调查外，德国还专注于聚焦经济和民生等领域开展特定议题的社会调查，其共同特点是由政府部门、研究机构或政府委托的社会智库发起。如在经济领域，德国商业银行委托德国权威民调机构针对中小企业经理人开展的营商环境调查评价；在民生领域，某调查公司联合科研单位在全国范围内开展的名为"幸福地图"的调查等①。

3.公共政策评估与美国社会调查

自20世纪50年代政策科学最早出现在美国以来，政策评估成为美国政策执行过程的一个重要环节，作为政府检验政策效果、提高决策质量的重要手段②。进入21世纪以来，美国公共政策评估框架更加成熟，形成了行政系统、立法系统和第三方评估机构三类主体相互补充、相互牵制的格局③。这种格局形成了美国公共政策评估的五个特征：一是以法律为基础，确保政策评估的规范化和制度化。二是对接绩效数据，提高政策评估精准性。三是以结果应用为导向，增强报告对政府工作开展的影响力和约束力。四是凸显多元利益诉求，确保各方诉求得到充分表达和权衡。五是评估覆盖领域广泛，逐步扩展到文教卫生、交通运输、城市建设及经济发展、环境、外交、人口、公共服务、人工智能等领域。

---

① 德"幸福地图"调查，小镇居民更开心 [EB/OL]. https://baijiahao.baidu.com/s?id=1800519956953325738&wfr=spider&for=pc.

② 邓剑伟，樊晓娇 . 国外政策评估研究的发展历程和新进展：理论与实践 [J]. 云南行政学院学报，2013（2）：35.

③ 国家发改委评督司 . 美国公共政策评估制度与实践概述 [EB/OL]. https://www.ciecc.com.cn/art/2021/1/4/art_2218_65438.html，2021-01-04.

二、国内政府工作社会调查与评价情况

（一）主要特点

国内政府工作社会调查与评价经过长期的发展，形成了以下主要特点。

1.调查范围广泛

具体表现为调查区域范围广泛，涵盖省、市、县行政区域，如中国综合社会调查（CGSS）、省级文明城市测评调查等；调查对象范围广泛，覆盖个人、家庭、社区、组织、企业、政府等，如湖州"万名群众评议机关"调查、城乡居民垃圾分类意识及现状调查等。

2.调查内容全面

调研内容涵盖人口、就业、教育、健康、贫困、环境、文化、政治、经济等方面。如就业状况调查、中国居民健康素养监测、农村社会经济统计调查、中国家庭收入调查、中国教育追踪调查、消费者满意度调查等。以农村社会经济统计调查为例，目前其调查内容涵盖农业、农村工业、农村建筑业、农村运输业、农村批零贸易业和其他服务行业，全面反映农村经济和社会发展的条件、过程、成果和效益[1]。

3.调查视角深入

调查视角深入具体表现为社会调查从物质层面深入到精神层面，既包含社情调查，如政治、经济、文化、社会和生态领域的各项事务，又包含民意调查，如居民的社会思想、观念、看法、意见、态度、感受等内容。如全国民生问题满意度电话调查，针对就业、政府部门服务、交通、社会治安、住房、教育、医疗服务、（生态）环境、社会保障、社区公共服务、食品安全、司法公正等方面进行居民满意度调查[2]。

---

[1] 何焕炎. 新中国农业、农村统计发展的历史沿革 [N]. 中国信息报，2022-09-20.

[2] 水延凯，江立华. 社会调查教程第六版 [M]. 北京：中国人民大学出版社，2014：35-39.

4.调查方法多样

现代社会调查评价的开展既强调运用入户走访、蹲点调查、实地考察等传统调查办法，也强调运用统计调查、抽样调查、网络调查等现代科学调研方法，对调查资料进行解剖麻雀式的精细化分析与思考。如计算机辅助电话访谈（CATI）、计算机辅助面对面访谈（CAPI）、网络调查、社交媒体分析、人工智能辅助分析等，这些方法体现了社会调查在适应数字化、网络化时代的转型，以及在数据收集、分析和应用方面的创新。

5.调查主体多元

伴随社会经济的发展，社会调查评价的主体越来越多元化，有党政机关单位、高校科研院所、社会第三方专业咨询公司等。社会调查结果的呈现形式也逐渐丰富，有调查研究报告、统计公报、调查研究数据库等。如由中国社会科学院社会学研究所发起的"中国社会状况综合调查"、由某咨询公司参与的全球幸福指数调查、中国消费者趋势研究等。

（二）基础现状

1.把握特点，综合应用

基于对政府工作的了解，可以将社会调查分为全面调查、抽样调查、典型调查和个案调查等。各类型调查是政府把握社会事物特点所作出的不同应对方式。全面调查侧重对调查对象的全面系统调查，以获取全面的数据资料、掌握调查对象的整体情况为主要目的，具有涉及面广、工作量大的特点。全面调查在普查工作中应用较多，如经济普查、人口普查、农业普查等。抽样调查侧重随机抽取调查样本，以部分样本情况推算总体情况，为全面调查数据质量评估提供强有力佐证。典型调查侧重以少量典型概括和反映全局，便于寻找产生突出问题的成因。个案调查侧重对某个社会问题、现象的深入解剖研究，对于了解和认识未知社会现象、总结某类社会现象规律具有重要作用。

在政府实际调查工作中，抽样调查更为普遍。抽样调查具有随机性高、时效性强、经济性、适应面广等特点，广泛运用在当前社会调查项目中，如基本公共服务满意度调查、居民满意度调查等。

社会调查开展过程中会综合应用多种调查方式共同开展调查。如抽样调查时，也会应用典型调查和个案调查作为辅助调查方式，多种调查方式相互结合，各自发挥最大效用，提升调查工作的效率和准确性，保障调查结果和调查质量，更好地服务政府工作。

2.瞄准目标，分级开展

在政府实际工作开展中，社会调查的组织实施主体多是国家部委、省（自治区、直辖市）、县（市、区）以及乡镇（街道）政府部门等。不同主体组织开展的社会调查评价目的和需求不同。

涉及国家重要战略、重要工作、重大政策等的社会调查项目由单个部委组织或多个部委联合组织开展，为国家掌握全国发展基础与现存问题等情况，调整优化战略部署起到了重要作用。如脱贫攻坚、京津冀协同、养老、美丽中国等重大战略相关开展的社会调查项目等。

省（自治区、直辖市）的社会调查评价重点围绕本地区在落实国家重大战略时的难点、堵点以及本地区实际工作开展，为地方解决工作问题或打通难点堵点制定相关政策，完善相关策略，优化相关举措等提供了重要基础支撑。如为落实国家关于就业相关政策部署，各省市开展的就业状况调查项目等。

县（市、区）级的社会调查评价为发现区域问题，掌握区域特点，做出区域特色提供了重要数据资料支撑。如某区为发现本区域在营造生态宜居、干净整洁的生活环境方面的问题而组织开展的区域人居环境满意度调查等。

乡镇（街道）的社会调查重点围绕国家关于基层的重大战略部署等内容开展，为国家重大战略真正落实到基层，促进基层发展具有重要作用。如农村人居环境、乡村振兴等相关社会调查为农村地区人居环境的改善和农村经济的发展提供了翔实的数据资料，推动农村地区及时调整相关策略。

3.着眼经济,保障民生

基于对政府工作的了解,可以将社会调查大致分为与经济发展相关的社会调查和与民生相关的社会调查,体现着政府对于经济发展和保障民生的重视。

与经济发展相关的社会调查主要目的在于通过掌握真实的客观的数据,全面系统地了解真实的经济运行状况,预测经济发展趋势,为政府决策提供支持,推动经济结构优化升级、促进经济发展与社会和谐。相关的社会调查有经济普查、民营经济调查、国土调查、文旅消费者调查等。

党的十八大以来,保障和改善民生愈发成为社会建设的重点,与民生相关的社会调查主要目的在于深入了解民众需求与关切,服务人民生活,促进民生问题的解决与相关政策举措的调整优化,让发展惠及更多人群;了解民生政策制定的科学性,审视政策实施效果;推动改善城市品质,构建和谐社会,创建美好生活。如围绕就业、养老、交通出行、食品安全、文化等开展的相关社会调查等,对了解、掌握和解决相关诉求与问题,改善人民生活起到了重要作用。

4.因时制宜,纵横结合

结合政府工作中社会调查项目持续时间情况,可以将社会调查分为横剖调查和纵贯调查。横剖调查和纵贯调查的应用体现着政府对社会现象、社会问题、社会状况及其发展变化等的整体思考和不断拓展延伸的立体化思维。

横剖调查在众多社会调查中更普遍。横剖调查侧重在某个时间节点对当下存在的新旧社会现象、社会问题、社会状况等进行横向调查,把握一定时空范围内的社会结构状况和特征。因其调查面广、历时短,现被广泛应用于经济、民政、交通、生态环境、城市管理等领域,如就业失业状况调查、交通出行民意调研、乡村振兴调查、生态调查等。

纵贯调查侧重掌握长时间段内事物的发展变化情况,回溯发展脉络,分析发展趋势,了解掌握政府政策在一段时间内的实施落实情况。如针对规划实施开展的中期评估、针对规划编制开展的前期研究等,对了解和掌握前一段时间内规划落实情况，明确未来的工作重点发挥着重要作用。

除此之外，某些社会调查项目应用横剖调查和纵贯调查相结合的方式开展，共同促进数据资料的全面获取与掌握，推动相关政策的调整完善。

5.关注变化，分频应对

基于对政府工作的了解，结合政府工作社会调查开展的频次，可以分为一次性调查、连续性调查和追踪调查。不同频次的社会调查体现着政府对社会发展变化的积极应对。

不同频次的社会调查评价侧重点不同。一次性社会调查旨在为解决临时发生的问题或临时出现的热点事件提供数据参考和资料支撑，强调临时性和突发性。连续性调查可细分为定期连续开展和常态化开展两类。定期连续开展的社会调查强调定期连续地获取某类社会问题、社会现象相关资料和数据，监测其发展变化情况，为政府决策提供数据支撑。如低保特困人员的定期走访、定期开展的交通大调查等。常态化开展的社会调查主要是为了长期稳定地对某现象、问题等进行调查，强调稳定性。追踪调查强调长时间地持续收集调查对象不断发展状况的资料，以动态掌握发展趋势为主要目的。追踪调查多涉及民生问题，如全国居民消费价格指数（CPI）调查、收入监测调查等。

连续性调查越来越普遍。随着问题的发展变化程度越来越深，一次性社会调查转变成连续性社会调查，使常态化社会调查越来越多。

（三）面临的形势

面对内外部环境变化，社会发展的不确定性和风险增加，人民对美好生活的向往越来越强烈，科技革命深入发展，为我国政府工作社会调查带来新的机遇与挑战。

1.社会快速发展创造新需求

随着社会的快速发展，人民群众对美好生活的向往和期待越来越高，社会新现象和新问题不断涌现，使社会调查的内容不断增加和丰富。基于社会发展变化，政府在社会调查过程中，需要对原有的工作模式、手段等进行调整和更新，以满足工作需要。发挥专业机构的作用，积极应对社会发展变化为社会调查工作本身和政府管理带来的新需求，不断提升社会调查工作的专业度和深度，提升社会调查质量和水平，是未来政府工作面临的形势之一。

2.信息技术发展带来新路径

现阶段，大数据、人工智能、云计算、天眼等卫星定位系统、遥感探测等数字信息技术正在逐步融合应用于社会调查全过程，为社会调查快速、精确地获取相关数据和资料提供了更加便捷和迅速的手段和方式。充分利用好"云、物、移、大、智"等新技术，推动数字技术应用于社会调查的全过程，促进传统调查模式与现代信息科学技术的深度融合，提高社会调查效能与质量，将为政府工作提供新机遇。

3.数据资源应用提供新思路

社会调查评价数据对于深入理解社会问题，推动政府政策制度优化、服务效能提升具有重要作用。培养数据治理思维，深入挖掘分析调查数据资源，为政府科学决策和政策制度优化调整提供数据支撑；推动调查数据的深度开发利用，培育调查数据优质应用，促进调查结果发挥实效，将数据资源转化为提升政府工作的内生动力，将为政府工作提供新思路。

4.公众持续参与提出新期待

近年来，公众参与政府公共决策的必要性和重要性日益凸显，对政府工作事务的参与意识不断增强。推动不断增强的公众参与意识与当下政府治理改革的融合，积极拓宽公众参与途径，广泛征集并听取公众意见建议，增强公众参与的获得感和满足感；同时推动社会智库、社会组织深度参与政府工作事项的全过程，发挥"思想库""智囊团"的作用，提高社会调查资料的效度与信度，将为政府工作提出新期待。

第二节 常用方法与工具

习近平总书记在《之江新语》中关于"调查研究是一门致力于求真的

学问，一种见诸实践的科学，也是一项讲求方法的艺术"的重要论述，深刻教育我们，能调研、会调研、善调研必须首先把握好正确的方法论，坚持系统思维、强化统筹协调，切实提高调查研究的科学性、针对性、实效性。本章主要从收集、分析、决策三个维度出发，系统地梳理和总结了社会调查研究过程中常用的方法和工具，为"调出实情、研出实策、办成实事"提供参考。

一、收集方法与工具

（一）常用方法

1.案头研究

案头研究主要指收集、鉴别、整理文献，并通过对文献的研究形成对事实科学认识的方法[①]。调研人员通过系统地收集、整理和分析与调研主题相关的文献、报告、统计数据等获取相关信息。收集途径主要有政府网站、新闻媒体、图书馆及各类数据库平台等。

2.问卷调查

问卷调查是社会调查研究活动中用来收集资料数据的一种常用方法。常规流程包括问卷设计、抽样设计、调查执行、数据回收等环节。具体调查过程中一般通过入户调查、拦截访问、电话调查、网络问卷推送或自助扫码等方式开展，由受访者结合自身情况和看法填写问卷，来收集受访者的主要数据和意见建议，了解目标群体的主要观点。

3.实地调研

实地调研也称为"田野研究"，是除实验研究外其他所有在真实环境中进行研究的方法总称。在具体实践中，实地调研方式包括察访核验、体验式调查、现场观察等多种形式。

---

① 刘雅姝.多维视角的重大突发事件演变机理及应对策略研究［D］.长春：吉林大学，2021.

4.量表法

量表法是一种通过标准化测量工具来收集数据的方法，广泛应用于社会调查工作中。其核心在于通过设计一系列量表来评估受访者的心理特征、行为倾向、态度等，从而得出兼具科学性和客观性的结论。

5.焦点座谈会

焦点座谈会是一种通过小组讨论获取数据的方法。调查人员邀请一组具有相似背景或特征的受访者进行面对面讨论，通过观察和记录小组成员的互动和讨论内容，获取深层次的观点和见解。

6.大数据技术

随着互联网技术的发展及智能化时代的到来，利用互联网收集相关数据已逐渐成为社会调查工作中不可或缺的方式。如网络爬虫作为自动抓取互联网信息的程序或脚本，在社会调查研究中可以用来收集与调研主题相关的网页、图片、视频等资料。需要注意的是，在使用网络爬虫时，应遵守相关法律法规和网站的使用协议，避免侵犯他人权益。

（二）常用工具

1.问卷调查法使用的工具

调查问卷。调查问卷是一种有效收集数据和信息的工具，通过一系列有组织的问题，获取受访者的观点、态度、行为或特征等信息。如在满意度调查中，可以通过问卷获得公众对公共服务的满意度评价、不满意原因和改进建议等。

调查系统。调查系统是一种通过互联网进行数据收集的工具，受访者通过网页、电子邮件或社交媒体链接访问并填写调查问卷。调查系统可以通过线上或线下两种方式执行。线上调查系统主要用于网络调查，线下调查系统主要用于移动面访。

电话访问系统。计算机辅助电话调查（CATI）是一种利用专业软件、计算机、电话等硬件进行的互动式电话访问工具，是现代调查研究中高效收集数据的重要手段。电话访问系统一般用于访问对象较为明确的大样本调查，比如在国内旅游抽样调查、劳动者就业失业调查中，通常采用计算机辅助电话调查。

2.实地调研法使用的工具

观察记录表。观察记录表是一种用于系统化记录观察对象行为、事件或环境的工具。根据研究需要，可以选择公开式观察或隐蔽式观察，观察记录表可以在观察中记录或观察后回顾整理。如在公园绿地监管中，检查考核人员根据评分标准，对照公园管理和服务涉及的指标逐项巡检打分。

手机或平板电脑。手机和平板电脑在社会调查中提供了调查访谈、拍摄记录、定位、数据传输等便捷高效的多功能解决方案，适用于各种调查项目。如将调查系统下载至手机或平板电脑端，可以和后台数据库连接，自动保存实地调研产生的数据、录音、图像、视频等资料，待审核确认，上传后台数据库，实现高效的数据采集。

卫星定位系统。卫星定位系统调查是利用定位技术收集地理位置信息的方法，用于社会调查中可以了解人们的行为轨迹、移动模式和空间使用情况。如在交通调查领域，车载设备将车辆信息通过卫星系统传输至监控中心，监控中心根据接收到的车辆信息结合GIS系统实现对车辆的定位及交通信息的检测[1]；在生态环境调查领域，通过利用卫星、无人机或其他遥感技术，监测环境空气质量、污染源排放等情况，从而实时获取监测范围内空气质量数据。

3.量表法使用的工具

李克特量表。李克特量表是一种等距量表，常用于测量观念、态度或意见。量表由评价相关的一组陈述和其评价尺度组成，评价尺度设为五级，即为五级量表，分别记为5、4、3、2、1，计算整体的评价结果。在实际研究中，根据研究需要选择相应的量表，可以使用更高级的量表细化测评颗粒度，也可以使用四级量表，去掉"不一定"中性回答，强制受访者作出选择。

---

① 马红江.交通调查方法及优缺点分析［J］.科技展望，2016（36）：280.

李克特量表使用示例

举例：假设要调查劳动者对当前工作的态度，根据李克特量表，可以设计问题如下：

当前工作能够提供符合预期的薪资水平：

5.非常同意　　4.同意　　3.一般　　2.不同意　　1.非常不同意

语义差别量表。语义差别量表主要用来测量受访者对特定概念、对象或事件的态度。语义差别量表也是由一组描述和评价尺度组成，用两个相反意义的形容词来描述评价对象，在两个描述之间设定5级或7级量表尺度，受访者根据自己的感知在两个极端描述之间进行选择。

 语义差别量表使用示例

举例：假设要调查村民对当前农村人居环境的评价，根据语义差别量表，可以设计问题如下：

请您评价当前农村人居环境：

整洁的	3	2	1	0	−1	−2	−3	脏乱的
宁静的	3	2	1	0	−1	−2	−3	嘈杂的
活力的	3	2	1	0	−1	−2	−3	破败的

4.座谈访谈使用的工具

座谈访谈常用工具主要是访问提纲，用于引导调查员与被调查对象聚焦某一主题开展交谈、充分互动，收集个人经验、意见、态度和观点等主观性数据。根据访谈类型，可分为结构式访谈提纲、非结构式访谈提纲和半结构式访谈提纲。

5.其他工具

仪器设备。根据不同调查对象特征，可使用专业仪器设备开展调查。如在生态环境调查领域，使用颗粒物采样器、烟尘烟气测试仪等特定设备，收集和分析大气中的污染物数据，监测特定区域的空气质量；在交通调查领域，使用RFID相关仪器，通过短程无线通信技术监测交通信息；在园林绿化调查领域，利用测高仪、Picus树木断层检测仪、TRU树木雷达检测系统等进行树木测量检测，利用测距仪、罗盘仪、RTK设备等测量绿地、绿地的四至范围和面积，利用航空飞机、卫星和无人机等设备开展遥感测量。

监测平台。监测平台是一种用于实时收集、处理、分析和展示数据的系统或软件，旨在监控和管理各种数据、现象的状态和性能。如营商环境领域的"无感监测"体系，通过技术手段对营商环境进行实时、全面的监测和评估，以经营主体无感的方式进行全流程全量在线监测，减少对企业的打扰；如市政环卫领域的环卫监管系统平台通过信息化手段建立大数据分析系统，采集、分析、应用环卫清洁服务过程中的数据信息；在企业用工监测领域，由被监测企业每月通过监测系统平台填报经营情况及用工情况等相关数据，提高了信息收集效率；园林绿化领域使用智慧园林精细化管理平台，利用物联网、大数据、云计算、移动互联网、信息智能终端等新一代信息技术，实现园林绿化智慧化服务与管理。

二、分析方法与工具

（一）常用方法

1.环境分析方法

PEST分析。PEST分析是一种影响因素的分析，指影响一切行业和企业的各种宏观力量。它涵盖了政治、经济、社会和技术四个方面的因素。在社会调查领域中，通过运用PEST分析方法，能够实现对社会现象、政策影响、市场趋势等的全面剖析。

外部因素评价矩阵。外部因素评价矩阵（External Factor Evaluation Matrix，EFE）是一种用于评估组织面临外部环境机会和威胁的方法。通过对关键外部因素进行加权评分，明确其在外部环境中的优势和劣势，为制定战略提供参考。

内部因素评价矩阵。内部因素评价矩阵（Internal Factor Evaluation Matrix，IFE）与外部因素评价矩阵相对应，是一种用于评估组织内部优势和劣势的方法。通过对组织内部的资源、能力、管理、文化等关键因素进行加权评分，帮助组织明确自身在内部环境中的优势和劣势，指导组织制定合适的战略规划和决策。

2.调研对象分析方法

利益相关者分析。利益相关者分析是一种识别、评估和管理与特定项目、政策或社会现象有利益关系的个体或群体的方法。其有助于了解不同利益相关者的利益诉求、权力关系、影响力以及利益相关方对所关注问题的态度和行动。在社会调查评估中，通过有效的利益相关者分析，可以帮助决策者制定更为全面和有效的策略。

标杆分析。标杆分析是一种通过将组织的产品、服务、流程或战略与行业内外的最佳实践进行比较，来识别、理解和采纳优秀做法的方法。其旨在帮助组织识别差距、设定改进目标，并找到提升竞争力的有效路径。在社会调查领域中，标杆分析具有广泛的应用价值，不仅可用于评估特定社会现象，还可以用于优化社会调查的方法和流程。

交叉分析。交叉分析又称立体分析，是在纵向分析和横向分析的基础上，从交叉、立体的角度出发，由浅入深、由低级到高级的一种分析方法[①]。其用于分析两个变量之间的关系，实际应用中通常把这个概念推广到行变量和列变量之间的关系。

聚类分析。聚类分析是对检查样本或指标进行分类的一种多元统计分析方法[②]。适用于大样本调查项目，其将多个原始变量通过分类合并为较少的综合变量。这些综合变量代表了数据中的一些主要特征或趋势。通过聚

---

① 徐基田."读者网上借阅、快递送书上门"服务需求调查与分析［J］.四川图书馆学报，2016（5）：60-63.

② 王骁珺，等.上海地区67例百岁老人中医体质的聚类分析［J］.老年医学与保健，2018（3）：305-307.

类分析可以实现在常规配额分类的基础上，结合数据情况及特点进一步细化分类，发现新的维度，从而在全新的数据维度上进行统计分析。

五力分析。五力分析模型，也被称为波特五力分析模型，该模型主要包括供应商的议价能力、购买者的议价能力、潜在竞争者进入的能力、替代品的替代能力、行业内竞争者现在的竞争能力五个方面。通过对五力分析进行调整优化延伸到社会调查评价工作中，可以分析不同社会现象或问题的竞争和影响力因素。

3.关键因素分析方法

相关性分析。相关性分析是指对两个或多个具备相关性的变量元素进行分析，从而衡量两个变量因素的相关密切程度。需要注意的是，相关性的元素之间需要存在一定的联系或者概率才可以进行相关性分析。

因子分析。用少数几个因子去描述多个指标或因素之间的联系，即将比较密切的几个变量归在同一类中，每一类变量为一个因子，以较少的几个因子反映原资料的大部分信息[①]。通过因子分析方法，能够以更精练、更易于理解的公共因子概括出主要影响因素。

回归分析。回归分析法指利用数据统计原理，对大量统计数据进行数学处理，并确定因变量与某些自变量的相关关系，建立一个相关性较好的回归方程，并加以外推，用于预测因变量未来变化的分析方法。根据因变量和自变量的个数通常可分为一元回归分析和多元回归分析。

（二）常用工具

1.统计分析工具

数理统计工具可以用于研究对象分析和关键因素分析，较为常用的有SPSS、EViews等工具。

SPSS软件。SPSS软件是一种面向商业和社会科学的统计分析软件，提供了描述性统计、推断性统计、预测分析等丰富的统计分析方法。SPSS界

---

① 马骥.县域经济产业竞争力的评价研究［J］.新疆农垦经济，2010（1）：30–33.

面操作简单，可以通过鼠标操作和对话框参数设置实现统计分析，其交叉表的描述性统计分析功能可以快速实现各统计变量的交叉分析，即时输出分析结果，也可以将结果导入Excel表，和原数据进行对照分析。

EViews软件。EViews软件是一款计量经济学软件包，广泛应用于经济学、金融学和管理学，具有较强大的数据分析、计量分析、时间序列分析、经济模型建立和预测等功能。EViews进行数据处理分析，可以对原始数据进行去重、填充、变量定义等操作，以得到更加准确完整的数据集。EViews可以选择多种统计模型和方法进行计量分析，比较常用的如线性回归、面板数据分析等，可以在此基础上进行经济预测和政策评价分析。EViews具有较好的操作界面，可以通过鼠标进行操作，形成散点图、折线图、趋势图等可视化图形工具，以便更好地分析结果和研究结论。

2.编程分析工具

随着网络编程技术的发展，新兴编程分析工具在社会调查研究分析中逐步应用。编程分析工具能够更加高效便捷地处理大数据及网络数据资源，同时通过编程可以满足个性化分析需要。较为常用的工具是Stata软件、R语言和Python语言。

Stata软件。Stata软件是一种通用的统计分析软件，提供了丰富的数据模型和分析方法，既可以实现回归分析、时间序列分析、生存分析、面板数据分析等，也可以满足研究人员在数据分析中的多样化需求。Stata软件在数据处理方面更为灵活，能够进行高级的数据管理、清洗、变量定义和数据转换操作，同时也可以通过编程语言来实现相关操作。

R语言。R语言是一种广泛应用于统计分析和图形表示的开源编程语言，拥有强大的统计分析能力。如通过cor（ ）函数可以计算相关系数，corrplot包可以生成相关系数的图形展示，Hmisc包提供了更详细的描述性统计和相关性矩阵输出。

Python语言。Python语言是一种流行的高级编程语言，在数据分析领域的应用日益广泛。使用Python语言进行相关性分析时，pandas库可以方便地计算数据帧中的相关系数，而seaborn和matplotlib库则能用于可视化相关性矩阵或散点图。

3.质性分析工具

社会调查评价中经常需要对各种文献资料、访谈资料、网络公开信息等进行质性分析，提取其中的主要观点和讨论热点。质性分析常用的工具有思维导图、质性分析软件、词云图等。

思维导图。思维导图以一个主题、多个对象为中心，从各个维度思考相关的要素，构建发散性思维图谱，同时可以搭建不同对象之间的关联关系，将复杂任务形成清晰化的机构图。目前应用较为广泛的思维导图软件如X-MIND、WPS思维导图。

鱼骨图是思维导图的一种重要形式，用来分析问题的根本原因或关键要素。鱼骨图的鱼头位置代表要解决的问题或缺陷，各类原因排在大骨两侧，通过团队讨论、专家意见或数据分析来确定主要原因。

质性分析软件。NVivo是最为常用的一款定性数据分析软件，适用于文本、图片、录音、录像等多媒体数据资料的处理、分析和可视化。通过NVivo软件可以对导入的多媒体定性数据资料进行编码，根据研究的需要进行数据资料的标记，同时也可以对数据资料进行查询、分析和可视化，最终输出分析结果。

MaxQDA是用于质性分析和混合方法研究的软件包，可以对访谈记录、报告、表格、调查数据、座谈会讨论、文献、图片、音频、视频及互联网公开信息资料等进行分析，功能强大、兼容性好。MaxQDA在分析过程中支持对数据资料进行批注、释义、总结或进行可视化操作，也支持定量数据和定性数据的联合分析展示。

词云图。词云图是质性分析较好的结果展示工具，利用语言分析技术和软件，对大量数据资料和文本形成词频分析，并生成可视化的图像技术。词云将词语按照一定顺序和规律进行排列，并以文字的大小代表词语重要性，同时通过美观的布局和契合主题的轮廓，形成较好的视觉效果。目前应用较为广泛的制作软件如Dycharts、WordArt等。

三、决策方法与工具

（一）常用方法

1.成本效益分析法

成本效益分析法是一种常见的决策分析方法，通过比较不同决策方案的成本和效益来评估其价值。在公共管理中，成本效益分析常用于评估项目的可行性和决策的经济效益。

2.层次分析法

层次分析法是一种将复杂决策问题分解为多个层次或子系统，并通过建立层次结构模型来进行综合分析和评价的方法。

3.矩阵分析法

矩阵分析法是指通过两个指标的交叉构造成四个象限的分析矩阵，形成四种可能的结果。以指标重要性和满意度的矩阵分析为例，将各指标的满意度得分与该指标的重要性评价进行交互分析，可以得出提高被访者满意度的优先顺序。

4.德尔菲法

德尔菲法是一种综合多名专家经验与主观判断的方法。德尔菲法允许专家在匿名的情况下表达观点来消除权威的影响，使每位专家都能自由地表达自己的想法。通过多轮次的反馈和修正，专家的意见逐渐趋同，提高预测结果的准确性。

（二）常用工具

1.战略地图

战略地图最初用于分析企业外部环境和战略目标之间的因果关系，帮助企业根据自身优势和外部环境，采取相应的发展战略。借鉴战略地图的逻辑框架和可视化工具，可以辅助社会调查评价决策过程。

确定决策考虑的关键因素。从内部因素和外部因素两个维度考虑，内部因素是对采取某种策略最具影响的内部优势，外部因素是对决策影响关键的外部环境。

分析各要素之间的关系。通过已经收集的数据对各个维度的指标进行测算，确定当前政策调整对各维度的影响程度及各维度之间的关系。

政策调整决策。综合各维度得分、相关关系及政策调整最初的目标，进行政策调整的具体决策。

2.波士顿矩阵

波士顿矩阵又称市场增长率－相对市场份额矩阵，最初是企业根据市场增长率和相对市场份额两个指标，对当前产品和服务进行划分，在此基础上制定相应产品服务策略，通过业务的优化组合实现企业的现金流量平衡。其两个指标四个象限的原理可以用于社会调查评估分析中。首先根据分析内容和项目需要，选取两个对评估事项或决策行动最具影响的指标。其次根据两个指标的得分高低划分四个象限，将各评估对象标注在四个象限范围内。最后，根据评估对象所处象限位置制定相应策略。

3.SWOT分析工具

SWOT分析是在开展某项工作或进行某项决策前，对内部的优点（S-strengths）、缺点（W-weaknesses）和外部的机会（O-opportunities）、风险（T-threats）等因素进行态势分析，并在此基础上形成利用优势且把握机遇的决策方案（SO）、利用优势且规避风险的决策方案（ST）、把握机遇且扭转劣势的决策方案（WO）、有所取舍规避风险的决策方案（WT）。

定位决策目标。SWOT工具使用需要有明确的决策目标和研究分析对象，在社会调查与评价中可以用于应对社会现象发展或具体工作推进的决策分析，如运用SWOT工具分析某地区或产业行业发展态势。

多角度全面分析。从多个角度对某地区或产业行业发展的优势、劣势、机会和风险进行分析。

作出决策策略。基于SWOT分析的结果，充分区域资源优势和环境限制，制定相应策略。

4.决策树

决策树是一种基于树状结构的决策工具，由决策点出发，自上而下形成不同的状态节点和结果节点，通过分解各状态节点的概率和期望，确定最终结果节点的风险及损益，经过对各种方案计算比较，确定最优决策方案。在政府公共管理决策中，决策树可以计算不同类型的政策实施效果和风险因素，为政策制定提供依据。

5.KANO模型

KANO模型是根据用户需求分类和优先排序，决定改进的优先级顺序。根据用户对功能的满意度，将功能/服务属性分为魅力属性、期望属性、无差异属性、必备属性、反向属性和可疑结果等六大类，依据功能分类确定提高满意度优先改进的功能属性。

第三节　社会调查与评价工作要点

社会调查与评价工作要点是指导调查评价工作的重要依据。明确调研主体与对象是调查评价工作的起点。合理确定样本及样本量是确保调查结果具有广泛代表性和准确性的关键。数据获取与测算是提取价值信息和得出科学结论的必要步骤。高效有序的工作安排和严格质量控制是确保工作顺利进行和高质量完成的重要保障。调查评价报告是调查评价工作的最终成果展示。各环节相互关联和促进，确保调查评价工作的科学性、准确性和高效性。

一、调研主体与调查评价对象

（一）调研主体

调研主体是社会调查活动的发起者和推动者，具有运用社会调查的客观要求和愿望，决定开展社会调查的目的、性质和类型。调研主体提供实施社会调查活动的必要条件，确保调查能够顺利进行。社会调研主体范畴广泛，涵盖政府、企业、学术机构、非政府组织等多种类型，本书聚焦于党政机关。党委（党组）、人大、政府和政协作为社会调研主体，职能和侧重点有所不同，都致力于通过社会调研推动社会发展进步，实现人民幸福安康。

党委（党组）开展社会调研目的是全面了解社会发展的态势，把握人民群众需求，为党的路线、方针、政策制定和调整提供依据。如在脱贫攻坚工作中，党委（党组）通过深入调研，了解贫困地区产业发展瓶颈和群众就业需求，制定精准扶贫政策，推动脱贫工作高效完成。

人大通过开展社会调查与评价准确把握社会各方面状况和民众需求、意见，为制定科学合理的政策提供依据；评估政府政策的实施效果和公共服务质量，督促政府改进工作；通过广泛收集信息和意见，使决策更加符合人民利益和意愿，体现民主原则。

政府作为社会调查与评价常见主体，凭借其职责使命、资源优势和决策需求，通过开展各类调查与评价活动，为推动社会发展、提升公共服务水平、保障公众利益发挥着不可替代的作用。

政协开展社会调查与评价能够更准确地反映各界别群众诉求和期望，为党和政府决策提供有价值的参考。

（二）调查评价对象

1. 个体与组织

在社会调查评价中，个体与组织主要分为个体、群体和组织三类，他们是社会调查的重要对象。个体是社会调查的基本单位，包含个人、家庭等，如消费者满意度调查对象为消费者个人，农村人居环境调查对象有农户家庭。

群体通常具有某种共性特征或成员之间有一定关联关系。比如，基于地域分布，我国游客抽样调查对象包括城镇居民和农村居民两类群体；基于职业特征，有教师、工人、医生等群体；基于年龄特征，有青少年、中老年、老年群体；基于兴趣爱好特征，有摄影爱好者、音乐爱好者、运动爱好者等群体。

组织有政府机构、非营利性组织和营利性组织。比如，政府绩效评估对象为政府部门，养老服务领域调查对象包括养老机构，食品安全调查对象包括食品生产、销售企业。通过对个体和组织的调查，了解其行为特征、需求、意见及建议等，为政策制定完善、服务供给等方面提供参考。

2.政策与服务

政策与服务密切相关，社会服务的开展需要社会政策的引导和支持，政策的制定与实施需要社会服务作为支撑。在社会调查评价中，政策调查评价对象有经济政策（如财政政策、产业政策）、社会政策（如社会保障政策、教育政策、医疗政策、就业政策）、文化政策（如文化保护政策、文化产业发展政策）、环境政策（如环境保护政策、资源利用政策）等。社会服务调查评价涉及政府教育服务、医疗卫生服务、社会保障服务、文化体育服务、就业服务等公共服务，也有民营企业提供的咨询服务、技术服务、商务服务等。通过对政策与服务的调查，了解政策的制定与社会服务的提供是否满足公众需求、运行效果等。

3.社会行为与活动

社会行为是社会活动基础构成要素，社会活动反过来会影响和塑造个体的社会行为。在社会调查评价中，关于行为的调查有消费行为、交通出行行为、住房租赁行为、就业失业行为、公益行为等。与消费行为相关的活动有产品宣传推广活动、消费体验活动等；与交通出行行为相关的活动有绿色出行宣传活动、交通拥堵治理等；与住房租赁行为相关的活动有租房保障宣传活动、租赁房源清查整治活动等；与就业失业行为相关的活动有就业政策宣传活动、就业援助活动等；与公益行为相关的活动有公益讲座、关爱弱势群体活动等。通过对社会行为与活动的调查，了解行为背后的原因、活动开展效果等，为政策的制定和完善提供依据。

4.资源与环境

资源与环境一般可从自然和社会两个维度划分。在社会调查评价中，自然资源有水资源、土地资源、园林绿化资源、矿产资源、生物资源等；

环境有地理环境、气候环境、生态环境等。通过自然资源与环境的调查，了解其特征、现状、利用情况等，推动社会更好地保护和利用自然资源。

在社会调查评价中，社会资源有人力资源、信息资源等。社会环境有政治环境（如政策法规、政府治理）、经济环境（如经济发展水平、产业结构、就业状况）、文化环境（如民俗习惯、宗教信仰、教育水平）、社会关系（如家庭结构、社区关系）等。通过对社会资源与环境的调查，了解社会现象的形成原因、发展趋势和影响等，为解决社会问题、制定政策和规划提供依据。

5.设施与载体

设施主要包括具体物质设备、建筑与场地等，一般是有形的。载体主要是承载、传递或实现某种功能、价值的形式、手段或平台，有有形和无形之分。在社会调查评价中，设施往往是载体的一部分，而载体则是通过设施实现其功能。如在园林绿化领域，调查对象有体育健身设施、休闲游憩设施、活动广场等，公园本身是社会公共服务的一种载体；在养老服务领域，调查设施可以包含养老床位、应急救援设施等，其载体有养老院、养老驿站、养老中心等；在交通出行领域，调查对象有交通标志、安全防护设施、交通信号、交通监控等设施，载体有交通道路、汽车、火车、飞机等；在环卫一体化领域，调查对象有垃圾收集设施、垃圾运输设备、垃圾中转场站、垃圾处理设施等；在文化旅游领域，调查对象有景区、图书馆等，景区对应的设施有游客服务中心、旅游厕所、导览标识、游乐设施、安全设施等，图书馆对应的设施有图书、数字化设备、桌椅等，景区、图书馆本身是一种载体。

二、样本选择与样本量

（一）全面调查

全面调查涉及范围广，规模大，一般用于重大国力状况调查，如经济普查、农业普查、人口普查等。样本为总体的每个对象，样本量为总体全部对象的数量。如全国经济普查，样本为在我国境内从事第二、第三产业活动的全部法人单位、产业活动单位和个体经营户，样本量为符合以上条件的全部单位的数量。

（二）概率抽样调查

常见概率抽样调查有简单随机抽样、系统抽样、PPS抽样、分层抽样等。概率抽样调查样本量的确定主要受以下几个方面的影响。

一是研究精度。研究精度不同，样本量的大小不同。在社会调查中通常使用的置信度水平为95%或99%。在相同的允许误差范围内，置信度99%的样本选取量要大于置信度95%的样本选取量。

二是总体性质。包括总体规模和总体异质程度。在一定精度要求下，总体越大者，其样本量越大。总体内部异质程度越高，所需的样本量越大；反之，所需样本量越小[①]。

三是分析要求。当调查目的既要了解总体特征，又要了解总体中某部分的特征时，需要对子类的样本量进行评估，确保子样本量能够推断部分特征。

四是抽样方式。不同的抽样方法，所需样本量不同。如系统抽样样本量受抽样间距的影响、分层抽样样本量受层数和各层规模影响。

五是无效问卷。在调查过程中，可能会遇到难以找到调查对象、拒访或调查对象未按要求填写问卷等导致样本量不足的问题，因此要适当扩大样本量。

六是预计投入的调查经费、时间限制等。样本规模越大，意味着投入的财力、人力、时间越多，在实际调查中，需综合考虑各类影响因素，确定最终样本量。

（三）非概率抽样调查

常见非概率抽样有重点抽样、典型抽样、个案调查等。

---

① 赵勤.社会调查方法：第二版 [N].北京：电子工业出版社，2012（8）：267.

重点调查适用于只为掌握基本情况，在总体中、客观上存在重点单位的情景。例如，为掌握全国电商零售领域销售状况，可以选择淘宝、拼多多、京东等几个大型电商企业开展调查，而不必选择全国所有的电商企业。

典型样本的选择需要对总体情况进行必要的分析，再结合实际调查评价目的进行选取，如以了解事物的主要特征和发展过程为目的，就要选取发展形态较为完整的单位作为典型，如以了解某种特殊事物的出现或某一突出问题为目的，就要选取出现特殊事物或问题突出的单位为典型。

个案调查适用于对特定对象进行深入研究的情况，目的通常是为了探索个别对象的独特性、内在因素及其发展过程，以对问题形成深入认识。

非概率抽样调查因样本量分布不确定，抽样误差难以计算，且不能保证抽出的个体对总体的代表性，不能由样本特征推断总体特征。对于非概率抽样，通常通过研究目标、抽选规则、经验、经费等因素来决定样本量。

三、调研数据获取与测算

（一）调研数据获取

数据可从内部和外部两种渠道获取。内部数据是指政府通过已有内部系统收集到的数据，比如文旅部门的全国旅游监管服务平台、旅游统计信息填报系统等，通过系统可知全国文旅市场主体对象、数量、经营管理等有关数据。利用已有数据作分析，可省掉数据采集环节。如系统数据无法满足调查需求，则需开展调查工作采集数据。

外部数据是指政府已经发布的统计数据、行业报告，市场调研公司发布的研究成果，社交媒体、网络平台等产生的公开数据。如是二手数据，需根据研究需求进行数据查阅、整理和取舍，保证数据的可靠性和全面性。如已有外部数据无法满足调查需求，需开展调查工作采集一手数据。

（二）分析测算案例

在数据测算中，通常将定性和定量分析工具结合使用，得到测算结果。下面以某地旅游发展决策为例说明数据的分析测算过程。

1.确定影响因素

调查者通常使用SWOT分析法作战略梳理，罗列某地旅游发展优势与劣势、机会与威胁具体指标。为进一步判断优劣势、机会威胁孰占主导地位，会结合层次分析法、矩阵分析对定性指标进行量化处理。

2.确定因素权重

权重通常可以通过权值因子判断表、变异系统法、层次分析法等方式确定。此处以层次分析法为例，介绍权重确定步骤。

第一步：建立指标层级结构

目标层是要解决的问题，即使用层次分析法达到的目的；准则层是采取某种措施和政策实现预定目标的中间环节；方案层是解决问题的具体措施或政策，见图1-1。

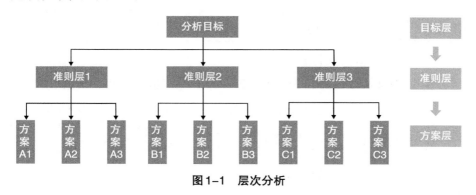

图1-1 层次分析

第二步：构建准则层两两比较矩阵

通过构建比较矩阵，确定各因素的优先级排序。常用的标度方法有9标度法（见表1-1、表1-2）、7标度法和5标度法。确认好标度后，构建判断矩阵。按照9分制，1分表示两者同等重要；分值越大，则前者比后者越重要，比较顺序不同则数值为倒数。例如，C1与C2比较，C1为1/3，C2

与C1比较，C2为3。

表1-1 判断矩阵

A	C1	C2	…	Cn
C1	1	3	…	C1n
C2	1/3	1	…	C2n
…	…	…	…	…
Cn	Cn1	Cn2	…	Cnn

表1-2 相对重要性解释

相对重要标度	理解意义
1	两个元素的重要性一样
3	一个元素对另外一个元素稍微重要
5	一个元素对另外一个元素一般重要
7	一个元素对另外一个元素重要得多
9	一个元素对另外一个元素极端重要
2，4，6，8	表示上述判断的中间值
倒数	若元素 i 与元素 j 的重要性之比为 Bij，则元素 j 与元素 i 的重要性之比为 Bji=1/Bij

第三步：计算各指标权重

在获得指标矩阵的基础上，求得每一行各元素的 n 次方根，得出根向量：

其中，n 为评价因子个数，Ti 为第 i 个因子与第 k 个因子的相对重要程度的标值。

$$Ti = \sqrt[n]{\prod_{k=1}^{n} Xik} \ (i=1，2，3，4，\cdots，n)$$

再求出各评价因子的权重值 Mi

$$Mi = \frac{Ti}{\sum_{i=1}^{n} Ti} \ (i=1，2，3，4，\cdots，n)$$

第四步：指标权重的一致性检验

计算出指标矩阵的最大特征根 λmax

$$\lambda_{\max} = \sum_{i=1}^{n} \frac{1}{nW_i} \sum_{i=1}^{n} x_{ij}W_i$$

进行一致性检验：Ic=（λmax−1）（n−1），考虑一致性偏离有随机影响，因此，检验判断矩阵是否有一致性时，需将Ic值与平均随机一致性指标IR相比较，得出检验系数Rc=Ic/IR，当Rc<0.1时，可认为结果是令人满意的。

3.获取指标评分

针对具体指标评分数据可以通过市场调查或专家访谈得到。此处利用李克特量表，获取市场对相关指标的评分。评价尺度由非常满意、满意、一般、不满意和非常不满意五级，得分分别对应5分至1分进行评价。

 问卷部分问题示例

问题	评价
1.该地区自然风光优美	5.非常满意 4.满意 3.一般 2.不满意 1.非常不满意
2.该地区人文景观具有吸引力	5.非常满意 4.满意 3.一般 2.不满意 1.非常不满意
3.该地区交通便利	5.非常满意 4.满意 3.一般 2.不满意 1.非常不满意

关于每个问题的评分，可使用加权求和得到具体分值。假设调研100人，在问题1中，回答"非常满意"的人数为60人、"满意"的人数为20人、"一般"的人数为10人、"不满意"的人数为7人、"非常不满意"的人数为3人。那么，问题1得分为：

$5×0.6+4×0.2+3×0.1+2×0.07+1×0.03=4.27$分。

其他问题采用同样方式计算得到评分。

4.进行战略决策

基于以上指标、权重和评分，构建矩阵分析，判断优劣势和机会风险占据主导一方，从而作出战略决策，见表1-3和表1-4。

表1-3　外部因素矩阵分析（EFE）

	关键外部因素	权重	评分（-5~5）	加权分值
机会	旅游发展大环境良好	0.3	4	1.2
	国际活动接待	0.1	3	0.3
	都市圈一体化发展	0.15	3	0.45
	小计	0.55	—	1.95
威胁	周边地区竞争力大	0.25	-5	-1.25
	消费者需求多样化	0.2	-2	-0.4
	小计	0.45	—	-1.65

根据表1-3，机会（1.95）大于威胁（-1.65），说明该地区旅游业发展具有广阔前景。

表1-4　内部因素矩阵分析（IFE）

	关键内部因素	权重	评分（-5~5）	加权分值
优势	自然、人文旅游资源丰富	0.2	4	0.8
	区位及交通条件优越	0.1	3	0.3
	客源市场广阔	0.2	2	0.8
	小计	0.5	—	1.9
劣势	整体形象不鲜明	0.2	-5	-1
	基础配套设施需加强	0.2	-4	-0.8
	人员队伍素质待提升	0.1	-4	-0.4
	小计	0.5	—	-2.2

根据表1-4，优势（1.9）小于劣势（-2.2），说明该地区旅游业在发展过程中要关注劣势，弥补自身弱点。

四、主要工作与质量控制

项目执行前质量控制要点。组建专业团队，细分专家顾问、研究、执行、质控等组，明确职责；设计科学项目方案，涵盖调查、执行、质控、分析等流程，确保有章可循；建立严格调查员选拔机制，经初选、培训考核及实地试访后上岗；实施多级常态化培训，贯穿项目始终，确保问题及时发现与解决。

项目执行中质量控制要点。全流程控制数据采集，规范操作，督导现场查，采集自审，复核实时查，确保数据采集质量；严格数据验收，多层把关，确保数据采集结果准确；备份数据与过程资料，保障数据采集过程可追溯。

项目执行后质量控制要点。进行严格的数据清洗。检查数据的完整性、准确性、一致性，进行数据清洗和预处理，包括缺失值处理、异常值检测和处理、数据转换等；进行科学的数据分析。使用统计软件（如 R、Python、SPSS、SAS 等）或数据分析工具（如 Excel 的高级功能、Tableau 等）执行选定的分析方法，对数据进行合理探索，了解数据的分布和特征；进行逻辑清晰和专业的报告撰写。使用直方图、箱线图、散点图、条形图等可视化工具，将分析过程、结果、结论和建议整理成报告，便于理解和交流；进行多重的报告审核，报告撰写人员交叉审核，项目管理组成员集中审核，内外部专家智库评审，以保证报告质量。

五、调研报告撰写重点

调研报告是反映社会调查研究成果的一种书面报告，是整个调查研究过程的全面总结，也是调查研究成果的集中体现。它以文字、图表等形式将调查研究的过程、调查结果、研究结论与研究建议表现出来，以便相关读者能够对调查的研究过程、所采用的方法及所取得的结果有一个比较清楚的认识。

（一）观点鲜明

观点面向关键问题，简单明了地表达。观点鲜明的特征是有针对性、创新性，表达精准。针对性体现在观点是针对某个特定问题和情景，在社会调查研究基础上，实证探讨得出的结论。针对性使观点具有极强的实用价值，能够为解决具体问题提供精准的方向和指导。创新性体现在观点能够突破传统思维的局限和固有模式，以独特的视角和新颖的思路来审视问题。创新性使观点具有前瞻性和开拓性，为解决复杂问题提供富有创意的思路和方法。精准表达体现在将观点的核心内涵和细微差别准确地展现出来，准确无误地传达观点的内涵和意图。

（二）逻辑清晰

调研报告的逻辑是指组织和呈现信息、观点及论证过程的内在结构和顺序，是调研报告的脉络与骨架。在逻辑表现方式上，可遵循以下原则：先重要后次要，优先阐述关键要素，让读者抓重点；先总结后具体，先提供概括，再深入细节，实现由浅入深理解；先框架后细节，先呈现架构，再填充细节，使报告结构清晰、内容丰富；先结论后原因，先给结论，再阐述缘由，读者易认同；先结果后过程，先突出成果，再详述历程，让读者全面认知；先论点后论据，先表明观点，再提供论据，增强说服力，使读者跟上论证思路。这些原则相互关联、相互支撑，决定了报告内容的合理性与条理性。

（三）数据翔实

在撰写调研报告时，数据翔实是确保报告权威性和可信度的重要基石。数据翔实要求数据和资料全面覆盖调研所涉及的各个方面，确保数据的准确性、时效性和深度分析。数据处理方面，遵循科学的研究方法和规范研究流程来确保数据翔实和可靠。在数据解释方面，展示数据的同时，解释数据含义及其对报告主题的影响，避免过度解读数据，保持客观和公正。

（四）语言简洁

确保报告内容精确、语言简洁，紧密贴合委托方需求，提高报告的实用价值。报告内容聚焦关键信息，集中于委托方最关心的数据、分析、建议，避免无关细节。语言简洁明了，避免冗长烦琐，做到言简意赅，重点突出。使用专业术语时，应在首次出现时加以解释，确保读者理解。

第二章 ✎
公共服务调查与评价

　　公共服务是政府的主要职责之一，是政府工作开展社会调查评价的主要领域之一。近些年，公共服务领域的社会调查评价呈现出几个特点。一是愈发关注经济社会高速发展下的新形势、新变化，探索新路径，如场景不断复杂化的交通出行调查；二是愈发关注社会发展趋势，了解趋势特征和影响，如为积极有效应对人口老龄化，持续开展的养老工作调查；三是愈发关注公众美好生活向往，如逐步深入的生态环境、园林绿化等工作调查。

第一节　交通出行

　　交通是兴国之要、强国之基，是经济的脉络和文明的纽带。交通出行调查与评价通过调查获取数据信息，识别交通特征，发现交通发展存在的问题，为交通规划、交通基础设施建设、交通控制与管理、交通安全、交通环境保护等提供可靠的数据和决策支撑。随着科技不断进步，通过大数据、人工智能等技术手段，交通出行调查评价将更加精细化、智能化，为构建安全、高效、绿色的现代交通体系提供有力保障。

一、交通出行发展现状

国外交通出行发展现状展现多元化趋势，融合科技进步与环保理念。

进入21世纪后，科技不断进步，交通出行方式和出行习惯发生变化。绿色和智能成为主流趋势。绿色交通出行强调环保、低碳，电动汽车、氢能源汽车等新能源车辆得到了广泛关注和应用。同时，智能交通系统（ITS）的兴起使交通管理更加高效、安全。国外高度重视交通发展，积极制定交通战略规划。2019年，纽约发布了《建设一个强大而平等的城市》（"纽约2050"），旨在响亮民主、高效交通、现代化的基础设施等8个方面提出战略目标与实施举措。2014年，东京推出长期展望规划《创造未来：东京都长期展望》，提出构建任何人都能顺利且舒适使用的综合性交通体系。2018年出台《伦敦市长交通战略》，倡导出行方式向步行、骑行和公共交通转变，以及提高交通运输效率和能耗效率、调整交通能源使用结构等战略手段，实现交通运输领域的节能减排。新加坡发布《智慧通行2030：新加坡智能交通系统战略规划》，提出全面构建智能城市交通系统。

在《交通强国建设纲要》《国家综合立体交通网规划纲要》《加快建设交通强国五年行动计划（2023—2027年）》等政策的引导下，国内交通领域正迎来一个崭新的发展阶段。交通基础设施不断完善，交通方式日益多样化。高速铁路里程世界领先：截至2023年底，我国高速铁路里程已超过4.5万公里，占世界高铁运营里程的2/3以上，形成了全球最大的高速铁路网。全国公路总里程达到约544.1万公里，其中高速公路总里程位居全球第一，达到近18.4万公里。航空和水运网络不断完善：2023年，我国境内运输机场为259个。2022年，全国港口拥有生产用码头泊位超2.1万个，位居世界首位。各种交通方式服务能力全面提高，客货运输量实现了大幅增长。公路、铁路、水运、民航客货周转量、港口货物吞吐量等主要指标国际名列前茅。2023年，公路人员流动量5655612万人次，同比增长26.1%；水运客运量25771万人次，同比增长121.6%；城市客运量1009981万人次，同比增长27.7%；飞机日均15227班次。2023年完成交通基础设施投资3.9万亿元。

二、交通出行调查评价对象、内容及方法

（一）调查评价对象和范围

1.调查评价范围

调查空间范围可以选择城市群、城市市域范围、城市中心城区、城市具体某一行政区划等、某一重点区域、路段、交叉口。

调查时间范围可以是年度调查、季度调查、月度调查、周调查、日调查。对于客流量的差异，分为工作日和节假日调查、平峰时段和高峰时段调查等。

2.调查评价对象

交通出行调查对象分为交通环境、交通运输运营企业、交通参与者、交通基础设施及载运装备、交通设施和项目等。

交通环境。聚焦于交通活动引发的各种环境问题，调查对象包括但不限于噪声污染、废气排放、地面震动及电磁场干扰等。

交通运输运营企业。聚焦于不同类别的运输服务提供者，以全面了解他们的运营状况和市场表现。调查对象涵盖了公路客运企业、道路货运企业、城市公共汽电车企业、轨道交通企业、出租车公司、网约车企业、共享单车运营企业、内河客货运企业、港口企业、海洋运输企业等。

交通参与者。按照属地划分，分为常住居民、企业职工、流动人口等。按照乘客类型可以分为轨道交通乘客、公交乘客、共享单车用户、出租车乘客、网约车乘客等。

交通基础设施及运载装备。在基础设施方面，调查对象有公路基础设施，包括高速公路、普通国省道、县道、乡道、村道等；铁路基础设施，包括高铁，普铁等；民航基础设施，包括机场等；水运基础设施，包括港口等；城市道路基础设施，包括道路、交通信号、标志标线等；停车设施，包括道路停车、备案公共停车设施、居住小区、公共建筑停车设施等。

在运载装备方面，调查对象包括各种型号的客车、货车、机车车辆、飞机、船舶等。

交通政策和项目。在政策方面，调查对象包括各交通领域行业改革政策、高速收费政策、公交轨道票制票价。

重点工作的调查对象还包括交通行业交通规划、重大决策等。

在服务方面，调查对象包括各交通领域服务质量、满意度、安全评价。

在建设项目方面，调查对象可以是高速公路PPP项目、枢纽建设项目等。

（二）调查评价内容

1. 交通运输企业运营安全和服务质量调查与评价

针对交通行业企业安全生产标准化建设，对水陆客运企业、港口客运企业和危险货物运输企业开展运营安全评价，省际道路旅客运输、包车客运、经营性道路危险货物运输和非经营性道路货物运输企业的安全评估，各类交通事故的调查分析。

对于城市客运企业，定期开展城市公共汽电车、轨道交通、出租汽车等运营服务质量调查评估，确保服务质量符合标准。对道路运输企业的质量信用进行考核，包括轨道、出租、公交、道路客运以及公共停车、互联网租赁自行车服务等行业的信用考核。

2. 交通建设工程各阶段工作、示范工程第三方调查与评价

对于行业影响深远、与群众生活密切相关、投资额较大的交通建设工程，如高速公路新建及改扩建项目、城市快速路新建及改扩建项目、轨道交通新线建设项目、港口、机场、三级及以上航道等建设项目，对项目立项、调整、投资决策、施工方案等方面开展调查及评价。例如建设项目交通影响评价、交通建设工程施工方案评估等。公路运营阶段，如农村公路养护管理调研与评估。

创建示范城市/工程相关的第三方调查与评价包括"四好农村路"建

设情况第三方调研评估、城乡交通运输一体化发展水平自评估、国家公交都市建设示范城市动态评估、交通强国建设情况等。

3.交通行业交通规划、重大决策第三方调查与评价

在政策与规划出台前，预评估包括对政策或项目的可行性、预期效果、潜在风险等进行全面分析。跟踪评估收费价格和补贴政策，如农村公路管理养护体制改革调研评估、高速差异化收费及节假日免费政策调查与评价、交通行业体制改革调查与评价。

实施过程中，中期评估包括对项目进展、实施效果、存在问题等进行系统分析。如静态交通"十四五"规划中期评估及落实情况评估、交通运输"十四五"规划中期评估及落实情况评估。

在完成阶段，后评估是对政策或项目的实施效果进行综合评价。投资项目的调整预评估，如停车专项规划评估、深化出租汽车行业改革政策落地第三方评估、交通行业监管及政务服务效果评估、新增道路停车位规划设置规范性审核服务、共享单车适宜总量评估等。

4.交通基础设施调查

基础设施全生命周期管理调查与评价、停车资源普查、停车设施信息报送及核验、老旧机动车排查、停车位安全隐患排查、新能源汽车充电设施普查、车位施划及路外车位登记核验等。

5.城市交通综合调查

综合交通调查各项调查内容如表2-1所示。

表2-1 对内交通各项调查的调查对象与模型应用

序号	调查类型	调查对象	交通模型应用
1	居民出行调查	住户	出行生成、出行分布、方式划分、出行时段分布、出行行为
2	城市道路交通调查	城市路段上的车辆、人	出行分布、模型校验
3	出入境交通调查	城市出入境道路上的车辆、人	出行分布、模型校验

续表

序号	调查类型	调查对象	交通模型应用
4	公共交通调查	城市公共交通系统使用者	方式划分
5	商用车辆调查	商用车辆（出租车、货车等）	OD分布、时段分布
6	交通生成源调查	综合交通枢纽、大型公建等的就业者、访客	出行吸引模型、停车费用
7	停车调查	选定停车场的车辆	停车费用（用于方式划分）、出行分布
8	流动人口出行调查	住在旅馆中的客人、其他流动人口集中地	OD分布、时段分布

（资料来源：《城市综合交通体系规划交通调查导则》）

6.其他

交通出行民意调研。公交企业乘客满意度测评、轨道交通企业乘客满意度测评、慢行系统整治满意度调查、交通综合治理公众满意度测评、公交满意度及分担率调查、地铁乘客满意度调研、医院停车特征及需求项目调查、国庆期间旅游车辆停放管理情况现状调查、交通运输执法满意度第三方评估工作。

交通智能化水平调查。交通科技及核心技术发展调查与评价、智慧公路（自动驾驶、车路协同）调研、交通大数据应用情况调研、智慧交通发展情况调查、行业数字化转型发展调查与评价、交通大数据（交通大脑）建设应用情况调研。

行业发展相关的第三方调查评估。交通运输服务评价指标体系后评估调研、城乡物流一体化发展绩效评估调研、公交行业可持续发展调研、互联网企业促进行业发展调研、交通拥堵治理调研、绿色低碳交通出行、行业企业高质量发展、资金筹措及新模式、行业高校、科研院所及人才培养等。

（三）调查评价常用方法

将人和物的移动作为调查对象，常用方法有问询调查、现场调查和借助自动化设备采集等。在调查实施中，一般以纸质问卷调查为主，统一汇总、数据录入、结果分析。随着技术发展，通过手机、电脑等录入调查数据，提升调查工作效率。

1.浮动车法

浮动车法是一辆测试车在道路上行驶，由记录人员实时记录相关数据，包括与对向行驶的车辆数、同向行驶被超车辆数、测试车行驶时间及停车时间，可计算交通量及车速等重要信息。

优势：可同时提供交通量、行驶时间及行驶速度等多维度数据，为交通分析提供多维分析视角，是相对全面的调查手段。

不足：需要多次进行实地调查，调查周期相对较长。该方法所获取的交通流量、时间和速度数据均为观测时间段的平均值，难以精确反映瞬时交通状况或短时间内交通变化。该方法主要关注车辆行驶数据，难以获取居民OD出行、公共交通及货运等相关信息。

2.视频采集法

视频采集法基于视频图像分析和计算机视觉技术来监测和分析人流车流特征，可以实现对路口或路段的交通流量和行车速度、路内停车等动态信息采集。

优势：安装和维护比较方便，通过二次识别技术可提取车牌号、车型、车流量等交通流特征。

不足：精度不高，容易受环境、天气、照度、干扰物等影响，车速较高时的检测和捕获难度大，数据存储性能要求高。

3.RFID检测调查法

RFID检测技术通过短程无线通信技术，实时识别物体运动特征。适用于路段的行程速度和断面交通流量调查、道路拥堵状况调查，可以实现交通违法行为检测、卡口全天候车辆自动监测、抢盗车辆检测、高速公路、路桥收费信息采集、重点车辆查缉布控等。

优势：具有尺寸小、安装方便、可抵抗恶劣环境、同时识别多个对象等特征。

不足：检测内容不全面，且对每辆车安装电子标签存在难度，近距离电子标签相互干扰较大。

三、交通出行调查评价重难点分析

（一）业务领域重难点

1.保障体制难题

交通调查工作往往依赖于规划和设计项目开展，缺乏明确的政策与法规来规范交通调查工作的责任主体、资金来源和执行标准，使调查工作在开展过程中面临诸多不确定性。由于调查经费和时间周期不稳定，影响交通调查工作连续性。

2.标准规范难题

数据统计口径的统一：城市间调查数据统计口径及边界条件不统一，影响数据的可比性和分析结果的准确性。

技术标准的制定：在交通调查领域，技术标准制定和修订往往滞后于技术发展的步伐，导致一些先进的调查技术和方法无法及时得到推广和应用，影响了调查工作的效率和准确性。

3.调查技术难题

各城市交通调查的技术水平差异大，造成调查质量保障困难。调查方案设计缺乏统一设计标准，影响数据收集的准确性和可靠性。同时，缺乏统一的调查质量评估和控制标准，致使调查过程中的质量控制难以保障。数据分析方法的不科学也加剧了问题，致使即使数据准确也难以得出正确结论。

4.数据应用难题

数据应用局限，交通调查基础数据主要应用于规划与设计项目，数据价值未能得到充分挖掘和利用。数据延续与积累不足，大多城市交通调查缺乏长期性和连续性调查，数据难以形成有效延续和积累。规律解析与拓展研究薄弱，受限于数据的局限性，对于交通规律解析和拓展研究不足。成果呈现形式单一，多数城市的交通调查成果主要以调查报告的形式呈现，缺乏直观性和易读性，不便于公众和相关决策部门的理解和应用。部分城市形成城市交通发展年报制度，由于各城市在年报编制过程中可能存在方法、标准、指标体系等方面的差异，导致年报数据的可比性和一致性受到一定影响。部分城市在交通调查信息平台建设滞后，无法实现对交通调查数据的集中存储、管理和分析。缺乏统一的信息平台和数据共享机制，不同城市之间的交通调查数据交流也受到限制。

（二）工作推进重难点

1.调查涉及部门多

交通出行调查可能涉及公路、水运、航空、铁路、城市规划、环保等多个部门，缺乏跨部门的协调机制和规范流程，导致各部门之间沟通不畅、决策不协调，影响调查工作的进展和效果。

2.跨地区协调难度大

如果调查工作跨越不同地区，涉及不同地方的协调合作，可能会面临各地政策法规不一致、数据标准不同等问题。

3.数据孤岛现象使共享困难

不同部门、不同单位之间数据共享的技术标准、数据格式、数据安全等方面存在一定难度，难以实现信息共享和整合。

（三）第三方调查重难点

1.调查对象担忧隐私泄露易导致调查数据不理想

例如在停车设施信息报送调查过程中，车位出租出售情况中需要报送车牌号、居住地址等信息，调查对象担忧信息安全及隐私泄露。交通出行调查涉及受访居民家庭收入、居住条件、拥有的交通工具类型与数量等，一些防范意识高的居民担心个人信息泄露，比较抗拒调查。

2.对调查人员专业性和稳定性要求高

调查项目要求调查人员对指标和评价方法深入理解并应用，常常出现调查初期存在调查员对指标理解不准确以及疏忽填错信息，增加了调查工作量和数据统计分析的难度。例如共享单车服务质量第三方现场调查评估服务是持续性的调查项目，每个月均需开展考核工作，需要长期稳定的人员参与本项目的执行，才能确保执行的效率和质量。该项目执行工作均为外业，一年四季，严寒酷暑，风雨无阻，都需要外出检查评估，需要调查员具备吃苦耐劳、持之以恒的精神。

（四）解决思路

在解决交通出行调查中的重难点问题方面，可以采取以下综合对策：

建立健全保障体制。建立交通调查常态化机制，国家层面政策支持、财政保障。建立并实施数据更新机制，定期对基础数据进行更新和修订，确保数据的持续性和时效性。

规范标准统一。制定统一的城市间交通调查数据统计标准和口径，提高数据的可比性和准确性。加强城市间交流与合作，分享调查经验和数据，促进标准的一致性和规范化。

提升调查技术水平。设立统一的调查方案设计标准，提高调查的科学性和准确性。建立统一的调查质量评估体系，确保调查数据的质量和真实性。第三方调查公司同时加强员工培训与考核工作，提升员工能力素养。

加强数据应用与共享。建立交通出行信息平台，促进交通调查数据与其他城市数据信息系统的共享与交流。推动数据应用深度化，利用交通调查数据开展更深入的规律解析和研究，促进城市交通特征指标发布体系的建立和发展。

政府部门加大宣传力度。对于即将开展的交通出行调查与评价工作，政府部门可以多渠道宣传，如新闻媒体、社交媒体、官方网站、户外广告等，覆盖更广泛的受众群体。组织相关主题的宣传活动，如交通安全知识讲座、出行调查解读会等，吸引公众参与并增加宣传效果，提高公众对交通出行调查与评价工作的关注度和参与度。

四、交通出行调查评价的主要成果

（一）前期成果

1.调查指标体系

调查指标体系为交通出行调查提供明确的方向和框架。如交通运输部发布《城乡交通运输一体化发展水平评价指标体系和评价标准》（见表2-2），对县级行政区城乡交通运输一体化发展水平进行评价，并以县级评价为基础，加权评价省级行政区总体发展水平。

表2-2　县（市、区）××××年城乡交通运输一体化发展指标体系

指标类别	序号	指标名称	总分	实际得分
基础设施一体化发展水平	1	农村公路等级路率		
	2	客货运输场站一体化水平		
	3	农村公路列养率		
	4	优良中等路率		
客运服务一体化发展水平	5	建制村通客车率		
	6	城乡客运信息化水平		
	7	……		
货运物流服务一体化发展水平	8	乡镇农村物流节点覆盖率		
	9	运输站场综合利用率		
	10	……		
城乡交通运输一体化发展环境	11	组织保障情况		
	12	安全保障情况		
	13	经费保障情况		
	14	跨业融合情况		
	15	规划及管理保障情况		
	16	经验宣传推广情况		
总　　分				
城乡交通一体化发展水平评估等级			AAAAA	

2.调查问卷

设计科学合理的调查问卷是一个系统而细致的过程，需要明确调查目的和对象、设计合理的问卷结构和内容、测试和修改问卷、确保问卷的合理性和科学性。问卷长度不宜过长，作答时间一般不超过15分钟，以免受访者疲劳或厌烦。问卷难度应适中，不宜超过受访者的平均水平，通过遵循这些步骤和注意事项，可以设计出更加有效和可靠的调查问卷。以"共享单车管理与服务质量调查问卷"为例：

 调查问卷示例

1.您使用过哪些共享单车?【多选】

A.美团出行　B.青桔出行　C.哈啰单车　D.其他

2.您获取和归还单车时是否容易?【单选】

A.非常容易　B.比较容易　C.一般容易　D.比较不容易　E.非常不容易

3.对共享单车停放秩序乱，您怎么看?【单选】

A.设置一定的停放点　B.建议惩罚制度　C.志愿者进行服务监督

4.共享单车乱停现象责任应该由谁负责?【单选】

A.使用者负责　B.投放企业负责　C.政府

5.您看见乱停放的共享单车后会帮忙停到指定区域吗?【单选】

A.会　B.不会

6.您是否遇到过单车被破坏的情况(如私自上锁、丢失安全帽等)?【单选】

A.总是会　B.经常会　C.一般会　D.经常不会　E.总是不会

7.共享单车服务哪些方面需要提升?【多选】

A.增加单车投放数量　B.提高车辆完好率　C.增加租借点查询渠道　D.加强单车维护工作　E.增强运营管理，检查违规使用用户　F.其他_____（请注明）

（资料来源：民生智库交通发展研究中心）

（二）过程成果

1.问卷调查数据及原始文件

调查过程中产生的所有原始记录和文档，包括问卷设计稿、问卷发放记录、问卷回收记录、访谈记录等。记录调查过程的每一个环节和细节，对于确保数据的真实性和可靠性至关重要。

2.项目进度表

项目进度表用于跟踪和管理项目各个阶段完成情况和时间安排，见表2-3。

表2-3　项目进度表（示例）

序号	任务名称	开始日期	结束日期	负责人	进度	备注
1	项目启动与团队组建					
2	实施方案编制					
3	现场调研					
4	数据分析					

（资料来源：民生智库交通发展研究中心）

3.佐证资料

调查评价的佐证材料是确保调查准确性和可信度的关键，包括书面文件、图片视频、统计数据及专家意见等。这些材料不仅增强了调查的可信度，还支持了主要论点，使结论更具说服力。在使用时，需确保材料的真实性、相关性、完整性和时效性，并遵守保密规定，以提供全面、可靠的调查支持。

（三）终期成果

1.调查数据库

根据指标数据采集结果，出具完整的清晰无逻辑错误的基础数据库，为以后进行广泛分析建立基础。交通相关数据库名称如表2-4所示。

表2-4 交通相关数据库名称

序号	类别	数据库名称
1	对外道路	高速公路收费系统
2		国省道流量观测系统
3	对外枢纽	铁路售票系统
4		长途客运售票系统
5	城市道路	交通监控系统
6		出租车调度系统
7		网约车调度系统
8	城市公共交通	公交运营调度系统
9		地铁售检票系统
10	自行车	共享单车运营监测系统
11	静态交通	停车管理系统

（资料来源：《综合交通调查〈导则〉与〈技术规范〉》）

2.调查评价报告

调查评价报告在提供可靠信息、揭示问题本质、辅助决策制定和推动工作改进等方面具有重要意义，其内容涵盖了调查背景、方法、结果、评价和建议等多个方面。

五、交通出行调查评价案例展示

（一）某市居民出行调查

1.项目背景

随着城市化进程加速，居民出行需求日益复杂。城市交通出行调查是理解城市交通现状、把握市民出行特征的重要工具，是对城市交通的综合体检。面对交通拥堵和新型交通方式涌现的挑战，调查将揭示居民出行新趋势和出行规律，为城市交通结构调整和智慧交通建设提供数据支持。

2.服务内容

民生智库全面参与某市交通大样本调查——居民出行调查数据收集工作，调查范围覆盖街道乡镇，调查对象共计万余户家庭，调查人员通过专业培训、统一着装、持证上岗，共投入200余名调查人员。采用两次入户的方式，获取全部家庭成员24小时的出行情况。调查内容包括四类数据：居民家庭信息、家庭成员信息、家庭拥有车辆信息，以及家庭成员的24小时出行信息。见图2-1。

家庭信息	成员信息	车辆信息	成员24小时出行信息
• 所属城区、家庭地址、家庭人口数、住房类型、家庭年收入	• 与户主关系、性别、年龄、户籍类型、最高学历、职业、行业、驾照	• 户拥有小汽车、摩托车、电动自行车、自行车、老年代步车数量，车辆类型，主要使用者，夜间停车情况，车龄，现里程表读数，是否外地车牌，车辆行驶证登记地址	• 出行日期、是否出行、未出行原因；出发时间、到达时间、出行方式、乘坐公共交通线路号、乘客或驾驶员、车载人数、取车时间、过路费、停车费、停车地类型、车前走路时间、等车时间、乘车费用、换乘情况、出行目的

图2-1 居民出行调查内容

（资料来源：民生智库交通发展研究中心）

3.服务效果

通过深入的城市交通出行调查，项目方能够全面而细致地掌握现阶段城市交通发展的实际状况，深入理解市民的出行特征和需求，为城市交通规划设计、建设运营、管理提供数据支撑基础，如为城市总体规划、轨道线网规划、干线道路网等项目提供了大量数据分析支撑，提高了规划编制工作的科学性。

（二）某市某区停车设施信息报送项目

1.项目背景

停车设施信息报送工作可全面掌握停车基础设施建设情况，是停车专项规划、管理建设的前提条件。某市开展停车设施信息报送，范围为辖区除道路和备案公共停车设施之外的非经营性专用停车设施。停车设施信息报送的主要内容包括停车场名称、是否对外开放、车位数量、位置、停车场类型、停放车辆数、物业管理情况、收费标准、信息化程度等。报送车位数包括现状划线车位数、固定停车区域可停放车辆数。

2.服务内容

民生智库全面参与该项目的实施，完成停车设施信息报送跟踪与指导，开展停车设施信息数据抽查与核验。民生智库负责停车设施信息的持续跟踪，确保信息报送的准确性和及时性，并提供专业的报送指导。为确保数据的准确性，民生智库开展了停车设施信息的随机抽查和全面核验，确保所有上报数据均符合标准和质量要求。动态调整更新工作成果，开展数据分析，提出数据分析结果的应用建议。

3.服务效果

通过停车设施信息报送，各级管理部门掌握各辖区停车设施供给情况，包括停车位数量、结构、分布和使用情况，建立信息报送常态化更新机制，形成停车设施数据库，为支撑停车泊位共享利用和区域停车综合治理工作，强化停车设施资源管理，规范经营服务秩序，促进停车资源合理高效利用奠定坚实基础。

（三）互联网租赁自行车运营服务质量第三方现场调查评估

1.项目背景

2017年，多部门联合发布《关于鼓励和规范互联网租赁自行车发展的指导意见》。为应对共享单车发展中的挑战，各地政府相继推出系列政策措施，如《北京市互联网租赁自行车服务质量信用考核办法》《广州市互联网租赁自行车管理办法》《上海市规范发展共享自行车指导意见（试行）》《杭州市促进互联网租赁自行车规范发展的指导意见（试行）》。对共享单车企业进行运营服务质量评估，督促企业提高服务能力，促进共享单车行业持续稳定发展，为动态调控各互联网租赁自行车企业车辆投放总量提供可靠依据。

2.服务内容

通过互联网租赁自行车投放区域内现场调查，综合评估各品牌互联网租赁自行车企业服务与管理水平，包含禁停区停放管理、电子围栏入栏率、重点区域停放管理、车辆调度响应率、车辆整洁度等指标。通过互联网租赁自行车用户线上调查和线下现场访问，评估用户对互联网租赁自行车企业运营服务质量的用户满意度。形成月度、季度、年度考核报告。

3.服务效果

显著抑制共享单车无序投放。引入第三方服务评价后，共享单车无序投放的现象得到明显抑制，营造整洁有序的出行环境。

运维力量与服务响应双提升。共享单车企业在运维资源上的投入显著增加，提升了整体运维能力。现场秩序问题的响应和处置效率大幅提高，市民等待时间减少，用户满意度提升。

市场优化与竞争焦点转变。第三方服务评价的实施促进了公平竞争市场环境的形成，企业间良性竞争增强，行业长期稳定发展得以保障。同时，行业竞争焦点从"拼投放数量"转变为"拼服务"和"拼管理"，标志着行业向成熟和高质量发展迈进，企业盈利能力和可持续发展能力显著增强。

六、交通出行调查评价展望

在信息化背景下，交通出行调查将更加科学、精准和智能化，为城市交通规划和管理提供更加可靠的数据支撑，促进交通系统的优化和智能化发展。

（一）数据采集方式的创新

传统的交通调查方式主要依靠人工调查和问卷调查，在信息化背景下，可以通过引入可穿戴GPS设备、电子终端采集等科技手段，实现对出行数据的实时采集和分析，提高数据的准确性和全面性。各种交通流量采集设备的应用也将成为未来发展的趋势，如高清摄像、车载终端、RFID、传感器、红外传感器、地磁感应、微波检测等设备将更广泛地应用于交通数据采集和分析中。

（二）数据分析的深度挖掘

借助先进的数据挖掘技术和智能分析算法，可以从海量信息系统数据中发现交通出行的规律和特征，为交通需求预测、交通拥堵识别、出行行为分析等提供科学依据。这些数据还可以用于智能交通管理系统的建设，实现交通信号优化、智能调度等功能，提高交通运行效率。通过公交IC卡数据、GPS数据资源，掌握公交出行常旅客的行为特征，为公交线路规划和优化提供有力支持。同时，商用车辆调查也将借助车辆GPS数据等信息，实现对商用车辆出行行为的精准监测和分析。

（三）数据资源整合与共享

未来，交通出行调查与评价将更加注重数据资源的全面整合。基于收集传统的交通流量、车速、事故等数据，整合新兴数据源，如移动互联网数据、社交媒体数据、共享单车使用数据等。通过建立统一的数据共享平台，实现政府、企业、研究机构等各方之间的数据互通和共享。提高数据利用效率，减少重复调查和资源浪费，促进不同领域之间的交叉融合和创新发展。例如，结合高速公路收费系统数据、交通监控系统数据、地铁售检票系统数据等，可以实现多模式出行数据的融合分析，为城市交通规划和管理提供更全面的支持。

（四）个性化出行服务与推荐

通过对移动通信数据、一卡通交易数据等进行个性化分析，可以实现对居民出行行为的精准把握，为个性化出行服务和推荐系统提供数据支持，满足不同群体的出行需求，促进多元化出行方式的发展。

第二节 养老服务

习近平总书记指出："一个社会幸福不幸福，很重要的是看老年人幸福不幸福。"为积极应对国家人口老龄化发展战略，满足当前老年人多元化、多层次的服务需求，完善居家社区机构协调、医养康养相结合的养老服务体系，我国多方协调，不断探索，为老年人提供丰富、专业的养老服务。坚持以评促进、以评促强的原则，逐步探索开展养老服务调查评价工作，逐步提升老年人的幸福感、参与感与满意度，以推动养老服务高质量发展。

一、养老行业发展现状

在国际上，从19世纪中叶开始，法国、瑞典、英国、美国等西方发达国家先后进入了老龄化社会。这些国家政府通过制定政策、提供补贴等方式从不同层面支持养老服务的发展，受政治、经济环境影响，也形成了各具特色的养老服务模式。欧洲地区养老发展较早且成熟，以政府提供服务或补贴为主，注重福利性；北美则以市场化为主，服务多由私营机构或个人提供；东亚则强调家庭化，居家养老服务主要由子女或其他亲属承担，政府支持相对较弱。

截至2023年底，中国已经步入"中度老龄化"社会阶段，[①]国内养老服务市场有着巨大的潜力和发展空间。党和国家为解决养老服务供给与需求不够均衡、养老服务质量参差不齐等难题，创新体制机制建设，逐步搭建以政府为主导，以社会、市场、基层、家庭、居民等多元为老服务力量为协同参与主体的养老服务体系；顺应数字时代潮流，培育智慧养老服务新业态，将专业为老服务"引进门"，努力满足老年人多层次多样化服务需求，营造一个温馨、宜居的老年人生活环境，逐步推动养老服务高质量发展，让老年人共享改革发展成果、安享幸福晚年。

二、养老调查评价对象、内容及方法

（一）调查评价范围及对象

养老服务调查范围根据所调查与评价的行政区域划分，一般有国家级、省级、市级、县级、乡镇级。

近年来，我国实现了养老服务供给格局的全面覆盖、全民受益、差异选择，政府主导、市场参与、社会支持、家庭责任并重的养老服务体系初步建立。因此，在开展养老服务调查评估工作时，主要涉及的对象包括政府部门、重点项目或养老服务政策、具体服务提供者及服务的受众群体等。

1.政府部门

政府部门是养老服务工作管理、部署与落实活动的重要主体。开展政府部门养老服务工作的调查与评价工作，不但能增强政府为老服务责任感，也能进一步提升为老服务工作的质量和效率；主要涉及民政部门等为老服务相关部门。

2.重点项目或养老政策

重点项目或养老政策是政府为解决为老服务工作中的痛点和难点，提升老年人生活满意度和幸福感的重要抓手，是政府为实现为老服务的具体

---

① 数据来源：国家统计局网站，2024 年 1 月 18 日。

目标而制定的一项重要举措；主要涉及重点项目和养老政策，如老龄事业发展规划等。

3.具体服务提供者

具体服务提供者是政府为老服务政策或工作的具体执行者，他们的服务调查与评价工作直接影响到老年人服务的满意度与幸福感；主要涉及养老服务机构、社区、家庭、志愿者以及其他为老服务执行机构。

4.服务受众

服务对象以60周岁及以上老人及其家庭成员为主。他们是为老服务的享受者，他们的需求、幸福感与满意度直接影响着政府重点工作、政策的方向，以及具体为老服务提供者的服务"菜单"。

（二）调查评价内容

1.工作绩效评价

为进一步明确努力方向，优化资源配置，提升服务效能，通过开展专项工作短期、中期、长期目标完成情况考核和机关工作等相关事项考核，确保相关重点工作和重点政策在执行过程中始终如一、有的放矢。考核的主要内容包括年度工作完成情况、项目/工作的必要性、投资的经济性、绩效目标的合理性、实施方案的可行性、财政支出的经济性、预算绩效等方面的内容，主要考核项目/工作的必要性。

2.具体服务提供者调查与评价

在针对具体服务提供者开展的调查与评价工作中，针对项目或具体实施主体涉及不同的调查与评价服务内容。

针对养老服务设施（包括养老机构、养老驿站、照料中心等）的调查与评价内容：分布情况、辐射范围、床位数量、服务内容种类、服务资质、服务水平、价格公正性、消防和食品安全、服务满意度等情况。

针对养老服务护理人员的调查与评价内容：基本信息、人员资质、服务专业性、培训情况、待遇情况、服务满意度等。

针对养老服务项目业务的调查与评价内容：服务人员资质文件、项目服务内容、项目管理制度、服务人员项目完成度、项目专业程度、项目人员专业程度、项目满意度等。

针对养老服务设施的其他情况调查：如服务设施的分布情况、服务内容的类别、服务资格等。

3.服务受众调查与评价

在开展面向服务受众的调查评价过程中，主要调查内容涉及个体老年特征（如性别、年龄、健康状况、生活方式、文化程度、消费支出特点等），养老服务的具体需求（如医疗护理、康复保健、文化娱乐、心理疏导等），以及他们对养老服务（如对养老服务机构、服务人员、服务内容的评价）的期望和满意度，为政府部门制定服务老人的政策和发展战略提供可参考的数据。

（三）调查评价常用方法

1.SERVQUAL模型及其优化

SERVQUAL（Service Quality）模型及其优化是一个在服务质量管理领域广泛使用的工具和方法。它是由美国市场营销学家帕拉休拉曼（A.Parasuraman）、莱特汉毛尔（Zeithaml）和白瑞（Berry）基于全面质量管理（Total Quality Management，TQM）理论在服务行业中提出的一种新的服务质量评价体系。

SERVQUAL模型的核心理论是服务质量差距模型，即服务质量取决于用户所感知的服务水平与用户所期望的服务水平之间的差别程度，包含五个维度：有形性（包括实际设施、设备及服务人员的外表等）、可靠性（高效、准确地提供服务的能力，衡量是否兑现了承诺）、响应性（对顾客的要求能迅速地反应或解决）、保证性（员工所具有的知识、礼节以及表达出自信与可信的能力，在消费者心目中建立信任和信誉）、移情性（指关心并为顾客提供个性服务）。每一维度又被细分为若干个问题，通过调查问卷的方式，让用户对每个问题的期望值、实际感受值及最低可接受值进行评分，最终通过计算得出服务质量的分数。

2."结构 – 过程 – 结果" 模型

"结构 – 过程 – 结果"（Structure–Process–Outcome，SPO）模型是一个广泛应用于卫生系统评价、医疗服务质量评价及更广泛的社会系统分析中的框架，是 1968 年由 Donabedian A 提出的使用最广泛的模型。该模型将系统视为一个整体，由结构、过程和结果三个核心部分组成。其中，对养老机构运行机制、基础设施、人员装备等方面存在的问题，结构上反馈的主要是服务发生的环境问题；过程主要衡量服务人员与被服务人员的互动行为，即养老机构的维修服务、临床护理等服务理念、服务态度和服务行为；其结果主要代表被服务人员接受服务后，所产生的老年身体机能、精神状况、生活质量等方面的服务效果和反应及效果。[①]

三、养老调查评价重难点分析

（一）业务领域重难点

难点一：养老服务牵涉面广，组建专业人才队伍难度大。养老领域涉及面非常广泛，养老服务提供人员需要根据老年人的不同需求和健康状况提供个性化的服务方案，会涉及医学、护理、心理学、社会学及经济学等多个学科，因此要求专业人员在开展相关服务时考虑多个维度和层面。同时，随着时代与科技发展，智慧养老、"互联网 + 养老"等新模式不断涌现，专业人才也需要掌握云计算、物联网等相关技术。因此，在业务实施过程中，不论是自行开展各项专业人员招募，还是全能型人才培养都会增加管理成本。

难点二：养老服务方式多样，规范建设难度大。从养老服务主体来看，包括养老服务机构、社区、家庭等多个主体在内的养老服务提供者，衍生出多种服务模式，如旅居养老、互助养老、智慧养老等，标准化降低难度进一步加大。同时，老年人对养老服务的需求也呈现日益多样化的趋

---

① 蒲敏蕊，朱庆华.养老服务质量评价研究系统综述 [J].医学信息学杂志，2024，45（3）：1-7.

势，社会进步，老年人生活水平提高，养老服务需求日趋旺盛。不同的老人对养老服务的需求也千差万别，比如健康状况、经济能力、文化背景、兴趣爱好等。这使制定统一的养老服务标准变得困难。

（二）工作推进重难点

难点一：跨部门工作协调难度大。养老服务工作涉及老年人的衣、食、住、行等各个方面，除民政部门外，需要多部门协同发力。从老人"住"的方面来说，安全法提出安全生产工作实施管行业必须管安全、管业务必须管安全、管生产经营必须管安全，养老机构的消防安全涉及安全生产、消防、住建等部门。从老人"食"的方面来说，行业卫生就是保障，涉及卫健委、民政局、药监局等多个部门。从老年人"行"的方面来说，铁路、公路、无障碍出行等都是老年人服务涉及的方面。

难点二：多重监管标准不统一。对于养老服务机构而言，尤其是养老机构、养老驿站，多头、重复调研和随机检查给机构带来困扰；同时，在政策实施过程中，各部门、单位对政策解读不同，导致评价工作标准不统一。因此，如何在调查与评价工作中，体现"无事不扰、有求必应"成为政府监管难点。

（三）第三方调查重难点

难点一：针对不同需求建立个性化评估指标体系。开展调查评估工作，关键是要建立科学、系统、可操作的评估指标体系，但在项目具体实施过程中，需要结合项目实际或具体工作情况，构建不同类型的评估指标体系：一是指标能够真实、科学地反映养老服务质量的优劣，在遵循客观规律的同时，有明确的服务依据；二是指标要体现系统性，养老服务质量评价指标之间能从不同角度反映服务的主要内容和特点，各层级之间相互独立，但又相互衔接；三是指标的设计要体现可操作性，评价指标能根据老年人或调查者的实际感知程度进行评价，是可测算。

难点二：保障支持受限的基础上高质量做好调查与评价工作。受到全球经济和疫情影响，我国各政府部门将财政资金用在刀刃上以应对当前经济形势。而养老服务工作场景众多，为保障获得更客观、科学的评价结果，需要建设硬件设施、搭建数字平台、开展人员培训等，需要付出更多的人力、物力与财力。在财政吃紧的情况下，第三方如何合理配置服务资源，持续高质量做好服务质量提升与评价工作是一个难题。

（四）解决思路

一是健全教育体系。在高校增设老年服务相关专业，如老年医学、老年护理、老年心理等，培养具有专业知识和专业技能的人才；同时加强职业教育，针对养老服务行业开设培训课程，为从业人员提供系统的学习和实践机会。二是制定专业标准。明确养老服务行业的职业标准和技能要求，为专业人才的培养和评价提供依据。鼓励行业协会和相关部门制定养老服务行业的从业资格证书制度，提高从业人员的专业素养和服务质量。三是加大政策支持力度。加大政府对养老服务业的政策支持力度，在培养、引进专业人才等方面给予资金扶持。支持民间资本参与促进这一领域多元化发展的养老服务业。四是加强行业研究。深入研究老年人的需求和服务模式，了解不同服务提供者的经营理念和服务特点，为制定科学、实用的养老服务标准提供依据。五是建立联合工作机制。建立健全与民政、卫生、消防、公安、药监等多部门协调配合的工作机制，充分调动各类市场主体和社会组织的积极性，形成工作合力，促进养老服务工作深入开展。六是创新监管手段。形成及时反馈机制，针对发现的问题，利用第三方团队，搭建统一平台，推动服务质量提升，减少对服务组织或机构的干扰。

四、养老调查评价的主要成果

（一）前期成果

1.指标体系

不同养老服务板块的服务质量评价指标各不相同，根据养老服务的服务流程、硬件设施、服务管理人员和制度等情况确定指标设计，表2-5以养老服务机构相关指标体系为例进行展示。

表2-5 养老服务机构信用评价指标（征求意见稿）

指标类型	序号	一级指标	权重	二级指标	权重	三级指标	权重
准分				各养老服务机构初次评分均为80分，之后可能会出现加分或视情况扣分的情况。			80
减分项	1	基础信用	24	登记备案	8	养老服务机构登记变更注销	2
	2					养老服务机构备案办理及变更	6
	3			备案承诺	5	提供虚假材料，隐瞒真实情况的养老服务机构备案情况	—
	7	守法履约	56	服务质量	10	服务质量日常监测结果	10
	8			标准执行	3	国家有关强制性标准或规定符合	3
	9			抽查检查	10	抽查检查结果	—

（资料来源：上海市民政局官网）

2.调查问卷

问卷是调查与评价工作的关键要素之一，通过调查问卷，第三方团队深入社区、老年人家庭等相关群体及单位，全面了解管理部门、老年人及家属等相关人员对养老服务的需求及意见，从而为后续的养老服务政策制定提供重要参考。

 南京市养老服务质量与满意度调查（示例）

为全面贯彻落实党的十九大会议精神，积极应对人口老龄化，加快发展养老服务业，南京于2018年8月出台了《市政府关于全面放开养老服务市场提升养老服务质量的实施意见》，就进一步加快发展养老服务事业，提升养老服务质量提出了一系列实施意见。据此，本次调查问卷将以"南京市养老服务质量与满意度"为主要内容，听取广大市民朋友对养老服务的意见和建议。

本次调查采用无记名方式，诚邀大家踊跃参加，并将自己的真实想法写出来。本次调查的时间跨度为2019年4月26日至5月31日。谢谢大家！

…………

9.在您看来，提升养老服务质量，首先是（多选）：

A.提升家庭养老服务质量

B.提升社区养老服务质量

C.提升养老机构服务质量

D.提升日间照料中心服务质量

E.推动服务质量提升基层医疗卫生机构

F.提升家庭床位服务质量

10.在您看来，提升服务质量（可多选）这一点很关键。

A.引导各类资源兴办养老设施

B.健全养老机构等级制度和社区居家养老服务中心等级制度

C.提升社区居家养老服务功能

D.促进养老服务方式有机融合

E.积极推进发展医养结合的养老模式

F.全面加大政策扶持力度

G.全面丰富养老服务产品

H.创新发展智慧养老服务

I.培育老年产品用品市场

J.发展老年人金融服务

…………

14.南京目前的养老服务质量是否让您满意？

A.很满意　B.比较满意　C.一般　D.不太满意　E.不满意　F.不知道

15.您对加快发展养老服务工作，提高养老服务质量有什么建议和意见？

_____

（资料来源：南京市人民政府网）

（二）过程成果

1.问卷调查数据及原始文件

问卷调查数据主要包括调查目的和基本信息（调查样本、调查时间和地点等）、样本特征（被调查者的年龄、性别、受教育程度等）、问卷调查结果。问卷调查原始文件主要包括调查录音、影像资料、原始问卷（如有）等。

2.项目进度表

为保障项目按计划执行，使项目各相关方清楚了解项目执行情况，会按日制作项目进度汇报表，按周汇报项目进展情况，见表2-6、表2-7。

表2-6　每日项目进度汇报表

调查日期	目标样本量	成功	去世	拒访	失踪	线路故障	关机	空号/错号	停机	占线/无人接听	其他情况
×月×日											
×月×日											
×月×日											

（资料来源：民生智库民政老龄研究中心）

表2-7　每周项目进度汇报表

类别	总体目标样本			第一周完成情况			第二周完成情况		
	总体目标数量	总体完成比例	备注	目标数量	完成比例	备注	目标数量	完成比例	备注

（资料来源：民生智库民政老龄研究中心）

3.核查佐证资料

在项目调查与评价过程中，项目团队会针对项目核查资料进行整理，主要包括管理制度、影像资料等。

（三）终期成果

1.项目调查评价总报告

项目调查评价总报告主要对养老服务质量提升工作进行较为宏观的支持，主要对评估工作的总体实施情况、评估结果等进行调查和详述，是养老服务调查评估工作的整体呈现。

 某市养老机构满意度分析综合报告框架示例

摘要

一、项目概况

（一）项目背景

（二）项目目的

二、项目实施情况

（一）项目周期

（二）项目实施方法

三、养老机构满意度分析

（一）整体情况

（二）服务及时便捷性情况

（三）服务技能专业性情况

四、养老机构服务亮点

（一）总体情况

五、养老机构服务问题及建议

（一）总体情况

六、总结

（资料来源：民生智库民政老龄研究中心）

2.项目专项报告

通过专项报告的撰写，第三方团队可以对养老特定问题或重点工作进行深入调研和分析，为养老服务质量提升工作提供更加具体和有针对性的改进建议。

五、养老调查评价案例

（一）某省级养老服务机构满意度调查案例展示

1.项目背景

委托方为东部中心地区，GDP产值位居全国前列，引领高新技术产业发展方向，集聚人才优势、制度优势和文化优势。委托方所在地民政局致力于以人民为中心，全面贯彻落实国家关于民政事业的法律法规，不断努力提高保障和改善民生水平，增强人民群众的认同感和获得感，连续多年开展养老机构满意度调查项目。

为进一步提升养老服务质量，增加社会力量参与举办养老机构的吸引力，委托方所在地民政局、财政局等多家单位联合制定了《×××养老机构运营补贴管理办法》（以下简称《办法》）。《办法》规定，养老机构运营补贴发放条件之一为"服务对象年度满意率超过85%"。为了了解养老机构的服务对象满意度情况，依据相关政策文件要求，该民政局委托第三方开展养老机构服务对象满意度调查评估工作。

2.服务内容

项目整体服务内容包括四项内容：一是项目组采取实地考察和电话考察相结合的方式进行调查，每个样本量随机抽取不低于20%的实际入住养老机构服务对象的满意度调查，并将入住养老机构的老年人家庭作为调查对象。二是对调查评估中发现的满意度影响因素进行具体分析，对影响养老机构服务对象满意度的因素和障碍进行确认，并提出解决问题的可行性方案，切实解决养老机构服务对象满意度的问题，及潜藏风险，影响潜在风险。三是项目团队应科学设计调查问卷，客观公正开展养老机构满意度服务对象调查工作。四是撰写调查评估报告。

3.服务效果

项目团队在民政局的指导下，深入落实区域养老服务机构满意度调查工作要求，协助开展养老机构内部老年人及家属满意度调查工作，通过以查促评、以评促优的方式，促进各养老服务机构积极开展自主质量提升活动，如养老服务质量提升、阶段性满意度调查、服务问题点优化提升等。不断将机构服务责任的落实和整改工作落到实处，从而逐步提高养老服务机构管理人员和工作人员的服务质量意识及其能动性，促进"行业部门监管有力、社会组织核查有效、养老服务机构整改有序"的服务质量提升管理格局在全区形成。

（二）某市级养老服务机构安全评价案例展示

1.项目背景

委托方为东部中心地区某市级民政单位，所属区域GDP产值位居全国前列，引领高新技术产业发展方向，集聚人才优势、制度优势和文化优势。市级民政局致力于以养老事业为中心，全面贯彻落实国家关于民政事业的法律法规，不断努力提高保障和改善入住机构的老年人的生活水平，增强老年人的满意度、安全感、认同感和获得感，连续多年开展养老机构消防与食品安全调查与评价项目。

为继续贯彻落实习近平总书记关于《养老机构服务安全基本规范》的重要指示精神，严格执行国家市场监督管理总局、国家标准化管理委员会《养老机构服务安全基本规范》，切实提高养老机构服务质量，促进养老机构安全生产工作，对已备案的社会福利机构开展了消防和食品安全检查评比工作，以进一步强化各机构安全意识，加强安全生产风险防范，确保社会福利机构安全稳定。

2.项目内容

根据相关文件要求，针对区域内社会福利机构进行消防和食品安全检查评估。根据项目运行的实际情况，其中养老机构、儿童福利机构、残疾人服务机构、养老服务驿站开展定期检查。

3.服务效果

总结而言，在民政局的高位推动和统筹调度下，在各养老机构、养老服务驿站与社会福利机构的积极配合下，通过多轮次的专业检查评价与针对性的督促整改，主要实现了以下成效。

一是有力提升了全区养老服务机构消防安全和食品安全的保障意识及其能动性。在区域内民政局的指导下，项目团队深度贯彻区域常态化机构安全巡查机制，协助开展非常态化突击检查工作，通过以查促评、以评促优的方式，推动各养老服务机构积极开展定期安全教育、消防与防汛安全演练等自主安全活动，不断压实机构安全落实与整改责任，推动形成"行业部门有力监管、社会组织有效核查、养老服务机构有序整改"的安全管理格局。

二是消防安全、食品安全管理能力在全区养老服务机构得到有效提升。以《养老机构服务安全基本规范》等国家强制标准为载体，邀请中国认证认可协会（CCAA）服务质量审核员等专业讲师为养老服务机构进行了细致解读；开展专项培训，让标准与政策文件"看得见""学得会"，从而提升养老服务机构的安全管理水平。

三是有力提升了全区养老服务机构消防安全与食品安全的达标率。

四是有效促进了全区养老服务机构消防安全，食品安全管理规范化、制度化建设。对养老服务机构消防安全基本情况档案、消防安全动态管理档案、食品安全管理档案等进行了专题培训，促进了各机构健全制度化建设。

（三）某市级养老服务驿站绩效评价案例展示

1.项目背景

委托方为东部中心地区某市级民政单位，所属区域GDP产值位居全国前列，引领高新技术产业发展方向，集聚人才优势、制度优势和文化优势。市级民政局致力于以人民为中心，全面贯彻落实国家关于民政事业的法律法规，不断努力提高保障和改善民生水平，增强人民群众的认同感和获得感，连续多年开展养老机构满意度调查项目。

随着人口老龄化加剧，市、县针对老年人各项政策倾斜越来越大，分别推出了一些覆盖群体广、预算资金量大的重点服务项目。根据市、县有关加强重点预算资金全过程绩效管理的工作要求，为切实发挥政府财政资金绩效，把重点实事做实，保证驿站基本养老服务质量，开展针对重点工作项目的全过程监管与绩效评估工作，从而形成业务部门履职落实、智囊监督赋能、承接单位质量内控的合力。

2.项目内容

充分把握基本养老服务对象的需求和供给现状，通过养老服务驿站基础补贴运营工作，了解驿站在提供基本养老服务过程中产生的成效、难点和痛点，优化养老服务"最后一公里"的实现路径，开展服务绩效考核工作，促进基本养老服务质量的提高和发展。一是以"实"字当头开展核实服务。根据社区养老服务驿站服务工作的实际进展情况，对全区社区养老服务驿站的基本养老服务工作按比例进行真实性审核，推动其标准化、规范化发展。二是开展服务质量实地督查。根据社区养老服务驿站服务的实际进展，按季度不定期开展养老服务驿站基本服务实地督查与跟进工作，把控实地服务过程中的问题与成效。三是开展服务绩效评价工作。根据项目目标与内容，按照"投入—过程—成效"等不同维度，编制绩效评估指标体系。同时，以此为依据开展项目资料核查与绩效评价工作，最终形成区域内驿站运营补贴服务绩效评价报告。

3.服务效果

运用科学的绩效管理方式和方法，通过开展重点工程绩效考评来检验财政资金使用的实际效果。站在第三方公正公立视角，逐项总结资金的决策、过程、产出、效益等方面情况，为掌握资金使用情况、督促部门加强管理及增强效益提供依据。同时，通过评价结果反馈，推动预算单位提高项目资金申报与使用的规范性，推进预算绩效再上新台阶；通过开展全流程的绩效管理工作，发现财务管理工作开展中存在的问题和短板，为工作落实和流程改善提出意见建议，为下一年度绩效任务设定和预算提出意见建议。

六、养老调查评价展望

（一）进一步推动评价工作的规范化与标准化建设

一是明确考核工作的指导原则。进一步推动养老服务调查考核工作规范化、标准化建设，确保调查考核工作公正、客观、操作性、科学性。二是遵循"先有后优"策略，不断开展评价标准优化工作。可根据养老服务工作经验，制定适用于不用养老服务方式（如居家养老、社区养老、机构养老等）的多个养老服务评价标准，同时在借鉴国际先进调查与评价工作经验的基础上，因地制宜，去粗取精，进行养老服务评价标准的不断优化。三是加强评议结果的运用，把改进评议标准工作不断引向深入。将评价结果作为改进养老服务的重要依据，对评价中发现的问题和不足进行整改和优化。通过评价结果的公开和透明化，加强社会对养老服务行业的监督和管理，推动行业的健康发展。

（二）进一步提升评价方式的数字化与智能化水平

《关于组织开展基本养老服务综合平台试点工作的通知》提出，要加快推进基本养老服务信息化水平提升，实现全过程的智慧监管与评估，建立健全基本养老服务综合平台，建立基本养老服务综合平台试点制度。因此，为进一步推动养老服务质量的提升，科技与服务的深度融合将成为未来养老服务产业的重要趋势；加强供需双方信息动态更新制度；注重对养老服务数据的深入挖掘和分析，为政府部门制定养老服务战略决策提供数据支撑；同时，通过学习和分析服务过程中的数据，建立基于人工智能的养老服务评估模型，自动评估服务的质量和效果。在此基础上，加强养老服务数据的加密和备份功能，确保数据安全完整，以严格遵守有关法律法规，保护老年人个人隐私信息，防止资料外泄和滥用。

（三）进一步完善评价主体的多元化与专业化发展

随着养老服务工作的精细化发展，以政府为主导的多元市场主体不断涌入，为养老服务产业添砖加瓦。因此，一是强化政府监管职责。政府作为主导单位，要加强对养老服务机构和服务质量的监管，可以建立养老服务评价机构，制定评价标准和方法，对养老服务机构进行定期评估和监督。二是建立专业评价机构。建立由具有专业背景和经验的专家组成的专业养老服务评估机构，对养老服务机构和服务质量进行专业评估，能够客观、准确地反映养老服务的真实情况。三是加大特殊人才培养力度。加强养老服务评价专业人才培养是专业发展的重头戏。可以建立养老服务评价专业人才培养机制，通过教育培训、实践锻炼等方式，提高养老服务评价人员的专业素质和能力水平。同时，还应鼓励高校、研究机构等参与养老服务评价专业人才的培养工作，为养老服务评价提供专业的智力支持。

第三节　生态环境

"环境就是民生，青山就是美丽，蓝天也是幸福""良好生态环境是最公平的公共产品，是最普惠的民生福祉"。党的十八大以来，以习近平同志为核心的党中央对生态环境保护工作高度重视，习近平生态文明思想深入人心，"绿水青山就是金山银山"已经成为全社会的普遍共识，人们贯彻绿色发展理念的自觉性、主动性显著增强，我国生态文明建设从认识到实践发生了历史性、转折性、全局性变化。

一、生态环境发展现状

生态环境保护工作的起源可以追溯到19世纪工业革命初期。进入20世纪，世界各国逐步认识到环境保护工作的重要性，各类环保组织逐渐兴起。1972年，在瑞典首都斯德哥尔摩举行了第一届联合国人类环境会议。

此后，各国纷纷出台环境保护政策和法律，加强环境监测和治理。进入21世纪后，随着全球气候变化和环境问题的日益严重，生态环境调查评估工作得到了更加广泛的关注和重视。国际社会加强了对生态环境问题的合作与治理，各国政府也加大了对生态环境调查评估工作的投入和支持。

中国第一次全国性的环境保护大会于1973年召开，至此将生态环境保护工作提上了国家重要议事日程。20世纪90年代后，环保工作快速发展，政府加大投入，推动环保产业发展。党的十八大以来，生态文明建设被纳入中国特色社会主义事业"五位一体"总体布局，成为国家发展的重要战略之一，并陆续出台了一系列生态文明体制改革方案和政策文件，为生态环境保护工作提供了更清晰的路径和方向。目前，我国已经建立了较为完善的生态环境监测网络，覆盖了诸如大气、水、土壤、生态等众多领域；开展了一系列专项调查评估项目，这些项目的开展，为制定科学合理的生态环境保护政策和规划提供了重要依据。

二、生态环境调查评价对象、内容及方法

（一）调查评价范围和对象

1.调查评价范围

不同区域调查：根据调查项目规模不同，环境调查与评价范围可依照行政区域划分，包括全国调查、省市级调查、区县级调查等。其中全国调查的区域划分方法有三大地理区域、七大地理区域、省级行政区、城市行政级别、城市规模等。

不同要素调查：为准确了解环境问题和污染来源，按照不同的污染源维度，可以将环境调查分为大气环境调查、水环境调查、土壤环境调查、声环境调查、生态环境调查等。针对不同的要素，环境调查内容区别较大，污染处理的技术和方法特征也有各自体系。

不同维度调查：针对不同的调查指标，整体时间维度的要求是不一样的，例如在大气调查中，部分指标有短期浓度（评价时段≤24小时的平均

质量浓度）和长期浓度（评价时段≥1个月的平均质量浓度）的区分；在声环境调查中，有昼间、夜间时段的区分，也有工作时间和非工作时间的区分。

2.调查评价对象

在开展生态环境调查与评价工作中，调查对象通常为以下几类。

污染源。对于污染源的调查，将进行详尽的数据全面清查和统计。首先，逐一摸清各类污染源的基本信息，包括但不限于污染源的类型、位置、规模等。其次，详细了解污染源的数量、结构及分布状况，确保数据的准确性和完整性。通过这些信息，从而掌握行政区内污染物的产生、排放和处理情况，为后续的环保政策制定和实施提供有力的数据支持。

政府单位。重点评估政府单位在生态环境领域的工作履职情况，对政府单位在生态环境方面的工作方案制定、工作目标确定、工作措施落实、工作问题整改及工作完成成效等方面进行全方位的跟踪调查评估。一般调查评估方式包含实地考察、资料查阅、人员访谈等方式，从而全面了解政府单位在生态环境保护方面的实际工作情况，为其工作提供针对性的建议和改进措施。

专项工作。对政府推进的生态领域的专项工作进行全面的成效评估，如工作计划的科学性、实施进度、工作成果等方面。同时，还将对评估工作完成成效进行量化分析，找出存在的问题和不足之处，并探寻问题的成因。最后将根据评估结果提出针对性的改进建议，为政府推进生态领域的专项工作提供有力的支持和保障。需要注意的是，在评估过程中应注重数据的真实性和准确性，确保评估结果的客观性和公正性。

社会影响。社会影响是生态环境调查与评价工作中不可或缺的一部分。主要调查研究相关政策工作实施对社会、经济、文化等方面的影响，具体而言，包括生态环境政策工作的开展对当地居民生活质量、健康状况、环保意识的影响，以及项目对当地就业、产业结构、经济发展等方面的贡献等。在调查社会影响时，一般采用问卷调查、访谈、观察、案例研究等多种方法，充分收集和分析第一手资料，确保评价结果的准确性和可靠性。

（二）调查评价内容

调查内容需和项目实际需求紧密结合，同时，应针对不同地区的自然环境资源和经济发展情况的区别，系统设计评价指标和调查内容，才能真实地反映出当地环境情况。一般情况下，生态环境领域调查内容主要包括大气环境调查、水环境调查、土壤环境调查、声环境调查、生态调查这几方面，详情如表2-8所示。

表2-8 生态环境领域调查评价内容

序号	一级指标	二级指标	三级指标
1	大气环境调查	污染源调查	点源、面源、体源、线源、火炬源、烟塔合一源、城市道路源、机场源
		污染气象	风向风速和气温的空间分布、大气湍流运动、太阳辐射、湿度、云、降水等气象条件
2	水环境调查	水文信息	河流、湖库、入海河口（感潮河段）、近岸海域
		水资源与开发利用状况	水资源现状、水资源利用情况
		污染源调查	点源污染、面源污染
		地下水环境调查	地下水水质、埋深、补给量、地表径流等
3	土壤环境调查	自然环境状况	气象资料、地形地貌特征资料、水文及水文地质资料
			土地利用现状图、土地利用规划图、土壤类型分布图等
		土壤理化特性	土体构型、土壤结构、土壤质地、阳离子交换量、氧化还原电位
4	声环境调查	测量量	等效连续A声级；频发、偶发噪声，非稳态噪声测量量还应有最大A声级及噪声持续时间
		测量时段	昼（夜）间时段、在声源正常运行工况的条件下选择适当时段测量
		测量记录内容	测量仪器型号、级别、测量点的编号、测量时段和对应的声级数据

序号	一级指标	二级指标	三级指标
5	生态调查	陆生生态	植物区系、植被类型、植物群落结构及演替规律、动物区系、物种组成和分布特征，以及生态系统的类型、面积及空间分布等
		水生生态	水生生物、水生生境和渔业现状、重要物种的分布、生态学特征、种群现状以及生境状况、鱼类等重要水生动物调查，包括种类组成、种群结构、资源时空分布等

（三）调查评价的常用方法

大气、水、土、声、生态等环境调查手段既有各自特征，又具有相关性，大致可分为以下几类。

1. 定点监测

定点监测是指在固定点位或区域设置监测站点，进行长期监测、采样，记录环境信息。例如在大气环境调查中，通过在特定的区域设置监测站点，使用颗粒物采样器、烟尘烟气测试仪等特定设备，收集和分析大气中的污染物数据，如颗粒物（PM_{10}、$PM_{2.5}$）、二氧化氮（NO_2）、二氧化硫（SO_2）、一氧化碳（CO）、臭氧（O_3）以及其他挥发性有机化合物（VOCs）等。在水环境调查中，通过对湖泊水库监测点、河流断面、污染排口等的可能影响水环境质量的代表性指标进行测定，从而确定水体的水质状况及其变化趋势。土壤环境调查中布点相对随机，但布点数量要满足样本容量的基本要求，监测频次不能低于5年一次。

2. 移动监测

移动监测是指通过移动监测仪器和采样设备，在非特定区域进行采集和收集相关数据，在大气环境调查中，有便携式空气质量监测仪、扬尘在线监测仪、油烟检测仪等设备；在水环境调查中有无人水质监测船、便携式水污染监测设备多参数分析仪等技术设备；在土壤环境调查中，多数体现为随机采样等。

3.遥感监测

遥感监测技术是通过航空或卫星等收集环境的电磁波信息对远离的环境目标进行监测，识别环境质量状况的技术。它是一种先进的环境信息获取技术，在获取大面积同步和动态环境信息方面"快"而"全"，是其他检测手段无法比拟和完成的，因此得到日益广泛的应用，如大气、水质遥感监测，海洋油污染事故调查，城市热环境及水域热污染调查，城市绿地、景观和环境背景调查，生态调查监测等。

三、生态环境调查评价重难点分析

（一）业务领域难点

难点一：生态环境领域工作涉及大气、水、土、固废、生态保护、应对气候变化等多方面业务的大量数据，需要对数据进行专业的整理、分析、运用。这些工作需要专业的、具备相当规模的团队支撑，政府单位往往由于人员数量不充分，难以搭建足够的技术团队。

难点二：生态环境领域的一部分工作职能为监督、监测。为了提升监督、监测的工作效率和结果的精准性、及时性，通常会借助无人机、无人船、卫星遥感、在线监控等技术手段，但政府单位有时会面临专业人员不足、专业设备配备不充分等问题，这导致监测数据解读不全面、不准确。

难点三：生态环境领域的一部分工作职能为监督执法，需要通过高水平保护支撑高质量发展。一方面要开展高效的监督执法，从而严厉打击在生态环境领域相关的违法犯罪行为，确保天蓝、水清、山绿；另一方面要尽量减少对企业的打扰，提升监督执法效能，助力优化营商环境，如何权衡好保护与发展的二者之间关系是开展生态环境监督执法的重难点之一。

（二）工作推进重难点

难点一：为提升工作效率，需要对内部工作人员开展全面跟踪测评。协调内部处室（科室）配合完成指标设计、跟踪评估等工作，评估结果必须能客观地反映工作人员的能力水平、精准地指出存在的问题。

难点二：生态环境领域工作涉及与不同的行业主管部门的横向沟通协调。在开展规划编制、评估评价、专项研究等工作时需要从不同部门获取大量数据、资料，过程中需要与这些部门频繁沟通以明确所需数据和资料的标准、内容，并且对这些数据、资料进行整理、归类，这些工作需要大量的专业人员专门负责。

难点三：生态环境部门对于主责的任务需要定期开展评估、调度，从而能够及时发现工作中存在的相关问题并采取相应整改措施。在此过程中，需要对相关责任单位的工作成效进行科学、合理的评估，既要调动工作积极性，让这些部门积极配合工作开展，又要准确适度地找出其存在的问题，督促其落实责任。

（三）第三方调查重难点

难点一：在开展普查、巡查、检查等工作过程中，需要大量的专业人员定期前往现场进行检测、核查，对点位的现状进行拍照、拍摄、记录、检测，同时需要对发现的问题开展溯源。在开展问卷调查的过程中，一方面需要大量专业调查人员去往目标区域，对目标人群开展问卷调查，详细、准确地记录调查对象的反馈信息；另一方面需要大量专业调查人员通过电话调查的方式，对调查对象开展问卷调查，并在系统上记录调查对象的反馈信息。

难点二：对于评估类的工作，需要设计科学、合理的评估指标体系，以便能够全面、准确、真实地反映工作成效、人员能力，充分发挥评估的指挥棒作用；对于调查类的工作，也需要设计科学、合理的调查指标体系和调查问卷，以便能够收集到足够全面、真实、有效的信息，为分析工作提供足够的数据支撑。

难点三：在开展深度访谈、座谈会的过程中，需要根据不同工作领域、工作需求，在短时间前往不同地点与专家进行深度访谈，或是邀请不同领域的专家参与座谈会。

（四）解决思路

建立健全完善的工作统筹机制。形成"一盘棋"的工作格局，健全工作统筹调度纵横协调机制，将具有生态环境职能的相关单位有机地融合，发挥各单位合力，有效推进相关工作落地。

开展对内对外的精准帮扶提升。对工作人员和相关责任单位职责履行情况进行评估，找准在生态治理过程中的难点问题，认真剖析问题成因，开展针对性培训、帮扶，最大限度提升工作人员能力，督促和压实责任单位落实相关工作的责任。

充分发挥第三方机构的补充作用。一是第三方机构可以补充数量足够的专业人员开展巡查、访问、调查等工作；二是第三方机构可以搭建科学、合理的评估指标体系，既能够保证指标出处有据可依，也能够全面、客观、准确地对事项、人员能力等方面进行综合评估，形成客观中立的评估结果和评估建议，用于对内部人员的绩效激励、对外部单位的督促指导；三是既可以和各类院校、科研院所等机构建立合作关系，也可以与各领域专家、学者形成合作关系，搭建专家库，提供智力支持。

四、生态环境领域调查评价的主要成果

（一）前期成果

1.污染源基础数据库

根据工作需求，全面收集、整理待查的污染源的相关数据，通过细致的数据清洗和整理，形成准确、完整的污染源点位基础数据库。数据库详细记录污染源的位置、类型、排放情况等信息。同时，通过数据分析对污染源进行分类和标注，为后续制定普查、巡查方案，选取适当的检查方式，设计合理的检查路线提供坚实的数据支撑。

2.评估指标体系、细则

针对评估事项的具体需求，结合行业标准和政策要求，选取合适的

评估指标，并在此基础上搭建完善的评估体系。一般对事项的评估分别从过程评估和结果评估两方面开展，同时还会增设加分项、扣分项，以进一步激励、督促被评估对象高质量完成工作。同时，根据确定的评估指标体系，制定详细的评估细则，明确评估工作的标准依据、评估流程、评估方法等关键内容，为评估工作的顺利进行提供指导，见表2-9。

表2-9 对事项的评估指标体系

序号	一级指标	二级指标
1	过程评估	工作方案制定情况
2		工作预案制定情况
3	结果评估	工作阶段目标完成情况
4		工作措施落实情况
5	额外加分项	领导批示表扬
6		媒体宣传
7	额外扣分项	新闻媒体曝光
8		上级部门约谈

3.规划事项的现状基础数据库

根据规划事项的具体需求，梳理涉及的相关资源信息。通过案头研究、实地核查、专家咨询等多种方式，对资源现状进行深入了解和确认，并据此汇总形成全面、准确的现状基础数据库，为后期开展现状研究、规划编制等工作奠定基础。

4.调查问卷

在开展调查类工作过程中，根据调查内容和调查对象的特点，设计适用的调查指标体系，并将调查指标转化为易于理解的问题，形成调查问卷。调查问卷通常包括调查对象的知晓度、满意度、参与度、期望、建议等方面内容，调查指标需要涵盖调查内容，问卷选项需要保持完备性、互斥性，才可以通过问卷调查获取全面、真实的数据。

调查问卷示例

1.关于美丽中国建设,您听说过哪些工作?(多选,选项随机出现)

A.污染防治攻坚战　B.生态保护和修复　C.应对气候变化　D.核与辐射安全

E.无废城市建设　F.新污染物治理　G.美丽乡村建设　H.美丽城市建设

I.中央生态环境保护督察　J.碳达峰、碳中和　K.绿色低碳转型

L.资源集约节约利用　M.其他　N.以上都没有听说过,请说明:_____

2.您通过哪些渠道了解美丽中国建设?(多选)

A.工作接触　B.媒体宣传　C.校园宣传　D.培训讲座

E.朋友介绍　F.公益活动　G.其他渠道,请说明:_____

3.哪些因素更能促使您参与美丽中国建设?(限选三项,选项随机出现)

A.节省生活成本　B.挣取额外收入　C.锻炼身体　D.法律法规要求

E.参与社会治理的成就感　F.成为他人榜样的荣誉感　G.履行义务的责任感

H.行使权利的使命感　I.其他,请说明:_____

(二)过程性成果

1.污染源普查、巡查台账

综合运用实地核查,无人机、无人船等设备远程检查,卫星遥感,远程监测等多种方式方法,对污染源进行全面、细致的普查和巡查。通过拍照、摄像、录音、监测等多种方式,详细记录检查情况和发现的问题,并根据对问题溯源的结果,清晰记录问题源头情况,最终汇总形成完整的普查、巡查台账。台账不仅记录了检查过程和结果,还附带了相关证据材料,为后续的评估、整改等工作提供了重要的依据。

2.阶段性评估报告

为了及时了解和掌握评估对象的阶段性工作成效,对评估对象开展周期性的评估。通过对评估对象阶段性的工作完成情况、成效等进行材料审核、现场核查,判断工作推进进度是否正常,并最终形成阶段性的评估报告。报告不仅总结了评估对象的工作成效和亮点,还指出了存在的问题和

不足，并提出了针对性的改进建议，为评估对象的后续工作提供指导。通常阶段性评估报告以月报、季报的形式完成。

3.整改措施与行动计划

针对污染源普查、巡查台账及阶段性评估报告中发现的问题和不足，制订具体的整改措施与行动计划。如根据问题的性质和影响程度，进行优先级划分，明确整改的重点和次序之后，制定详细的整改措施，确保整改工作能够有序进行。

（三）结论性成果

1.污染源调查数据库

根据普查、巡查的结果，汇总所有有效信息，形成全面、准确的普查、巡查数据库。数据库记录了污染源的位置、类型、排放情况等基本信息，同时也包括检查过程中发现的问题、整改情况等内容。

2.调查问题清单

在污染源普查、巡查数据库的基础上，整理形成调查问题清单。清单中详细列明调查过程中发现的各类问题，如污染源的违规排放、设施不完善、管理不到位等。同时，注明了具体的位置、发生的时间、影响范围等信息，以便于后续的跟踪处理和整改。

3.调查报告

综合污染源普查、巡查数据库和调查问题清单，撰写详细的调查报告。一般情况下，调查报告内容包括调查工作的背景、目的和过程，然后详细分析了污染源的类型、分布、排放情况及其对环境的潜在影响，并根据相关问题提出诸如加大监管力度、完善设施设备、提升管理水平等方面的整改建议和改进措施，从而推动污染源的规范治理和环境保护工作的深入开展。

五、生态环境领域社会调查评价案例

（一）某市污染防治攻坚战任务调查评价案例

2018年，中共中央、国务院印发《关于全面加强生态环境保护 坚决打好污染防治攻坚战的意见》，该意见指出了生态环境保护的重要性，提出加强生态环境保护、坚决打好污染防治攻坚战是党和国家的重大决策部署，为打好污染防治攻坚战提供了明确的路线、任务、时间，确保各项工作能够有序进行。

为了进一步深入学习习近平生态文明思想和重要讲话精神，全力做好区域内污染防治工作，该市于2019年起开展了污染防治攻坚战行动计划，全面加强生态环境保护，促进生态环境质量持续改善。同时，该市聘请第三方机构对污染防治攻坚战任务完成情况开展评价评估，运用档案审阅、实地核查、专项调研、深度访谈相结合的方式，围绕污染防治行动计划任务目标完成情况开展相关调查工作。工作内容包含重点区域察访核验、重点任务查访核验等。通过该项目实施，全面、客观、准确地了解了全市污染防治攻坚战的工作进展和成效，清晰掌握了各项任务的落实成效，进一步促进生态环境质量改善和相关工作落实，压实生态环境保护责任，为实现圆满完成年度任务、推动区域生态环境质量持续改善提供了有力保障。

（二）北方某城市生态环境类风险源调查评价案例

中央生态环境保护督察是国家在环境领域的一项重要工作内容，是党和国家重大的体制创新和重大的改革举措，许多的生态问题都是通过这项工作发现和解决的。从2015年到现在，中央生态环保督察的足迹已经遍布全国31个省（区、市），每年都会有整改情况"回头看"工作，对各级政府环境工作形成了强力的督促作用。习近平总书记在党的二十大报告中进一步强调"深入推进中央生态环境保护督察。"这既是要求也是鞭策，将会促使中央生态环境保护督察工作开展更加有序强效。

北方某城市为确保历轮生态环境保护督察反馈问题整改情况不反弹，全面降低辖区内生态环境污染问题发生，组织第三方对辖区内的污染源进行排查，对历轮督察反馈问题进行暗访核查。察访主要采取现场检查、运用科技手段等方式，并举一反三，围绕重点区域、重点领域、重点行业，排查辖区内生态环境保护问题和风险隐患，每月形成以属地为单位的问题清单，予以通报；每季对阶段性检查及整改情况进行分析汇总，为辖区政府提供工作参考，并制作典型案例视频，发挥警示作用；年度以文字总结形式报区生态环境局，并将发现问题及整改情况纳入年度污染防治攻坚战考评依据。进一步健全问题发现、查办、整改、复核、问责的工作闭环，压实各有关单位生态环境保护职责，助力提升辖区生态环境质量。

（三）某市水污染防治工作实效评估案例

2021年11月《中共中央　国务院关于深入打好污染防治攻坚战的意见》公开发布，意见强调，要深入打好碧水保卫战，持续打好城市黑臭水体治理攻坚战。统筹好上下游、左右岸、干支流、城市和乡村，系统推进城市黑臭水体治理。加强农业农村和工业企业污染防治，有效控制入河污染物排放。强化溯源整治，杜绝污水直接排入雨水管网。

深入打好污染防治攻坚战是国家重点工作要求，该市为推进生态环境质量进一步巩固改善，组织第三方专业机构对饮用水水源地风险源、农村污染防治、生活污水治理等工作推进和落实的实际情况开展定期现场勘查，及时、全面、准确地获取相关数据、资料，通过提升饮用水水源地风险源、农村污染防治情况、生活污水治理等工作实效评估效果，持续督促各单位落实水污染防治责任，改善区域内水环境，并保持水环境长治久清。该市通过第三方专业机构开展了高频率、全覆盖式水污染防治重点任务体检，建立了高时效、多源整合式水污染防治评估预警体系，树立了高精度、全过程式水污染防治评估标尺，最终形成高聚合、全联动式水污染防治工作合力，确保目标取向一致、步骤联动衔接，推动水环境治理体系的建设。

六、生态环境调查评价展望

（一）环境监测进入精细化阶段

环境监测是对环境质量的监测活动，是环境保护工作中不可缺少的一环。目前，我国对大气、水、海洋、土壤、声、辐射、生态等各类环境要素均可通过已设置的监测网络进行监测。按照国家对环境监测的长期规划，未来在监测领域，国控监测点和非国控监测点将会不断增加，地方监测任务不断加强，到2035年，要实现环境质量、污染源与生态状况监测有机融合。可见未来环境监测工作将进一步下沉至地方，进一步夯实地方环保责任。

（二）环境调查需求多元化发展

环境调查整体服务有其自身的严谨，系统要求，在此基础上随着国家环保政策的不断发展，各级政府和环境服务类企业对于环境调查的需求也会有不同的发展要求，这使环境调查产生了多元化的发展趋势。一是技术和方式的发展。以往该项工作主要由人员进行现场调研，通过关键数据分析形成相关调查文本，未来，随着无人机、遥感等先进技术的进一步应用，调查结果会呈现影像、数据模型等生动直观、能够准确实时描述环境现状和变化趋势的成果。二是表达方式的发展。用通俗而又生动的语言讲述专业的环境故事，这样可以向各级政府及社会公众描述环境质量和现象实时现状和发展趋势，解答大众关心的热点问题，让最终的调查报告具备可读性。三是由讲述型向解答型发展。这集中体现了环境调查服务的主动性，仅仅对现有环境质量进行描述是不够的，环境调查应该围绕环境治理和管理的需求，对重要问题进行有价值的分析和阐述。

（三）"一站式"的综合服务是趋势

环境调查处于环境检测和环境评估之间，但环境调查包含了这两者的部分内容，所以环境调查可以将环境检测与环境评估串联起来，未来环境调查可发展成"环保管家"一站式综合服务。随着地方政府环境咨询服务需求增长，而各地区的环境污染特征、条件以及污染综合防治的方向和重点不尽相同，难以找到适合一切情况的综合防治措施。因此充分利用第三方的智力支撑，通过环境调查工作进行环境诊断，因地制宜地提出相应的对策，是有效的治理好环境问题的重要模式。从现阶段的政府环保工作中来看，做好环境调查工作，是做好所有环境监督、执法等工作的前提，无论是大气固定源和移动源的治理，还是农业面源污染治理，又或者是流域综合治理中的相关调查工作，所有的污染普查工作都需要以调查报告的形式来呈现，让各级政府和社会公众能够充分了解。

第四节　园林绿化

园林绿化起源于对自然和开放空间的重视，以及对城市居民提供休闲和娱乐场所的需求。习近平总书记在2017年全国两会参加上海代表团审议时指出，城市管理应该像绣花一样精细。园林绿化作为城市基础设施，落实调查评价是实现精细化管理的关键。园林绿化调查评价从公共角度和管理系统上层出发，强化管理人员素质，不断吸取其他公共管理领域经验，整合信息，实现城市园林绿化管理水平的提升，为园林绿化管理提供建议支撑。

一、园林绿化发展现状

西方国家的许多城市采取增加绿地、提升公园的可达性和功能性，以及推动社区参与和公私合作等措施，提高城市的生活质量，增强城市的生态韧性。园林绿化管理的主要模式包括公共管理、公私合作、社区管理、企业赞助等。地方政府制定园林绿化管理政策，包括公园的规划、建设和维护，对公众开放的规定，以及环境保护、生物多样性的维护和文化遗产的保护等。西方重视国家公园建设，采用资源监测手段对公园的资源与环境进行管理，并对管理效果进行评价。

园林绿化养护和管理社会性强，基于绿化建设多元化、绿地类型多样化、养护责任主体多元化的特征，国内不断深化"管养分开"改革，逐步建立和完善分类分级、以市场化为主导，政府职能管理和社会化参与相互补充的管理模式①。住房和城乡建设部于 2017 年将《城市绿地分类标准》（CJJ/T85—2017）批准为行业标准，并于 2023 年发布《城市公园管理办法（征求意见稿）》，要求对城市公园实行分类分级管理，引入第三方开展调查评价。多地借助第三方监管力量，开展园林绿化资源调查评价、落实行业管理。如北京出台一系列政策和管理规范，落实公园和绿地分级分类管理，上海引入园林绿化第三方监管城市绿地养护巡查信息管理系统，杭州建设园林绿化养护管理系统并建立考核机制。

二、园林绿化调查评价对象、内容及方法

（一）调查评价对象

调查评价范围根据行政区划确定，包括从乡镇（街道）、县（市、区）到地级市、省（自治区、直辖市）园林、林业、城管、住建等园林绿化主管部门的职能范围。调查评价对象包括部门职能范围内园林绿化资源资产、园林绿化服务的提供者和受众。

1.资源调查评价

园林绿化资源包括森林、草地、湿地、绿地、园地、荒漠化沙化土地，以及其中包含的植物、动物、微生物、服务设施等有形资源和碳汇、

---

① 诸大建.建设绿色都市：上海 21 世纪可持续发展研究 [M].上海：同济大学出版社，2003.

历史文化等无形资源。

2.社会调查评价

园林绿化服务的提供者包括负责行业监管的各级政府部门、林地、绿地或公园的权属单位、管理单位、绿化养护单位、绿化养护第三方监管单位等。

园林绿化服务的受众包括在公园、绿地、林地开展生态旅游、休闲游憩、自然科普、森林康养等各类活动的社会公众。

（二）调查评价内容

1.资源调查

（1）普查类

园林绿化资源普查。每五年一次对森林、草地、湿地、绿地、园地、荒漠化沙化土地资源实施全面调查，包括各类资源的生态状况、变化情况及管理信息，便于监管单位实时掌握资源底数。

园林绿化资源年度监测。在园林绿化资源普查间隔期，设置监测样地，每年开展森林、草地、湿地、绿地、园地、荒漠化沙化土地资源监测，动态更新资源普查数据库。

绿地管理主体确权调查。对绿地的权属单位、管理单位和养护单位等管理主体信息进行调查、核实、确认，建立账、图、现地一致的资源数据库及管理信息台账。

森林防火设施普查。开展森林防火预警监测、通信指挥、道路与林火阻隔、扑火机具装备、宣传教育等各类基础设施普查，系统评估基础设施建设现状，基于区域森林资源特点，分析主要问题并提出森林防火工作对策建议。

林业有害生物及入侵物种普查与评估。根据林业有害生物、外来入侵物种名录、报道和文献资料，开展日常巡查、定点灾情监测或周期性监测，风险评估，预测预警及信息报告，提出防控策略或计划。

（2）专题调查类

生物多样性调查与评估。对林地、公园、自然保护区等生物多样性保护重要区域的植物、动物和微生物、生态系统进行调查与评估，系统掌握生物多样性现状、构建园林绿化生物多样性保护体系、提升生物多样性保护能力和治理水平。

古树名木调查。调查古树名木资源总量、种类、分布状况，以及现存古树名木的生长状况和管护情况等。

行道树调查。调查行道树占地面积、绿化覆盖面积、总株数、树池类型、树池覆盖物类型、树池篦子材质等，实现每株定位上图，支撑行道树风险评估和预警体系建立。

绿道与林区道路调查。对绿道位置、范围、管理单位、养护单位以及林区道路现状分布、类型、平均宽度等进行调查，评估绿道建设现状。

生态廊道调查。调查生态廊道分布现状，重点调查断点断带情况，评估生态廊道的连通性、健康状况和存在问题，提出保护建议。

公园服务设施调查。对公园内的体育休闲设施、母婴室、零售、智慧互动设施等进行调查评估，为下一步设施配置优化和资金投入提供指引。

2.规划设计

花园城市建设规划编制。结合生态提质、三网融合、城市公共空间更新、城市彩化等工作要求，优化绿地系统、绿道系统、林绿地服务功能体系等，完成花园城市建设定位、目标和指标、重点任务、实施保障措施、试点街区建设方案，城市彩化植物图鉴与三年行动计划及任务清单的编制。

森林经营规划编制。以五年或十年为周期进行规划编制，开展重点地块森林资源现状踏查，了解相关图斑的位置、面积、分布以及森林资源的结构、数量状况；组织森林资源管理人员座谈访谈，了解森林经营现状、主要经营所得、任务承载量、未来经营目标及初步计划、未来拟开展的建设工程等。基于调查结果，对森林资源的质量、天然更新能力等进行客观评价。

林分结构调整方案编制。梳理生态林地块，核查栽植5年以上、郁闭度达0.7以上的生态林地块的数量、位置、立地条件、分布，客观评价林分结构的合理性，制定林分结构调整方案以及伐区设计、林木移植等子方案。

森林防火规划编制。调查评价森林防火工作成效、存在的主要问题、面临的形势，结合森林火灾风险普查成果，提出森林防火的指导思想、规划目标、重点建设内容和保障措施，用于指导森林防火工作。

3.监督考核

生态林第三方监督考核。采取多轮次全覆盖检查，发现林地侵占、林木病虫害、森林火灾等林地安全问题或隐患并督促整改；对林地卫生维护、补植补造、灌草地被控制等养护经营措施落实情况进行巡查；对监督检查、养护作业过程中的安全问题进行监督检查；对林地养护经营管理过程中的养护实施方案、养护日志记录、农民工工资支付等内业资料进行检查；对永久/临时征占、改造提升、竣工移交、养护单位变更等情况进行跟踪调查与核实；定期开展生态林地块抽样评分，协助养护管理定期考核。

公共绿地第三方监督考核。对公共绿地的综合环境、作业规范、作业质量、养护效果、整改效果等进行常态化高频次监督检查及应急检查；对检查发现的问题督促整改，通过现场督办和已整改问题现场复核，实现养护问题闭环管理；审核养护方案和计划，监督检查落实情况并组织专家检查。

公园服务体检。通过内、外业调查，对公园的各项管理工作、各种设施设备的运行现状、公园和绿地养护状况、安防措施、游园秩序等进行专业检查评价，提出管理和服务提升建议。

公园/绿地分类分级管理。聘请行业专家，对现有等级公园/绿地进行复核评定，出具整改意见通知单，并针对整改情况进行复核；对拟申报等级公园/绿地进行预评，提出整改意见、复查并给出申报意见。

林地/绿地批后监督技术服务。开展征占用林地、绿地行政许可事中事后监督调查、林木采伐（移植）批后监督调查、园林绿化资源行政许可批后监督调查，建立批后监督调查台账及矢量数据、年度疑似违法台账。

4.评价评估

项目绩效评价。按照部门预算绩效评价管理办法，阶段性地对项目预算执行情况、绩效目标（预计产出、预计效益）完成情况开展绩效评价，对发现的问题给出整改建议，提出改进本部门绩效执行监控组织、管理、实施方式等的思路。

政策实施评估。对园林绿化发展行动计划、园林绿化条例等行业发展政策，采取资料调研、部门访谈座谈、专家咨询等调研手段，对政策实施进展、目标达成情况、实施成效进行评估，确保如期实现政策目标。

创建评估咨询。按照花园城市建设规划及要求，通过现状调研、花园城市指标体系研究，评估花园城市示范区、花园式街区、花园式街道、花园式社区、花园村庄建设成效。按照国家森林城市、国家园林城市等创建相关政策及测评体系指标，开展外业测量、内业资料调查，评估各项测评指标的达标情况，为创建工作提供现状数据支撑和下一步改进提升建议。

（三）调查评价方法

1.测绘技术

地面测量：传统测量方法之一，分为现场测量和调查。现场测量是指调查人员使用测距仪、罗盘仪、RTK设备等专业仪器设备在林地或绿地内测量，比如测量树木的高度、直径和位置，绿地的四至、面积以及地形、土壤和水资源等环境因素。通过随机化取样方法，对林地、绿地的面积、植物数量、植被结构进行调查和统计分析。

遥感测量：一种远距离获取信息的方法，通过飞机、卫星等设备，获取大范围区域的数据，收集和记录林地、绿地中的图像和数据，用于获取森林、绿化覆盖情况、树种类型和面积分布等信息，以及监测森林火灾、病虫害和其他自然灾害。增强遥感技术在生物多样性调查上已有较好应用。

激光雷达技术：通过发射激光束来测量森林的高度和三维结构，把遥感空间分析成功拓展到三维领域，点云和波形数据提供精确的三维位置和结构信息，有效提高生物多样性的测量精度。激光雷达点云数据与高光谱数据结合在林冠树种识别、地上生物量估算、目标树种高度提取、冠层孔隙分析及阴影去除等研究中均有成功应用[①]。该技术广泛应用于林木、绿地中行道树的每木测量和资源管理，其中机载激光雷达数据可以间接估测动物多样性。

GIS技术：一种将地理空间信息与属性数据相结合的技术系统，将测量数据与地理位置相关联，形成具有空间属性的图像。该技术用于提供树种、树木数量、林地绿地利用和环境条件等信息，经数据分析后提供决策辅助。

2.专家咨询/评定

专家咨询指的是前期方案论证（指标体系完善、技术路线修正）、外业调查实施、阶段性成果把控、中期验收及项目评审各环节，视需要征询专家意见建议。专家评定是聘请园林绿化行业技术或管理方面专家（包括从事行业监管的政府部门人员、园林绿化领域专家学者、一线养护管理人员等），以定性和定量相结合的方法对园林绿化管理或服务现状进行评价，一般用于公园分类分级动态调整、等级绿地专家预评或复核。

三、园林绿化调查评价重难点分析

（一）业务领域重难点

调查技术与方法持续更新。随着科技的发展，传统的林业资源调查方法需要更新以适应新的技术条件和需求。这要求从政府部门、管理养护单位到第三方调查评价单位的人员不断学习新的技术，提高调查的效率和准确性。

数据收集分析难度大。林业资源调查涉及大量的数据收集和分析工作，这需要专业的知识和技能。如何确保数据的准确性和完整性，以及如何从数据中提取有价值的信息，而且园林绿化资源是动态变化的，如何有

---

① 《生物多样性遥感调查与观测技术指南》编制组 .《生物多样性遥感调查与观测技术指南（征求意见稿）》编制说明 [Z].

效地监测和记录这些变化，是调查评价工作的重难点。

生态环境评估需要跨学科知识。评估园林绿化资源及服务对生态环境的影响，需要综合考虑多种生态因素，需要跨学科的知识和方法。

监管标准需保证公正合理性。建立全面、客观、公正的园林绿化养护和管理的监督考核标准，并确保其严格执行是提升园林绿化管理水平的关键，否则监督考核可能流于形式。

（二）工作推进重难点

园林绿化管理存在跨部门横向协同不足，跨层级纵向穿透不够的问题，行业数据汇聚机制尚未理顺，跨行业绿化资源整合和整体联动协同难以实现。

各属地和部门联动未实现。由于各属地和部门体系不一致，无法充分共享经验和实现联动。如区属涉绿单位城管局、交通局、水务局各自管理市政设施配套绿化、区属道路行道树、河道绿化，但在属地范围内，属地政府的监管职责、管护责任落实和联动长效机制未建立；在边界、管理交叉区域，绿地管理问题相互推诿、边界不清情况时有发生，给区级统筹行业涉绿部门和压实属地管护责任带来极大困难。

上下级部门数据共享不充分。上级无法准确掌握下级公园和绿地建设管理的现状，无法实现信息共享和资源整合，不利于上级制定科学合理的园林绿化建设规划，难以实现统筹管理；无法进行下级之间的横向比较，不利于制订分级分步实施计划，难以实现协同管理。

（三）第三方调查重难点

多权属部门协调难度大。园林绿化资源的权属涉及多个部门或单位，管理过程中可能存在权责不清的问题。比如，一些绿地分布在街道、小区内部，需要政府、物业公司、业主委员会等多方协作配合，实际工作中可能存在协调难度。

调查范围广且任务重。常态化监督考核涉及范围广、任务量大，对调查团队的人力、物力、设备等资源配置提出较高要求。

专业性工作需要大量专家支撑。公园分类分级动态调整需要熟悉不同类别、级别公园的标准要求，对技术能力要求高；公园体检涉及规划文件合规性、规划落实情况以及生态、景观、集水节水等定性指标的评价；生物多样性调查、林业有害生物防治、入侵生物防治涉及各物种鉴别。上述工作所需时间长，而第三方团队通常不具备各细分领域的专业技术，需要相关领域专家投入大量时间精力给予支撑。

（四）解决思路

聘请专家顾问。聘请具有园林绿化专业技术职称的政府部门或科研单位专家，以及具有公园管理政策和实践经验的行业专家，提供专业指导和全程技术支撑。

建立协同监管机制。建立多部门协同的工作机制，明确各相关部门在城市绿地监管中的职责和任务，确保责任到人，形成合力，共同推进园林绿化监管。

充分利用信息化工具。利用林地、绿地和公园巡查 App 开展调查，保证数据记录的准确性，保障工作质量和进度。

分级分步实施。基于公园体检工作量大，且项目周期短、预算资金不足等情况，分级分步开展公园体检。第一年试点开展，优先完成综合公园体检，其他公园仅上报材料，用三年时间覆盖全部公园。

四、园林绿化调查评价的主要成果

（一）前期成果

1.公园体检指标体系

本着严谨、可行、便于操作的原则，在市级指标的基础上，增加部分区级考评指标，同时增加生态保护、生态韧性、生态科普、全龄游憩、周边服务等生态类、服务类特色指标，形成由"市级指标＋区级指标＋特色指标"构成的公园体检指标体系，见表2-10。

表2-10 公园体检指标体系

序号	体检方向	体检具体内容	指标类别	体检形式
1	公园规划	制定公园总体规划并通过审批	市级指标	内业资料核查
2		无违建、违规侵占绿地、违规开垦、占用湿地或者改变湿地用途	市级指标	内业资料核查
3	制度与台账	基础管理制度（绿化、设施、安全、建设、文物游客服务、财务管理、人员、档案等）公示、培训、考核	市级指标	内业资料核查
4		共享开放相关制度	特色指标	内业资料核查
5	设施维护	配套房管理台账	市级指标	内业资料核查
6		雨水收集设施	特色指标	外业检查
7	服务运营	公园须知、简介、标识	市级指标	外业检查
8		第三方服务项目（合同、证件）	市级指标	内业资料核查
9		及时答复市民诉求、问题整改彻底	区级指标	内业资料核查
10	安全管理	健身游乐设施（保养检修合同、记录）	市级指标	内业资料核查
11		定期开展公园安全检查	区级指标	内业资料核查

［资料来源：《北京市公园服务体检工作方案（试行）》、《北京市公园分类分级服务管理标准（征求意见稿）》、民生智库园林绿化研究中心］

2.社会调查问卷

一是调查游客对设施配置、安全服务、游园秩序等公园管理和服务现状的满意度；二是调查管理和服务人员对上级政策的知晓情况、对公园运营状况的满意度、提升公园管理和服务的意见建议及希望获得的政策支持等。

 公园游客满意度调查问卷示例

1.您多久去一次公园游玩？（　　　）

A.一周3次以上　　B.一周1～2次　　C.一个月1～2次　　D.很少去

2.您对此公园提供的休息休闲设施是否满意？（　　　）

A.非常满意　B.满意　C.一般　D.不满意　E.非常不满意

3.您对此公园的园林绿化景观配置是否满意？（　　　）

A.非常满意　B.满意　C.一般　D.不满意　E.非常不满意

4.您对园区服务工作人员的服务态度和服务意识是否满意？（　　　）

A.非常满意　B.满意　C.一般　D.不满意　E.非常不满意

5.您对此公园的安全管理是否满意？（　　　）

A.非常满意　B.满意　C.一般　D.不满意　E.非常不满意

6.您认为此公园哪些方面需要进一步提升？（　　　）【多选】

A.公园分布不合理，离家距离太远　B.公园场地小，缺乏活动空间　C.景观设计布局没有亮点，缺乏吸引力　D.座椅、垃圾桶、公厕等基础设施数量不足　E.设施设备维护不佳　F.管护不到位，绿化、卫生条件差　G.环境嘈杂，噪声管理不到位　H.安全管理及防护措施不到位　I.其他

 公园管理和服务人员调查问卷示例

1.您对公园的整体运营状况满意度如何？（　　　）

A.非常满意　B.满意　C.一般　D.不满意　E.非常不满意

2.您认为公园在哪些方面存在不足？（　　　）

A.公园景观特色不突出　B.安全管理不到位　C.人员定期培训不足　D.游客服务不周到　E.设施维护不及时　F.环境管理不精细　G.其他

3.您认为哪些方式可以提高管理能力和方法？（　　　）

A.强化人员培训与素质提升　B.优化管理制度与流程　C.引入现代科技手段　D.加强环境保护与设施建设　E.创新服务模式与内容　F.其他

4.您希望从市级层面获得哪些方面的政策支持？

_____

（资料来源：民生智库园林绿化研究中心）

（二）数据成果

管理台账：生态林地块管理台账、乡镇生态林网格化管理台账、城镇绿地管理台账、村庄绿化美化台账、村庄绿化覆盖率统计台账、初评和复评后完善更新的等级绿地台账、养护监管或服务管理问题及整改台账等，见表2-11。

表2-11　公园管理问题及整改台账

序号	检查公园	公园类型	公园等级	问题大类	问题细类	整改情况
1	A公园	综合公园	三级	公共设施	服务设施设备维护	已整改
2	B公园	生态公园	一级	公共设施	服务设施设备维护	未整改
3	C公园	社区公园	二级	园区管理	公园和绿地开放共享	未整改

（资料来源：民生智库园林绿化研究中心）

空间数据库：生态林地块空间数据库、城镇绿地空间数据库、村庄绿化美化地块空间数据库、等级绿地空间数据库等各类园林绿化资源空间数据库。

（三）文字成果

本项主要包括周期性监督考核报告、专题调查评价报告、工作建议、总体分析报告、工作总结报告等。

周期性监督考核报告：按周、月、半年或年度定期实施园林绿化资源监督考核并提交报告，包括林地/绿地监督管理报告、林地/绿地批后监督管理报告等。

专题调查评价报告：林地/绿地公众满意度调查报告、城镇绿地调查核测报告、村庄绿化美化地块调查报告、公园意识形态安全制度落实情况报告、公园管理服务模式调研报告以及各类别、各级别公园监督检查报告等。

工作建议：生态林村头片林景观游憩改造提升建议、公园管理提升策略建议、市级示范性集体林场建设和林下经济发展建议、森林资源管理制度体系建设工作建议、林长制体系建设工作建议等。

总体分析报告：居住区绿地管理现状及对策研究报告、"5+4"（五类四级）公园监督考核报告、园林绿化行业问题分析报告等。

工作总结报告：林地/绿地养护监督项目年报、公园/绿地分类分级专家评定报告、等级绿地预检报告、等级绿地管理迎检工作报告等。

五、园林绿化调查评价案例

（一）某地区城镇绿地调查与等级评定项目

1.项目背景

以绿地类别、面积、权属、主要植物为具体普查内容，摸清地区城镇等级绿地的底数，完善管理台账，通过外业测量建设空间数据库，将外业普查的关键属性与地块空间位置关联，形成某地区绿地调查一本账、一张图、一个库，为等级绿地的规划建设和发展提供技术支撑。

2.服务内容

（1）等级绿地调查。调查绿地基本情况：包括绿地位置、地块面积、绿地等级、绿地权属、管养单位、植物调查、绿地类别、设施问题、养护问题等。

开展等级绿地测量：专业外业测量人员，利用专业设备，测量获取绿地的位置、四至、面积等信息。

等级绿地落地上图：专业GIS工程师对外业测量的数据进行检查、分析、校核，最终汇总上图，建设某地区绿地调查基础数据库及设施问题、养护问题等专题数据库，形成等级绿地一张图、一台账，确保账、图与现地一致。

（2）等级绿地复核与评定。技术指导与培训：聘请专家开展2次专业的技术指导和培训服务，一方面对绿地等级评定标准进行详细解读，以确保养护单位了解等级绿地的养护要求；另一方面，为养护单位提供专业的技术指导，提高城镇绿地养护质量。

等级绿地复核：聘请专家对现有等级绿地进行区级复核，出具整改意见通知单，并针对整改情况进行复核；对拟申报特级、一级绿地进行区级自评，提出整改意见，复查后给出申报意见；对新增二、三级绿地进行初评和复评，完成整改提升，对无等级绿地进行摸底调查、等级评定，最终形成区级等级绿地台账。

3.服务效果

通过开展等级绿地台账和空间数据规范化建设，形成某地区等级绿地一张图、一套账。在管理台账的基础上增加空间数据，使管理数据更立体；为促进上下两级部门数据共享奠定基础，为实现某地区等级绿地的信息化、可视化提供支撑，为后续开展等级绿地的复核、评定工作提供便利。

绿地等级评定为某地区带来较好的生态效益、社会效益。一方面，建立公共绿地分类分级动态更新机制，进一步推动各项标准和要求落地、落实、落细，助推公共绿地精细化、差异化管理和高质量发展；另一方面，通过提升公共绿地的品质，为市民提供更加优美、舒适的环境，促进人与自然的和谐共生，提高公共绿地的整体品质，推动公共绿地的可持续发展。

（二）某地区公园分类分级管理检查考核项目

1.项目背景

某地区公园数量多，公园管理涉及的内容广泛，监督管理难度大，在林长制考核和公园分类分级管理体系下，为持续提升公园规范化和精细化管理水平，需对公园的养护、设施、服务、管理工作实施严密监管，对公园类别、等级进行年度动态调整。

某地区园林局拟聘请第三方专业机构开展监督考核工作。通过监督考核，落实公园分类分级管理的各项标准和要求，建立公园分类分级动态更新调整，提高公园专业化精细化管养水平，提升公园品质。

2.服务内容

常态化监督检查。参照某地区《公园分类分级服务管理标准》《公园管理工作要点》的要求，结合林长制工作专项考评指标，制定严谨、可行、便于操作的某地区公园管理检查考核指标体系，对接某地区园林局智慧化平台，嵌入公园检查考核信息化系统，组织专业检查人员对某地区所有公园开展全覆盖监督检查，并对检查情况进行汇总，编制检查考核报告，对问题提出专业建议。

分类分级动态调整专家评定。对照公园类别评定条件和公园等级评价指标表，聘请市级专家开展一次年度全覆盖检查，对现有公园及新建成公园进行复核评定，形成评定报告，提出公园类别、等级调整意见，上报某市园林局。

公园配套房专项检查。开展一次公园配套房专项检查，对公园配套房的使用现状进行全面摸底调查，发现未按照设计用途使用或有违法违规类经营的情况，立即上报，并下发整改意见书督办整改。

本项目完成工作方案的全部工作内容，主要形成以下成果资料。

公园分类分级管理监督检查报告：完成上半年和下半年度的公园分类分级管理检查考核，对公园分类分级管理中存在的问题进行深度分析，形成半年度、年度检查考核报告。

公园分类分级动态调整评定报告：根据专家组反馈的情况，对本年度公园分类分级情况提出调整意见，针对问题提出专家建议。

公园配套房专项调查报告：配套房专项检查结束后，提交公园配套房专项调查报告。

年度总结报告：对公园分类分级管理监督检查、分类分级动态调整专家评定、公园分类分级动态调整评定等工作任务的实施情况进行成果和经验总结，针对某地区公园分类分级管理存在的问题进行深度分析，并提出针对性的工作建议。

3.服务效果

本项目的实施带来较好的生态效益、社会效益。一方面，建立公园分类分级动态更新机制，进一步推动各项标准和要求落地、落实、落细，助推公园精细化、差异化管理和高质量发展。另一方面，通过提升公园的品质，为市民提供更加优美、舒适的环境，促进人与自然的和谐共生，提高公园的整体品质，推动公园的可持续发展。

通过本项目的实施，某地区公园管理和服务得到较大提升，市民满意度得到大力提升。

（三）某地区林分结构调整方案编制

1.项目背景

贯彻落实习近平新时代生态文明思想和高质量发展理念，在森林经营方案的框架下，结合某地区生态林地块的客观实际，以培育健康、高效、稳定、优质的生态林森林结构为目标，通过以林分结构调整为主要措施的森林经营，构建混交、复层、异龄、多功能森林群落。

近年来某市森林覆盖率稳步提升，生态林树木总体长势良好，达到了立地成林的造林目标，但随着林木的逐年生长，养护经营问题日益凸显，林分大部分逐步郁闭，部分林木立地条件差，部分树种病虫害严重，部分地区冻害频繁等，造成林分质量下降。某市园林局出台《某市生态林养护经营管理办法》《某市林木采伐技术规程》，要求在充分调查的基础上，编制生态林林分结构调整实施方案，办理手续，实施林木采伐移植。

2.服务内容

核查其中栽植5年以上且郁闭度达0.7以上的生态林地块的数量、位置、立地条件、分布，落地上图。

基于调查结果，对林况及林分结构合理性进行评估，包括林分郁闭度、密度、生长空间情况，以及树木长势、健康状态和存在的健康风险隐患等。

以构建混交、复层、异龄、多功能森林群落为目标，制定某镇林分结构调整方案，并制定伐区调查设计说明书、林木采挖移植方案，协助办理采伐（移植）手续，配合完成批前现地查验。

伐区调查设计说明书：开展外业调查确定意向调整地块及其树种组成、密度、胸径等信息，确定调整的树种及株数。对需要开展林木采伐的小班设置标准地开展每木检尺，获得郁闭度、密度、胸径、树高、蓄积、天然更新情况等现况数据，据此设计伐区的采伐类型、采伐方式、采伐强度。

采挖移植方案：调查统计移植树木明细，针对涉及采挖移植的各地块，明确采挖林木位置和林木移栽位置，给出施工时间、施工过程控制要点、风险识别及防范措施等施工建议。

3.服务效果

持续提升森林质量和稳定性，充分发挥森林的生态效益、社会效益、经济效益。提升了森林改善空气质量、调节气候、保持水土等生态服务功能；通过树木移植丰富了生物多样性，为野生动物提供了更多样化的栖息地；改善了森林景观，为市民提供了更加优美的休闲游憩空间；为林下经济的发展提供了空间和资源，推动林下种植、养殖等林下经济的发展。

六、园林绿化调查评价展望

北京、成都已经先行开展花园城市建设，可在其他省份地区推广。作为社会智库，将落细落实园林绿化资源摸底调研、需求评估工作，进而探索生态产品价值多元转化路径，助力花园城市建设及可持续运营。

（一）智慧科技引领

充分运用大数据、物联网和人工智能等科技手段，持续提升服务水平。一是借助卫星遥感、激光雷达、无人机等技术工具，精准高效获取调查数据；二是加强不同空间粒度的遥感影像、无人机、社交网络大数据、含地理位置信息的景观照片及问卷调查等多源数据的集成应用，根据研究需要使用多模态机器学习、文本／图片／视频内容挖掘等前沿方法，构建基于网络大数据的综合评价体系[①]，为管理部门提供数据驱动的决策支持；三是运用信息化管理系统补充人为网格化管理的不足，让精细化管理实现降本增效[②]；四是实现第三方巡查App与上级主管部门信息化平台的数据对接，提高问题整改效率。

（二）服务模式创新

采用全面的考核评价机制，让不同层面的管理者都有章可循，借鉴西方国家公园建设、中国生态旅游社区发展经验，以及各区域社区参与园林绿化建设发展的模式，探索人与园林绿化服务的关系，建立一套涵盖经济发展、社会文化、环境保护在内的园林绿化可持续发展评价体系[③]。更加注重满足管理者的个性化需求，提供定制化的解决方案，包括绿化资源规划、绿化效果评估、优化建议等增值服务，提升绿化养护质量和服务管理水平。

（三）持续监管和风险管理

完善建立持续、动态的监管机制，辅以技术手段，实时监测林地、绿地和公园运营状况，及时发现并解决问题。未来园林绿化调查评价更加注重公园管理、林地/绿地养护的风险评估和应急管理，提高应对突发事件的能力。

（四）公众参与和透明度提升

公众参与公园、绿地管理的意识和需求日渐提升，建立透明的信息公开机制和公众参与渠道，调动参与者的积极性，提高监管的公信力和效率，同时带动更多的人共建共享，推动园林绿化的可持续发展。

---

① 徐琳琳，虞虎. 国外国家公园景观评价与保护利用研究进展及对中国的启示 [J]. 资源科学，2022，44（7）：1520–1532.

② 王颖. 天津市东丽湖地区城市公共绿地养护管理问题研究 [D]. 乌鲁木齐：新疆农业大学，2019.

③ 肖练练，等. 近 30 年来国外国家公园研究进展与启示 [J]. 地理科学进展，2017（2）：244–255.

第三章
经济发展调查与评价

　　我国已进入高质量发展阶段，我国经济发展也进入了新时代。新时代我国经济发展的特征、发展动力、发展保障、发展效率、企业等经营主体对政府工作的期待与需求等面临着新的分析与判断。在这一过程中，如何把握新阶段我国经济发展的新动力和竞争力，如何应对新业态、新模式不断涌现带来的监管新挑战，如何释放内需潜能、激发经济活力，以及如何稳就业、保民生、让城乡共享发展成果等诸般工作，皆需深度调研。本章聚焦营商环境、市场监管、文化旅游、就业环境与乡村振兴，以期见微知著。

第一节　营商环境

　　好的营商环境就像阳光、水和空气，须臾不能缺少。良好的营商环境是企业稳健发展的重要基础，能够减轻企业负担，激发创新活力。优化营商环境是各国、各地区推动经济发展、实现高质量发展的重要途径。开展营商环境调研工作，可以有效检验营商环境改革成效，激发改革活力、增强改革动力。未来，营商环境调查将更加注重企业需求，通过探索"无感调查"收集信息，为企业提供更加精准的服务，为政策制定和改革提供重要参考。

一、营商环境发展现状

世界银行（以下简称"世行"）于2001年成立全球营商环境评估项目组（Doing Bussiness，DB），首次提出营商环境概念，即影响企业全生命周期的综合环境，包括企业从开办、运行到关闭全过程活动中的效率、监管质量等影响因素集合。2003年世行发布首份《营商环境报告》，通过开展营商环境调查评价，帮助政府发现行政过程中存在的问题并加以改革，给政策制定者提供促进政策不断改革完善的基准工具[①]。2020年运行17年的DB项目宣告结束。2022年开启新一轮营商环境评估体系改革，2023年公布B-READY评估体系，并于2023—2026年分三批次评估[②]，每批次约60个经济体[③]。

2017年习近平总书记在中央财经领导小组第十六次会议上强调，要营造稳定公平透明、可预期的营商环境。至此，优化营商环境成为以习近平同志为核心的党中央提出的促进经济发展的新战略，也成为"放管服"改革新目标。2019年国务院发布《优化营商环境条例》，明确优化营商环境要坚持市场化、法治化、国际化原则，以经营主体需求为导向，以转变政府职能为核心，创新体制机制、强化协同联动、完善法治保障。2023年中共中央、国务院发布《关于促进民营经济发展壮大的意见》，再次强调民营经济的重要地位和作用，为各地促进民营经济发展壮大规划蓝图、指明方向。

---

① 民生智库"中国民生研究报告"课题组.中国营商环境发展研究报告[R].北京:民生智库,2021.

② 刘帷韬.世界银行营商环境评估体系变化要点、指标分析与启示[J].中国流通经济,2023（9）：80—91.

③ 2023年1月启动第一轮评估，包括中国香港地区、新加坡、新西兰等54个经济体，评估报告在2024年4月公布；2023年6月启动第二轮评估，新增中国、美国、英国、加拿大、澳大利亚、韩国、巴西等，有62个经济体，评估报告将在2025年4月公布；2024年6月启动第三轮评估，新增法国、德国、日本等，有63个经济体，评估报告将在2026年4月公布。之后，世界银行将根据三次试点评估情况对BR评估体系进行必要的修正。

二、营商环境调查评价对象、内容及方法

（一）调查评价范围及对象

1.调查评价范围

（1）对标世行指标调查范围。世行指标体系（BR）主要包含企业准入、获取经营场所、公用事业服务、劳动就业、获取金融服务、国际贸易、税费缴纳、纠纷解决、促进市场竞争和企业破产10个指标[①]，反映了企业从开办、运营到关闭全生命周期各个阶段，见图3-1。基于世行指标体系的调查，主要围绕世行指标体系涉及业务领域搭建适合本地发展情况的指标体系，结合调查目的及需求确定调查覆盖的城市或地区。如某地区通过开展"企业开办"第三方调查评估工作，了解"企业开办"改革政策实施效果及已出台政策举措对企业准入准营产生的影响。

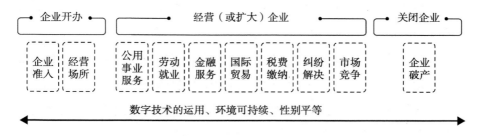

图3-1 世行指标体系

（资料来源：民生智库营商环境研究中心）

（2）政策落实效果评价范围。基于政策落实的调查工作侧重于评估政策措施的落地效果，及对改善商业运营环境的实际影响，通常可分为综合类政策落实效果评价和专项政策落实效果评价。如国务院对在全国9个省实施的《优化营商环境条例》情况开展第三方评价；北京市开展16区"全面优化营商环境 助力企业高质量发展"落实情况评价等。确定调查范围

[①] 世界银行营商环境评估团队.世界银行营商环境成熟度方法论手册[M].罗培新，等，译.南京：译林出版社，2023.

时，需综合考虑政策类型、影响范围、覆盖群体等，如政策在全国范围内实施还是在特定地区或行业试点。

2.调查对象

在开展营商环境调查评价工作中，调查对象通常为以下几类。

经营主体。经营主体通常覆盖所有参评地区相关企业及个体工商户等。通过开展调研一是了解企业办事体验，挖掘企业在办理业务过程中遇到的问题及原因；二是了解企业需求，挖掘企业在经营过程中对政务服务和要素支持等方面的需求。

园区管理者。园区管理者通常为负责管理和运营产业园区、科技园区等的专业机构或个人，通过开展调研了解园区企业实际运作情况和政策享受情况等，并对未来优化提升营商环境提供意见与建议。

专家。专家通常根据调研评价内容来选取，选择具有相关专业知识和经验的人员，例如在市场准入方面，重点邀请律师、税务顾问、会计师等，通过咨询专家收集法律上的数据，了解专业领域人员对于政策、潜在风险及前沿策略的看法和解读。

主流媒体。主流媒体通常具有广泛的覆盖面和较高的公信力，能够有效地触达广泛的受众群体，通过对主流媒体开展调研工作，可以了解更多营商环境领域舆论风向、典型做法和前沿信息，并针对优化营商环境的宣传进行咨询，获取有效增加宣传力度的意见建议。

政府部门。政府部门通常根据调查目的、范围及实际开展情况确定选取哪些部门作为调查对象，收集在推动营商环境工作过程中，各部门遇到的问题、困难及对下一步工作推动的意见建议与需求等。

（二）调查评价内容

调查评价内容需紧密结合评价目的和实际需求，确保评价结果的有效性、实用性，及关键利益相关者的需求和期望。内容选取通常遵循以下原则。

对标国际：主要参考世行标准和最佳实践，主动适应国际营商环境建设趋势，确保评价内容与国际先进水平接轨，并立足本地改革的内驱力和发展方向，深入推进本土特色化营商环境建设，提升地区在全球范围内的竞争力。如北京市2023年对标国际规则，重点围绕企业市场准入、获取公共服务、获得信贷、市场竞争等9个领域开展了企业调查。

跟进国家：主要参考国家层面的政策导向和改革举措，确保地区营商环境评价与国家战略同步，促进国家政策的贯彻落实。如为营造市场化、法治化、国际化一流营商环境，多地提出"N大环境"建设，如北京市六大环境——市场环境、法治环境、投资贸易环境、政务服务环境、人文环境、京津冀营商环境；河北省五大环境——法治环境、市场环境、政务环境、要素环境、信用环境。

落实本地：在"对标国际"和"跟进国家"的基础上，进一步结合地区实际情况和特点，确保评价内容能够反映地方具体实施效果和地方特色。如长三角地区拥有众多高校和科研机构，在营商环境评价中会更加注重企业的创新能力、研发投入和科技成果转化能力；粤港澳大湾区作为国家战略，则强调国际化和开放度，如与国际规则的对接、吸引外资企业和国际化人才的引进；京津冀地区评价则会关注非首都功能的疏解和产业结构的优化升级等。

关注需求：评价内容需真实反映经营主体的需求和期望，如市场准入和退出机制、税收和财政政策、融资渠道和成本、人力资源和市场、企业满意度和企业反馈等。同时，考虑到不同参评地区的差异性，会将评价内容设计为"共性+个性"的形式，确保评价体系既能全面反映所有参评地区营商环境的普遍特征（共性），保证评价的公平性和一致性，如企业开办便利性、获得信贷可能性、纳税效率、破产流程等；又能够充分考虑到各地区独特的经济文化背景和特定需求（个性），确保评价结果精准地反映各地区营商环境的实际情况，同时为不同地区提供更具针对性的改进建议。如对于资源型城市，会考虑加入关于资源开发和环境保护内容；对于旅游城市，则会关注旅游服务和基础设施评价等。

（三）营商环境调查评价常用结果计算方法

1.前沿距离法

前沿距离法是世行评价体系的算分方法，其公式为DTF=（w−d）/（w−f）。DTF为前沿距离值，w为该指标的最差值数据，d为被评对象实际值，f为最优值；得分为0~100分，每项指标表现最优即"前沿"的地区得分100，最差得分为0，其余各地区通过换算得出与前沿值的距离。前沿距离法公式为：

①正向指标：（R−Rmin）/（Rmax−Rmin）×Ra

②负向指标：（Rmax−R）/（Rmax−Rmin）×Ra

注意：Ra为指标前沿距离得分，通常为100分，R为参评地区数值，Rmax为参评地区数据中最大值，Rmin为参评地区数据中最小值。

2.功效系数法

功效系数法通过计算出各项指标的功效系数，并依据对应的标准系数和权数确定各单项指标得分，对其进行汇总得出综合评价。在营商环境中，通常可将指标水平分为优秀、良好、平均、较低、较差五个档次，每个档次对应一个标准系数及标准值，见表3-1。

表3-1　评价标准档次及对应标准系数

对应档次	标准值	实际值（x）	x对应的标准系数
优秀	优秀值（a）	$x \geqslant a$	1
良好	良好值（b）	$b \leqslant x < a$	0.8
平均	平均值（c）	$c \leqslant x < b$	0.6
较低	较低值（d）	$d \leqslant x < c$	0.4
较差	较差值（e）	$e \leqslant x < d$	0.2
较差	较差值（e）	$x < < e$	0

功效系数法计算公式：

功效系数=（实际值−本档标准值）÷（上档标准值−本档标准值）

上档基础得分=指标权数 × 上档标准系数

本档基础得分=指标权数 × 本档标准系数

调整分=功效系数 × （上档基础分−本档基础分）

单项指标得分=本档基础得分+调整分

综合得分=指标1得分+⋯+指标n得分

3.层差法

层差法在营商环境调查中可用于线上填报数据的得分计算。假设将考核结果分为四档，如D档40分、C档60分、B档80分、A档100分，实际填报结果落在哪个档内，该档所对应的分数即为填报结果的分数。

三、营商环境调查评价的重难点分析

（一）业务领域重难点

重难点一：如何在财政预算有限、专业人才不足等情况下推动本地营商环境水平持续提升。优化营商环境是一个复杂、系统且动态的过程，涉及业务领域多且跨度大。如惠企政策实施、数字平台建设等都需要投入大量资金、资源、技术和人才，需在财政预算吃紧、专业化人才不足的情况下，持续落实好惠企政策，加强基础设施建设，确保营商环境水平持续向好。

重难点二：如何保证营商环境评价内容对日常工作的真实反映，避免"两张皮"现象。将营商环境工作融入日常工作，一体提升营商环境与日常工作质量，确保政府部门在日常制定政策、执行政策、提供服务时，与营商环境评价所反映的情况一致，使评价结果与日常工作开展具有较强的交互作用。

（二）工作推进重难点

重难点一：如何深化跨部门协作，确保政策的统一性和连续性。营商环境涉及领域广泛，通常需要跨部门协作推进，但在实际工作过程中，不同部门的职责或任务可能存在冲突，导致在跨部门协作中难以达成共识。

且由于信息安全问题，部门之间可能因信息共享障碍导致数据和信息无法有效整合，影响协作效率和效果。

重难点二：如何降低调查过程中对企业的打扰，尽可能实现无感评价。近年来，各级政府对营商环境愈发重视，越来越关注服务企业的核心诉求，在开展营商环境调查收集企业需求时，也易造成对企业的重复打扰，从而对企业的经营产生负面影响。在开展企业需求调查过程中，降低对企业的干扰是开展营商环境工作的重难点。

（三）第三方调查重难点

重难点一：如何设计科学、全面的指标体系，有效精准收集经营主体发展需求评价。企业满意度评价是营商环境工作确定的考核指挥棒，如何科学设计调查体系，既精准有效收集企业需求，也体现本地特色、保障后续工作高效实施，是开展营商环境评价工作的重点难点。

重难点二：如何实现信息获取高效、精准。营商环境调研具有内容覆盖广、数据来源多且获取量大、调查方式丰富等特征，第三方作为独立的调查主体，存在体制内部信息获取受限等问题，特别是办事企业或群众名单、业务数据等权限主要在各级党政和司法机关，公开渠道无法查询，一定程度上会对评价结果产生影响。

（四）解决思路

1.充分利用有限资源，深入探索无尽潜力

一是优化财政支出结构。近年来，受全球经济形势和疫情影响，我国经济发展面临前所未有的挑战，过紧日子，将财政资金用在刀刃上以应对当前经济形势。做好优先级设定，将资源优先投入对企业和经济增长影响最大的改革措施；做好部门间资源整合，避免重复投资。

二是加强统筹谋划。强化各项工作的协调配合，确保各部门上下"一盘棋"，明确各部门在优化营商环境工作中的责任和目标，将评价内容与日常工作开展有机融合，确保政策制定和执行能够反映营商环境优化的

需求。

2.强化机制建设，构建多元化成果体系

一是建立并完善协调及激励机制。加强跨部门协调配合的顶层设计与组织保障，定期讨论和解决在营商环境工作中的跨部门问题，做好信息共享和沟通交流，确保信息的透明度和及时性；对在跨部门协作中表现突出的部门和个人及时奖励。

二是探索"无感调查"路径。针对不同调查对象设计差异化调查方式，通过数字化平台智能推送调查问卷，定向收集企业的评价反馈与需求建议，深挖重点领域问题。

3.加强协作，充分发挥智库技术专长

一是确保指标体系尽可能覆盖到各类群体。形成多元化信息来源，提高对象选取精准性，并匹配合适的调查方式，确保评价结果精准有效。

二是发挥政府与智库联合工作组作用。加强协作与配合，制定数据共享协议和标准，明确第三方访问和使用数据的条件及如何保证数据安全和隐私，允许第三方在特定条件下访问和使用数据。

四、营商环境调查评价的主要成果

（一）前期成果

前期成果是评价工作的基础，为整个评价过程提供必要的框架和工具。

1.指标体系

在搭建指标体系时，需要考虑国际标准、国家政策和地方特色。一是确保指标体系能够覆盖营商环境重点方面，同时有针对性地反映关键问题和重点领域。二是在设计指标体系时要结合实践经验，确保指标易于操作，数据易于获取。三是指标体系应保持一致性，同时能实现横向、纵向可比。

指标体系可以是企业全生命周期涉及的政策对企影响，也可以是聚焦

某特定领域的深入研究。如2024年深圳市出台《深圳市法治化营商环境建设评价体系》[①]，聚焦法治化营商环境搭建的指标体系，共设置5个一级指标、14个二级指标和32个三级指标，见表3-2。

表3-2　深圳市法治化营商环境建设评价体系（部分展示）

一级指标	二级指标
营商制度公开透明可预期，为市场主体投资兴业提供制度保障	制度内容科学完备
	制定过程公开民主
	制度运行监督有力
行政权力规范有序运行，有效激发市场活力	行政决策科学健全
	政务服务高效便利
	涉企监管规范有序
司法保护公正高效，切实维护市场主体合法权益	司法审判公平正义
	司法程序严格公正
	司法活动监督有力
法治社会稳步推进，构建与高质量发展相配套的高品质法律服务体系	普法工作深入开展
	公共法律服务便捷高效
	涉企社会治理法治化水平显著提高
全面协同推进组织保障，凝聚优化法治化营商环境建设强大合力	组织建设坚强有力
	法治队伍素质全面提升

2.调查问卷

调查问卷是收集营商环境相关数据和信息的重要工具，用于收集企业和群众对营商环境的直接反馈，包括满意度、问题、需求和建议等。问卷内容应涵盖指标体系中的各方面，确保数据的全面性和完整性。

如北京市投资促进服务中心开展的《2023年北京市营商环境调查问卷》[②]，聚焦重点企业经营需求，从企业基本情况、政策环境、生活环境、

---

① 我市首次发布法治化营商环境建设评价体系 [EB/OL]. https：//www.sz.gov.cn/cn/xxgk/zfxxgj/zwdt/content/post_11275967.html.

② 2023年北京市营商环境调查问卷 [EB/OL]. https：//invest.beijing.gov.cn/hudong/diaocha/wenjuan/bn2369a7p.html.

金融及社会中介环境、人才用工环境、经济环境等9个方面设计问卷，了解在京投资企业对营商环境各方面评价情况，见图3-2。

一、企业基本情况（部分展示）

1.您的企业属于何种所有制类型？【单选】

A.国有企业（含国有产权控股的股份制企业)

B.民营企业

C.外商投资企业

2.贵企业所在区？【单选】

A.东城区　B.西城区　C.海淀区　D.朝阳区

二、政策环境（部分展示)

1.您认为政策的规范与健全程度如何？【单选】

A.好　B.一般　C.差

2.您认为政策信息的透明度如何？【单选】

A.透明　B.一般　C.不透明

图3-2　2023年北京市营商环境调查问卷（部分展示）

（资料来源：北京市投资促进服务中心）

3.座谈访谈提纲

座谈访谈提纲实则为一份详细的会议计划，用于指导座谈会的进行。营商环境座谈访谈通常涉及政府部门、企业与群众、第三方机构、专家、媒体等群体的座谈访谈，不同群体应设计不同的座谈提纲，如企业座谈主要围绕挖掘企业在经营过程或办理业务过程的难点、问题与具体需求，政府座谈则更侧重于工作机制、协调合作与执行落实方面的难点、堵点及需求等。

以某地区开展"企业开办"主题的企业座谈会为例，从营商偏好、指标评价、发现问题等方面设计提纲，深度挖掘办理"企业开办"业务过程的相关评价等，见图3-3。

"企业开办"座谈提纲

访谈对象: 本年度内办理过"企业开办"业务的企业代表

座谈地点: A市会议中心301室

座谈时间: 2024年5月20日

主要内容:

【营商偏好】选择在本地投资并注册企业主要考虑的因素是什么,最初看好本地营商环境哪些方面(如市场环境、政务环境、法治环境)?

【指标评价】在企业开办各环节中,最便利和最复杂的环节分别是哪些?在办理业务过程中对基础设施(线上平台、自助设备及大厅窗口)与服务质量(咨询、导办、帮办)等是否满意,请分别说明原因。

【发现问题】在办理相关业务时是否存在问题,最受困扰的问题是什么,最后如何解决的?

【优化建议】在改善企业开办业务方面,您有哪些需求或意见建议?

图3-3 "企业开办"座谈提纲(部分展示)

(资料来源:民生智库营商环境研究中心)

(二)过程成果

过程成果是评价过程中的重要组成部分,记录了评价工作的进展和发现,并为最终结论性成果的生成提供了基础。

1.报告类

报告类成果通常包含阶段性报告,如月度报告、季度报告(部分项目还提供日报、周报等)和专题报告。其中月度报告和季度报告要注意时效性,报告内容多以问题导向为主,同时结合调研目的及受众,对结果进行多维度交互分析,确保报告内容既能体现上一阶段落实或整改效果,也可为下一阶段工作开展提供决策依据。专题报告则主要针对某些特定领域或主题开展调研,如针对"高效办成一件事""提升基层法治环境建设"等专题的落实效果。

2.案例类

案例类成果提供了实际操作中的典型案例和经验,通常包含典型案例(问题导向)、成功案例(亮点特色导向)、实践经验等,通过分享案例及经验，可以帮助推动营商环境持续优化，为政策制定者提供决策支持，也有助于增强调研评价工作的透明度和公信力，提高社会对调研评价工作的认可和支持。

如上海市虹口区探索"北外滩开店一件事"创新监管服务，形成创新性强、实效性高、可复制推广的优化营商环境优秀案例[①]，见图3-4。

> **上海虹口：精准服务、审管联动"开店一件事"助力营商环境**
>
> 聚焦经营主体集中关心的开店中法规政策、开店手续等内容，有效解决经营主体反复跑，找不到方向和头绪情况，从"开店前需要做什么"和"日常经营活动需要遵守哪些常见管理要求"两个维度出发，探索"北外滩开店一件事"监管服务创新，并在全市率先编制《开店指南》，同时依托"一网通办"平台，集成开店需要办理的政务事项，提供"一站式"办理服务，并衔接"一网统管"构建开店事前审批和日常经营事中事后监管联动场景，形成事前事中事后全链条审管联动工作机制，为经营主体在虹口准入准营提供有力的制度保障。
>
> ◆ **取得效果**
>
> ▪ 上海电视台、上海广播电台、解放日报、上观新闻、文汇报等市级媒体对该项工作进行专题报道。
> ▪ 该创新举措选入本市降低制度性交易成本优化营商环境督查调研中发现的创新举措和经验做法，龚正市长对督查调研情况予以批示。

图3-4　上海市探索"北外滩开店一件事"监管服务创新

（资料来源：《上海市2023年度各区优化营商环境优秀案例》）

3.清单类

清单类成果是指以清单的形式展示评价结果，一般包含问题清单、建议清单等，帮助参评单位及时了解具体问题，为改进和优化工作提供依据。问题清单通常包含问题所在点位、涉及单位、具体问题、发生频次等关键信息；建议清单通常收集调查对象（如部门、企业、群众等）针对某特定事项或当地整体营商环境提出的意见建议，见图3-5。

---

① 关于印发上海市2023年度各区优化营商环境优秀案例的通知 [EB/OL]. 上海市人民政府官方网站，https://www.shanghai.gov.cn/gwk/search/content/c72f1d652e094db4a7d3d0a8882a7ddd.

问题清单

一、"多跑动"问题

1. A市B区企业反馈，企业开办营业执照、税务、社保等都是分开办的，不能在一个窗口完成。

2. C市D区企业反馈，企业注销需要跑多个窗口，如涉及到税务清缴需先去税务单位办理，再回到注销窗口办理剩下业务。

图3-5 问题清单示例

（资料来源：民生智库营商环境研究中心）

（三）终期成果

终期成果是营商环境调查评价工作的最终输出，通常会总结整个调研工作的总体发现、结论和建议，为政策制定者、企业及其他利益相关群体提供长期决策支持。

1. 总报告

总报告是整个工作流程的最终总结，包含了调研过程的概述、主要发现、结论和对策建议等，可以为政府部门、企业和其他利益相关者提供全面的信息和指导。

2. 数据库

数据库用于存储各类数据，包括问卷调查结果、访谈记录、实地考察结果等，可以是结构化的（如表格数据）或非结构化的（如文本、图像、视频等）。数据库可以支持各种数据分析工具和算法，帮助发现数据趋势及关联性。可作为数据共享平台，允许政府部门、企业和研究机构共享和交流数据和分析结果，推动跨部门、跨行业合作。

3. 数据平台

数据平台是用于储存、展示和分析评价数据的工具。数据平台可以提供可视化界面，让政策制定者和企业更直观地理解评价数据，并支持其更深入地分析，见图3-6。

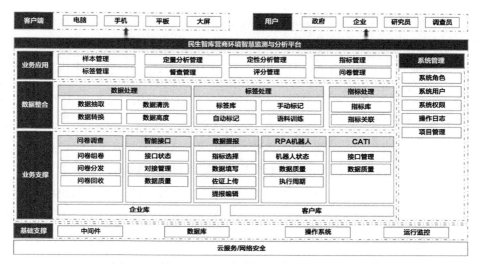

图3-6 民生智库"企调通"数据平台功能架构

（资料来源：民生智库营商环境研究中心）

五、营商环境调查评价案例

（一）某省营商环境评价

1.项目背景

某省委、省政府始终将优化营商环境工作作为首要工程，在某省优化营商环境大会上提出，全面贯彻落实党中央、国务院决策部署，推进体制机制、政策、工作和模式创新，以不断挑战自我打造一流营商环境。开展优化营商环境第三方评价是了解当地营商真实水平的有效方式，推动该省营商环境持续优化的关键一环，也是增强市场活力和社会创造力、推动经济高质量发展的深层动力，为加速我国营商环境改革提升提供鲜活案例和坚实基础。

2.服务内容

主要参考国家营商环境评价指标体系和评价方法，对标国际国内最优水平，评价该省相关工作发展水平；深入各级各部门工作实际，挖掘优化营商工作过程中面临的各类问题，对标指标先进地区，找到工作短板和差距；利用多维度比较研究，发掘省内营商工作优秀案例。

从两个层面对全省营商环境进行评价分析，一是对全省18个指标的分项评价结果；二是对全省所有市优化营商环境整体工作的评价结果。

3.服务效果

一是以企业诉求为导向，倒逼问题整改。坚持放眼全国、对标先进、取长补短、真抓实干，在推进营商环境持续改善的实践中，聚焦企业群众关注的堵点、难点和痛点，建立优化营商环境全域评价制度，聘请社会智库开展营商环境明察暗访活动，深入了解企业及群众真实体验和需求，倒逼问题整改到位。

二是学习先进经验制定本地特色优化路径。积极学习并吸收先进地区的经验做法，立足省情实际，探索外部经验与本省需求有机结合点，研究制定符合区域特色的优化路径，有效提升企业及群众满意度。

三是形成本地优秀案例。本项目研究成果因其创新性和实用性被选为典型案例，在当地最权威、最具影响力的第一网络媒体进行了专题报道，并获得多市门户网站及网易等多个官方网站转发，进一步扩大其参考价值和影响力。

（二）某市重点领域营商环境改革成效调查

1.项目背景

党的十八大以来，某市委、市政府高度重视营商环境建设，持续推进各项改革政策落地，在全市共同努力下，营商环境改革持续取得新进步。各区、各部门围绕政策文件落实、宣传培训解读、信息化平台建设和窗口服务能力四个方面深入开展自查整改。为深入检验改革成效，了解营商环境是否得到优化、发展环境是否得到改善、群众办事是否更加便利，聚焦重点领域、关键环节和重点问题，开展重点领域营商环境改革成效调查，为提高监管质量和服务效率提供抓手，助推营商环境改革持续深化，切实提升企业和群众获得感。

2.主要内容

（1）重点指标落实。参考世行评价体系，调查本市优化营商年度改革政策落实成效，集中检验在开办企业、登记财产及纳税等7个重点指标的改革成效、经验、亮点和存在问题。

（2）全流程体验。从企业"体验式"办事视角出发，对各类综合大厅、专业大厅"一站式"办理事项、"一窗"受理事项、高频"最多跑一次"事项等和企业及群众关注度高的事项等开展实际办事体验。通过模拟走流程方式，摸清线上线下办事流程、耗时及费用，关注重点领域优化营商环境政策改革落地情况和存在问题整改落实情况，体验各类服务平台的办事改革成效，挖掘企业办事流程中存在的问题或不足。

3.服务效果

一是通过开展重点指标改革落实情况调查工作，深入了解企业对营商环境的客观评价、核心诉求，分析研究重点领域落实的优势及不足，进一步明确工作重点和改革主攻方向。

二是通过"体验式"走流程方式，直观感受、全面了解窗口服务便捷度，总结亮点特色做法，挖掘个别环节存在的问题，提出针对性优化意见。

三是通过开展案例研究，有效借鉴国内外先进经验，促进本地改革措施不断创新，提高改革质效；推动改革措施更贴近群众及企业，提升企业及群众获得感。

（三）某地区"十四五"时期优化营商环境行动计划编制

1.项目背景

为切实促进某市五年营商环境专项规划在该地区有效落地，推动该地区率先建成国际一流的市场化、法治化、便利化营商环境，某牵头部门会同40余个部门，对标对表该优化营商环境条例及"十四五"时期优化营商环境规划等政策法规要求，结合该地区区情实际和区内企业营商环境优化需求，起草《某地区"十四五"时期优化营商环境行动计划》（以下简称

《行动计划》)。

2. 主要内容

制订详细工作计划，通过专家论证、企业研讨、政策研究等多途径开展综合研究。

明确总体要求和发展目标。以全心全意助力区域企业发展为核心目的，在精神、政策、技术、服务4个方面发力，助力区域经济发展、技术创新扬帆远航。

确定六大环境建设任务。为落实"十四五"营商环境发展目标，从市场环境、政务环境、法治环境、创新环境、人文环境、开放环境六大环境入手，围绕深化商事制度改革，"证照分离"改革，畅通企业融资渠道，破解政务数据壁垒，构建产业、创新、服务、数字化四大生态，为企业群众营造"近悦远来"的宜居宜业空间等方面重点发力，打造公正、活力、包容、前沿、通达、共赢的营商环境。

夯实计划落实保障措施。为保障《行动计划》高质量落地，从顶层设计、统筹协调、督查落实、人员队伍、创新激励、宣传推介6个方面提出了16项具体保障要求。

3. 服务效果

一是深度剖析本地区区情实际，诊断区内市场主体特征及发展需求，结合国家及本市营商环境发展方向，分析研判本地区"十四五"时期营商环境发展定位，帮助政府及相关部门制定更具针对性及可行性政策，推动本地区营商环境工作向更优、更实发展。

二是同步对标国内外先进地区经验做法，形成全区"十四五"时期营商环境重点工作任务，并以年度化任务清单方式，明确各单位工作重点及具体任务目标，为全区在"十四五"时期深化营商环境改革提供明确抓手。

六、营商环境调查评价展望

（一）企业需求调查成为未来趋势

党中央、国务院高度重视优化以企业主体需求为主的营商环境工作。营商环境好不好，企业最有发言权，优化营商环境出发点和落脚点都是为企业群众提供更优质的服务，让企业群众更加满意。近年来，从中央到地方各级政府高度重视企业服务，推出诸多改革措施，各地区、各部门认真落实党中央、国务院决策部署，从企业实际需求出发，打造市场化、法治化、国际化营商环境，为激发和培育经营主体活力、推动高质量发展提供有力支撑。新时期，企业需求调查成为趋势，随着信息化不断发展，信息技术在企业需求调查中的应用日益重要，尤其是对企"无感调查"，在减少对企业正常运营干扰的情况下，保障了调查效率和效果。

（二）"无感监测"持续助力基层减负

2021年，浙江省在国内率先开展了营商环境"无感监测"改革。通过数字化手段，以经营主体和基层"无感"的方式，构建更加科学、真实、客观的营商环境评价体系，提高了营商环境监测的便捷性、科学性和时效性，也为其他地区提供了可借鉴的经验，展示了信息技术在优化营商环境方面的巨大潜力。随着信息技术不断发展，"无感监测"方式在基层减负方面的作用将愈加显著。2022年，随着浙江省《营商环境无感监测规范　指标体系》和《营商环境无感监测规范　数据计算分析应用》两项省级地方标准的发布，国内首个关于营商环境"无感监测"的规范化指标诞生，标志着国内营商环境评价进入新的模式[1]。

---

① "无感监测"应用下县域行政单元持续优化营商环境"四点建议" [EB/OL]. https：//www.163.com/dy/article/HO5LRJNN0518TPIG.html.

（三）优营商促招商助高质量发展

自党的二十大报告中提出"建设现代化产业体系"以来，加快构建现代化产业体系受到各级政府高度重视。2024年国务院政府工作报告及多省市政府工作报告均把建设现代化产业体系作为年度重点工作之一。在上述背景下，围绕本地现代化产业体系建设打造营商环境服务链，做好产业营商环境"大文章"，是各地政府营商环境工作需重点关注的内容。一是构建全产业链全生命周期服务体系。充分发挥"最多跑一次"改革的牵引作用，围绕现代化产业体系建设，构建全产业链全生命周期服务体系，打造营商服务链将成为未来营商环境发展的新方向。二是强化要素保障，发挥要素营商价值。企业之所以引得来、留得住、发展好，得益于当地良好的营商环境和完备的基础配套服务。产业要腾飞，土地、人才、金融、技术、数据等要素是关键，持续发挥要素营商价值，推动资源要素按照产业导向配置，将会使地区的招商引资和经济发展更务实、更真诚。

第二节　市场监管

市场监管领域工作在推动经济社会发展中发挥着重要作用。一方面，市场监管被视为托举全国统一大市场加快形成、支撑中国经济社会加快迈向高质量发展的重要力量。近十年来，市场监管理念、思路、方式的一系列重大变革和生动实践大幅提升了市场监管效能。另一方面，市场监管也被比作是激发释放"大市场"活力的关键。我国深化"放管服"改革推动政府职能转变，以科学高效的"大监管"来激发释放"大市场"活力。这使得有为政府与有效市场相得益彰，政府与市场"两只手"的积极作用得到充分发挥。

一、市场监管领域发展现状

（一）国外发展现状

市场监管领域的国外调研现状反映了一个多元化和动态变化的全球监管环境。在国际层面，市场监管活动被认为是确保市场公平竞争、保护消费者权益、促进经济健康发展的关键因素。国际上对市场监管的认知和理解不仅是从政府监管角度入手，而是扩展到了包括私营部门、消费者组织、国际组织等在内的多方参与的协同治理模式。这种模式强调了不同利益相关者之间的合作与对话，以实现更有效的市场监管。重点领域和模式的不断演进反映了市场监管在全球经济中的重要地位，以及各国政府和监管机构在适应全球化挑战中的积极努力。

（二）国内发展现状

党的十八大以来，以习近平同志为核心的党中央对市场监管领域作出一系列部署要求。加强市场监管体系建设是中国政府在不同时期根据市场发展和监管需求逐步推进的政策方向。"简政放权、放管结合、优化服务"成为全面深化改革特别是供给侧结构性改革的重要内容。

随着市场的发展和变化，中国政府不断调整和优化市场监管政策，以适应新的市场环境和挑战。总的来说，加强市场监管体系建设是中国政府持续推进的政策方向，旨在通过完善监管体系，构建一个更加公平、透明、有序的市场环境，促进经济的持续健康发展。

二、市场监管调查评价对象和内容

（一）调查范围

1.不同区域调查

根据调查项目规模不同，消费调查范围可依照行政区域划分，包括全国调查、省市级调查、区县级调查等。其中全国调查的区域划分方法有三大地理区域、七大地理区域、省级行政区、城市行政级别、城市规模等。

2.不同人群调查

为准确了解各类人群差异和表现，将市场按照不同的维度划分，目标人群根据性别、年龄段、收入水平、受教育程度、职业类型、生活地域、兴趣爱好等特征进行分类，细分为具有相似特征和需求的消费者群体，以便针对不同的细分市场制定不同的营销策略。

3.不同产品生命周期调查

针对产品类的消费调查，从准备开始进入市场到淘汰出市场共经历四个阶段，分别为引入期、成长期、成熟期、衰退期。随着时间的变化，消费需求分析贯穿产品的整个生命周期。

（二）调查对象

1.消费者

消费调研多以消费者为主要调查对象，收集消费研究的相关信息，在选取调查对象时考虑其代表性、可访问性、可区分性、易操作性等特点。其中代表性指调查对象能够反映出市场整体特征和趋势；可访问性指调查对象能够被有效地接触或联系，以便于信息的收集和交流；可区分性指调查对象能够根据不同特性被划分为不同的类别，以便于进行比较或分析；易操作性是指调查对象通过有效激励能积极参与到调查实施中。

2.经营者

面向经营者的调查对象包括从事销售活动的企业、单位及个体户等，作为消费供需分析中供给端的研究对象，用于研究消费市场的容量和潜力、反映市场形态特征、需求和供给平衡、市场竞争情况、潜在的机会与风险等。

3.服务过程及场景

服务过程及场景影响用户体验感受，对吸引用户、保留用户、推荐用户等一系列提升客户关系方面有影响。以服务过程及场景为调查对象，调查服务环境的重要性及差异表现，有助于了解服务特点，针对服务场景的问题点分析、提升改进建议并持续监测。

（三）调查评价内容

1.消费者满意度调查

消费者满意度调查指消费者在购买商品或接受服务过程中，对消费供给、消费环境和消费维权的情绪反馈，及对消费者的主观评价进行量化评比。

根据消费者满意度指标体系设计调查，多级指标体系分析消费各环节、不同模块下的满意程度。其中消费供给指标研究市场产品和服务供给的需求等；消费环境指标研究消费者在消费过程中形成的消费感知、消费体验等；消费维权指标研究政府的政策支持和消费权益保障等。

2.食品安全满意度调查

食品安全满意度调查包括食品安全状况满意度、食品安全监管满意度、宣传工作成效等内容。食品安全状况满意度主要调查各类食品及食品经营场所的评价，食品安全监管满意度主要调查食品安全信息公开、食品安全监管执法、食品安全抽检工作，宣传工作成效调查政策及宣传工作的知晓率和支持率。

3.消费环境研究

消费环境情况影响消费者的体验、购买决策、消费行为等。通过调研消费环境的现状及特点，为企业或政府制定消费策略提供数据支撑。

一是消费环境区域差异。消费环境分布不均，如不同城市级别的消费设施及便利性差异，不同区域环境对消费的需求差异等。

二是消费服务及体验过程。消费环境的服务质量对消费决策和满意度有影响，包括服务态度、专业化服务水平、产品特色、便捷消费方式等。

三是消费环境的安全性。良好的消费环境有安全监控和法规保护等措施。

四是利于消费环境的政策支持。通过研究消费环境现状及特性，为消费政策措施的出台提供思路。

4.点位核验

第三方点位信息核验，以调查点位信息采集和信息比对为工作内容，用于市场监管工作中的无证无照经营排查，通过建立区域内经营点位台账信息，梳理区域内无证无照经营点位、重点（高发）区域及涉及行业，在建立街乡经营台账信息的基础上，把握区域内无证无照经营情况，为创新基层社会治理、进一步健全综合治理工作机制提供支撑。

三、市场监管调查重难点分析

（一）业务领域重难点

1.准确寻找特定调查群体

精准定位需要调查的目标群体是开展市场调查的基础。不同市场调查对应的调查群体不尽相同，而群体的特征（如年龄、收入水平、地理位置、消费行为/习惯等）需要准确界定。对于某些群体可能难以接触，或者难以从人群中区分特定群体，例如：购买过残障人士专用产品、奢侈品、高端家具等特定商品的人群。对于少数民族地区，还需要克服不同文化和语言方面的障碍。

2.应对消费环境快速变化

随着新技术的出现，消费者获取信息和购买商品的方式、文化和社会趋势都在不断变化，进而影响消费市场趋势、消费者的价值观和购买决策。不同消费者群体可能以不同的速度接受新技术和新趋势，因此调查结果的时效性变得至关重要。

3.保障调查数据隐私安全

随着被访者对隐私保护意识的提高，获取和使用调查数据变得更加困难，部分被访者对于调查收集上来的数据存储安全表示担心，害怕数据有被查看、篡改、丢失、泄露等风险。以上问题对于建立被访者与调查者相互信任是一大挑战。

（二）工作推进重难点

1.特定行为维权举证困难

在日常消费过程中，消费者权益保护意识持续增强，但消费者维权过程仍存在困难和挑战，例如：餐饮卫生维权方面，消费者常处于弱势，因为信息不对称，在很多证据收集上存在困难，如未明厨亮灶无法进入后厨、服务质量差、配送环节不透明等。

2.制定新型业态监管政策

随着网络购物普及，短视频带货、直播带货等新型消费形式迭出，消费便利化的同时，市场监管力度不足和维权难的问题凸显。直播间底价真实性、货源一致、产品实际质量等带来了维权难的问题。

（三）第三方调查重难点

1.科学设计指标体系和问卷

一套科学的评估指标体系是数据采集实施的基础，也是客观评价满意度的关键，要求指标体系具备较高的信度、效度和可操作性。指标体系具体要求包括全面性、重要性、独立性、科学性等特点。

2.确保调查准确性和真实性

数据采集的质量决定了采集到的数据的真实性、代表性、全面性，抽样偏差会直接造成考核结果的不真实。高质量的数据采集结果是深入数据分析的前提，是获得准确结果的前提。抽样的科学性对评估结果的真实性具有重要意义。

3.项目协调管理与质量保障

面对调查复杂性较高的调查项目，团队管理水平显得至关重要。一是在项目实施流程的设计与安排上，需要设计全流程数据采集流程，合理安排各项工作的执行，确保项目整体工作的实施。二是在项目质量管理上，需要对项目团队进行有效的管理、沟通与监控，确保各项目组间能够按照规范相互配合、相互协调，共同完成项目要求的工作任务，确保项目调查质量。

（四）解决思路

1.运用先进技术，优化市场调查手段

随着先进科学技术的发展，大数据分析、人工智能、在线调查平台等先进技术已经逐步深入市场调查领域。运用大数据工具集成来自不同渠道数据，可以实现对市场调查群体的精准定位；应用机器学习和自然语言处理技术，可实现自动分析非结构化数据，推动市场调查步入"快车道"；采用数据加密技术，对收集的数据进行加密化、脱敏化处理，确保在传输和存储过程中的数据安全，保护个人隐私。

2.部门协调监管，研究新型业态监管

政府监管部门需建立广泛便捷的消费者投诉和反馈渠道，必要时可通过网络舆情获取线索，制定统一监管框架，对部分特殊行为难取证、新型业态监管开展专项研究指导。同时完善信息共享与风险评估机制，促进数据交流和沟通，识别和预防潜在的消费行为问题，提高监管效率。借助新媒体运营手段，对监管重点难点处理情况及时对外公布，进一步提高群众对监管部门信任程度。

3.精选调查机构，确保数据真实准确

在选择调查机构时，应注意以下几点内容，能够在一定程度上保证调查方案科学合理、数据真实准确、成果显著有效。一是选择在相关领域有丰富经验的调查机构，其具有理解行业特点、方法论科学合理、数据收集精准可靠的特点；二是注重数据质量控制流程，包括数据收集、处理、分析和报告的各个环节；三是查看机构的案例研究和客户推荐信，说明其具有良好的客户服务和沟通能力。

四、市场监管调查评价的主要成果

（一）前期成果

1.调查指标体系

调查指标体系的构建是一个复杂的过程，对于市场监管领域调查具有重要意义。主要的调查方向包括居民消费调查、食品安全、质量评估、市场主体分析等多方面，见表3-3。

表3-3 公众食品安全满意度调查指标体系

一级指标	二级指标	三级指标
食品安全监管	食品安全信息公开	食品安全科普宣传工作
		……
	食品安全监管执法	食品生产、经营机构的日常监督和评定管理效果
		……
	食品安全抽检	食品安全抽检效果
食品安全状况	主要食品种类	米、面
		食用油
		蔬菜、水果
	主要食品经营场所	大型商场、超市
		小型便利店、商店

2.调查问卷

调查问卷是标准化、规范化收集大量信息的一种方式，能够在较短时间内高效地获取众多受访者的反馈，便于对不同受访者的数据进行统一整理和分析。市场监管领域通常需要通过对消费者进行问卷调查来反映某一地区的具体情况。

调查问卷食品安全示例

1.您是否听说过本区正在创建国家食品安全示范城市 (或示范区)?【单选】

A.听说过且比较了解　　B.听说过但不太了解　　C.从未听说过

2.您是否支持本区创建食品安全示范城市/示范区?【单选】

A.支持　　B.不支持

3.您对本区食品安全总体状况的评价是?【单选】

A.非常满意　　B.满意　　C.一般　　D.不太满意　　E.非常不满意　　F.不了解

4.您对以下各类食品安全状况的评价是?【矩阵题】

	非常满意	满意	一般	不太满意	非常不满意
米、面					
食用油					
蔬菜、水果					

5.您对本区以下场所食品安全状况的评价是?【矩阵题】

	非常满意	满意	一般	不太满意	非常不满意
大型商场、超市					
小型便利店、商店					

6.您对本区食品生产、经营机构的日常监督和评定管理的评价是?【单选】

A.非常满意　　B.满意　　C.一般　　D.不太满意　　E.非常不满意　　F.不了解

…………

20.您对改善本区食品安全还有哪些建议和意见?【开放题】

3.深访大纲

深访大纲是进行深度访谈时的指导性文件。它为访谈者提供了一个结构化的框架，帮助访谈者按照既定的问题进行提问，确保访谈能够系统进行。

深访大纲示例

第一部分：了解居民消费变化

1.您的消费支出主要是在哪块？各部分消费支出占比情况如何？

2.对于您支出的主要部分，您在消费的时候主要考虑哪些因素？

3.与疫情前对比，您的消费支出数额与结构发生了什么变化？变化的类目及原因是什么？

第二部分：了解住户消费习惯与消费行为

1.您和家人在日常吃穿住行等方面的消费行为和消费习惯是怎么样的？

2.您在兴趣爱好方面的消费水平如何？与往年相比有什么差异？

3.您的非日常消费情况是怎样的？

第三部分：家庭基本情况与收支情况

1.您的家庭结构有变化吗？无孩的是否考虑结婚生孩，为什么？

2.您的家庭成员年龄大概多大？都是做什么工作的？

3.您的家庭收入主要来自哪方面？疫情对您的家庭收入有影响吗？

第四部分：消费再升级的需求

1.生活中是否因为一些事情的发生影响您的消费，解决哪些问题能够使您放心消费？

2.您觉得未来您的家庭会增加哪部分的消费支出，为什么？您希望能够有哪些放心消费的政策或者举措？

3.目前有哪些消费方面您觉得不够方便？例如便利性、友好性、安全性等，有哪些需要改善和提升？

4.座谈会提纲

座谈会提纲是组织和指导座谈会进行的重要工具。它与深访大纲作用有相似之处，为座谈会主持人提供了一个清晰的结构，确保讨论能够按照预定的顺序和主题进行，减少跑题或偏题的情况，便于记录讨论的要点及后续的分析和总结。

（二）过程成果

1.调查过程资料

调查过程资料就是在消费调查执行过程中产生的各类成果性资料，主要包括访问员培训手册、调查进度统计表、调查录音及照片等留痕证明资料。

2.调查数据库

调查数据库是存储和管理调查数据的系统。它使研究人员便于对调查数据进行审核与管理，标准化的数据格式和结构提高了数据的可比性和通用性，数据备份和恢复机制确保数据的安全和完整性。

3.座谈会和深访记录

座谈会和深访记录是定性研究中收集数据的重要手段。它们包括一系列详细的信息和数据：参会人员信息、会议/深访章程、会议/深访对话原稿、参会人/被访者主要观点整理、录音/录像资料等。

（三）终期成果

1.数据统计结果

数据统计结果是对收集的消费调查数据进行统计分析后得出的结论和信息。数据统计结果的目的是将原始数据转化为有用的信息，帮助研究人员、决策者或利益相关者理解数据背后的含义，支持决策制定和进一步的行动，见表3-4。

表3-4　数据统计结果统计表示例

题目		您是否听说过本区正在创建国家食品安全示范城市（或示范区）		
	选项	听说过且比较了解	听说过但不太了解	从未听说过
	总计			
性别	A.男			
	B.女			

题目		您是否听说过本区正在创建国家食品安全示范城市（或示范区）		
选项		听说过且比较了解	听说过但不太了解	从未听说过
年龄	A.18岁以下			
	B.18～29岁			
	C.30～39岁			
	D.40～49岁			
	E.50～59岁			
	F.60～69岁			
	G.70岁及以上			
受教育程度	A.初中及以下			
	B.高中			
	C.中专（中技）			
	D.大学专科			
	E.大学本科			
	F.硕士及以上			

2.调查报告

调查报告总结了对被访者行为、偏好、需求及市场趋势等方面的研究结果，应当清晰、客观、准确，既要包含充分的数据支持，也要提供易于理解的解释和建议。主要包括：研究的背景、目的和重要性，表明报告研究对象及范围，概括研究方法、抽样方法，提供数据收集的基本特征，基于研究结果总结提炼的主要调查发现和研究结论等内容。

五、市场监管调查评价案例

（一）全国各城市消费者满意度调查

1. 项目背景

为贯彻落实党中央、国务院关于建立常态化消费者满意度调查评估机制的部署，了解国内大中城市消费环境建设情况，委托方连续多年开展全国各城市消费者满意度调查工作，委托第三方专业调查机构具体实施调查工作，结合工作目标、城市特点、消费者响应等制定全流程、全方位的监管机制，保障工作实施质量。

2. 主要内容

项目分为研究、监理、报告三个阶段开展。研究阶段采取案头研究、座谈会、专家咨询、意见征集等方式，确定满意度测评指标体系、调研问卷，制定抽样方案、编制监理方案等内容；监理阶段应用录音审核、形式审核、电话回访、实地明察暗访的方式对执行公司开展监理工作，定期提交监理报告及过程数据分析，配合相关调查监督工作；报告阶段对采集数据清洗分析、撰写报告、制作分值榜单，协助测评成果发布及指标体系标准化研究等。

3. 服务效果

为确保全国各城市消费者满意度测评工作实施质量，项目完成制定满意度测评方案、设计监理方案，对执行方开展全流程、全方位的监管，确保满意度测评执行工作能够合规、严谨、守时，按节点、按要求推进。同时按照合同服务内容承担指标体系优化、数据统计分析及成果输出的工作任务，按时保质保量完成数据统计和报告发布工作。

（二）消费引导对策建议研究

1. 项目背景

2020年初新冠疫情暴发，各行各业均受到不同程度影响，此后国内各行业逐步复苏。但在疫情常态化防控的大背景下，人们的消费行为和习惯呈现了新的变化，在收入小幅增加的情况下，消费支出不增反降。因此，本项目委托方拟对疫情后民众消费行为进行深度调研，了解不同类型消费群体的消费行为、消费支出、消费心理和消费需求的变化，剖析得出消费支出减低的原因和影响因素，进而提出扩大居民消费的对策建议。

2.主要内容

本次调研形式采取案头研究和深度访谈的定性研究模式，探究疫情前后我国居民消费的具体变化，以及消费者消费决策和行为的变化情况，并发掘背后深层次原因。

根据年龄、性别、职业、收入、文化程度等，选取30名各种类型的消费者作为访谈对象进行深度访谈，通过调研消费者背景信息判断被访者属于哪类人群。从消费者的消费情境、消费需求、消费决策、消费行为、消费方式等层面进行研究，注重分析深层次的个体感受、经验，并在此基础上把握疫情前后消费者消费模式的转变情形及原因。

3.服务效果

本项目通过消费群体进行细分，划分出不同类型的消费家庭画像，覆盖各收入阶层、不同家庭结构、不同社会身份、各级城市等多种类型。从日常生活、餐饮娱乐、住房交通、教育支出、旅游消费等多维度分析不同类型消费者消费行为和支出的变化。

通过一对一深度访谈对不同类型消费家庭的消费支出和消费影响因素进行总结剖析，找到消费下降的直接和间接影响因素。挖掘消费者消费的意愿和需求，找出提升消费的机会点，针对消费者的顾虑和消费影响因素，给出刺激消费、拉动内需的建议和对策。

（三）某地区预付费资金监管平台应用推广调研

1.项目背景

信用消费的不断发展和电子消费方式的便捷化使现代消费模式呈现出空前多元化，在这种形势下"预付式消费"应运而生。预付式消费实行先付款后消费，经营者集中地获取了权利，而分散地承担义务，处于优势地位，加之部分经营者服务观念不强、诚信意识缺失，极易产生消费纠纷。

为有效规制预付费经营企业失联、跑路行为，引导、促进预付式消费领域规范有序发展，切实保护消费者的合法权益，本项目委托方——某直辖市核心城区市场监管部门联合某大型国有商业银行推出预付费资金监管平台。为进一步提升预付费资金监管平台的应用推广效果，开展调研工作。

2.主要内容

本次调研在该地区选取5个有代表性的商圈，在商圈内教育培训、运动健身、美容美发、餐饮服务等预付式消费主要行业领域，对从事预付费经营活动的商家及消费者开展问卷调查，并针对部分商家开展深访调研。根据相关数据确定5个商圈内各行业商家数量占比，从而分配各商圈、各行业样本量。

通过调研，充分了解该地区预付费经营业务模式，广泛了解商家和消费者对预付费资金监管的认知度、接受度和意见建议。通过对调研结果的多维度分析，系统、科学地反映该地区主要预付费行业领域的预付费经营情况及资金监管认知情况；同时结合专家意见建议，提出预付费资金监管平台下一步应用推广等方面的建议；形成代表性强、资料翔实、观点客观、有效可行的分析报告与对策建议。

3.服务效果

本项目通过调研，获取到以下关键信息。一是不同行业商户经营状况、预付费业务开展和资金使用情况；二是商户对于预付费管理相关政策条例认知情况，以及对预付费资金监管的接受度和接受方式；三是商户对预付费资金监管平台的加入意愿、功能需求、意见建议；四是消费者的预付费情况，对预付费资金监管的建议，对预付费资金监管平台使用的意愿与功能需求。

通过对调研结果的多维度分析，系统、科学地反映了主要预付费行业领域的预付费经营情况及商户对预付费资金监管平台的需求。结合专家意见建议，提出预付费资金监管平台下一步应用推广等方面的建议，形成代表性强、资料翔实、观点客观、有效可行的分析报告与对策建议。在商户、消费者和政府三方共同解决预付费资金监管问题上提出了切实可行的解决方案。

六、市场监管调查评价展望

（一）数据收集方式更加丰富

1.整合多渠道数据源

随着近年来移动互联网技术的快速普及，社交媒体、在线行为、移动设备等数据的受重视程度越来越高，对消费调查来说上述属于是消费者意见和行为的重要来源。将可穿戴技术、物联网等新技术用于收集消费者数据，实现传统的市场调研数据与上述新型数据源相结合，研究消费者在不同渠道（线上、线下、移动设备等）的消费行为模式，整合跨渠道数据，以获得更全面的消费者洞察视角。

2.实时监测动态更新

获取多渠道数据源后，可以通过先进的数据监测系统，对消费者行为和市场趋势提供实时、动态的数据，并开展实时跟踪和分析。同时搭载数据可视化工具，使决策者能够直观地理解复杂的数据，从而使消费调查可以更快地响应市场变化，及时调整策略，提供风险评估，规避潜在的市场风险，从而为决策者提供快速、准确的信息支持。

（二）调查研究手段更加全面

1.数据驱动决策制定

随着大数据和人工智能技术的发展，未来的消费调查将更加依赖数据分析来驱动决策。目前各调查机构正逐步探索新技术在消费调查中的应用，例如将移动调查、在线分析工具、大数据分析、机器学习和人工智能技术等高级分析工具用于调查、处理消费数据。利用技术提高调查的效率、准确性，从而对分析消费者行为和市场趋势提供更有价值的支持。

2.结合多学科开展研究

随着市场研究的不断进步，消费者调查正在逐渐融合心理学、社会学、行为经济学等多学科的理论和方法。通过跨学科的整合，调查者能够更深入地挖掘消费者决策背后的非理性因素，如情感、认知偏差、社会影响等。通过这种方法，不仅能够捕捉消费者行为的表面现象，还能够洞察其内在动机和心理机制，有助于构建一个更为全面和细致的消费者行为模型，从而为市场策略的制定提供更精准的信息。

（三）市民参与决策更加深入

1.注重消费体验反馈

消费体验将被放在核心位置，如何提升消费体验将成为消费调查的一个重点。消费调查将更关注消费者的购买旅程和体验，探索和采用新兴技术，如虚拟现实（VR）、增强现实（AR）等技术，以提供沉浸式消费者体验。新技术可以帮助企业更好地理解消费者在使用产品或服务过程中的体验。设计和实施以消费者为中心的服务和产品改进，不断优化购买和使用过程中的每一个接触点。及时解决消费者的问题和反馈，通过改善服务和产品，调整决策方向，来换取消费者满意度和忠诚度的提升。

2.根据反馈制定政策

为了促进消费者权益保护和市场健康发展，政府和监管机构将认识到消费调查结果对于政策制定的重要性，并致力于提高消费者在这一过程中的参与度。通过精心设计的消费调查，充分利用调查数据，不仅收集消费者的需求和反馈，并且鼓励其参与政策制定。这些政策旨在保护消费者权益，促进市场的公平竞争，以及推动经济的健康发展。通过这种共创合作的模式，可以确保消费者的声音被听到，并且其利益得到妥善保护。总之，我国政府及监管部门正致力于构建一个多方参与、共同发展的生态系统。在这个系统中，消费者、企业、政府和监管机构共同协作，共同推动社会的持续进步和繁荣。

第三节　文化旅游

"旅游"是人类社会经济发展到一定阶段的产物，从经济属性看，它是一种无烟、绿色产业，且经济带动作用强；从社会属性看，它是满足人民对美好生活需要的一种方式；从文化属性看，通过发展旅游可以促进文化的传承和保护，促进民间交流。在第二次世界大战后，世界经济迅速发展，交通运输条件改善，人们收入和闲暇时间增加，加上政府对旅游业的扶持，极大地刺激了旅游业的发展。

一、文化旅游发展现状

因发展旅游业有着经济、社会、文化等多重属性和作用，全球对旅游业的发展非常重视。从不同地区旅游业发展特点来看，立法保障公民休假权、重视文化遗产保护利用、注重国家旅游品牌建设是欧洲国家旅游业发展共性[①]。不断完善的国家公园体系、可进入性的提升、注重海外营销工作是美洲地区旅游业发展共性[②]。旅游市场一体化发展、旅游同其他产业融合发展、旅游业的智慧发展、低碳发展是亚太地区旅游业未来发展方向。亚太地区现代旅游业起步较晚，但旅游发展增速较快。中东、非洲等国家将旅游业作为促进经济增长的重要抓手，持续出台完善服务措施，推动旅游业发展。

从国内旅游业发展来看，旅游业是我国战略性支柱产业。党的十八大以来，党中央、国务院高度重视旅游业发展，相继出台了促进旅游业改革发展、促进旅游投资消费、促进全域旅游发展等政策。疫情之后，我国旅

[①] 保障休假权　多元化旅游营销　各国旅游政策解析 [OL]. https：//baijiahao.baidu.com/s?id=1611014033233904995&wfr=spider&for=pc，2018-09-18.

[②] 宋瑞，王明康.各国旅游政策与发展战略系列连载（七）：美洲 [OL].https：//mp.weixin.qq.com/s?_biz=MzA4NTgyODcxOQ==&mid=2650991846&idx=2&sn=87467043712ec54e5b147ac6ced9a52d&chksm=8427b9e6b35030f0e9bca69e70a6724d2f01c7fa0e6c0995b4ec936898ec923ce75031691953&scene=27，2018-09-11.

游业强势复苏，2023年，国内出游人次达到48.91亿，同比增长93.3%，恢复至2019年的81.38%[①]。为大力推动入境游发展，政府实施多国互免签、优化支付服务提升便利性等措施。当前，我国旅游业发展进入新阶段，高质量发展是主题。加快新技术应用与技术创新，推动旅游智慧化发展是趋势。持续推动文化和旅游深度融合发展是发展路径。

二、文化旅游调查评价对象和内容

（一）调查评价范围及对象

1.调查评价范围

从横向空间来看，文化和旅游调查遍布我国各地，比如全国游客满意度调查范围囊括全国各省重点城市。从纵向空间来看，调查范围包括地上、地下、水下，如我国文物普查范围。

从层级来看，国内文化和旅游调查范围包括省级、市级、县级等。在抽样调查中，通常会利用层级进行比例抽样。比如，在国内游客调查中，按全国总体设计抽样目标，以31个省（区、市）为子总体，根据每个省（区、市）内综合收入水平、常住人口规模对全部县级单位排序，等距随机抽取8~10个县级单位。

2.调查评价对象

文化旅游资源。文化和旅游资源普查对象主要包括旅游资源、文物和非物质文化遗产等。旅游资源普查对象为旅游资源的8个大类。文物普查对象主要为我国境内的不可移动文物。非物质文化遗产普查对象主要包括民间文学，传统音乐，传统舞蹈，传统体育、游艺，传统节日等，见图3-7。

文化旅游企业。从市场主体业态来看，包括旅行社、星级酒店、社会旅馆、乡村民宿、景区等旅游业态和营业性演出场所、歌舞娱乐场所、剧本娱乐经营场所、游艺娱乐场所、互联网上网服务营业场所、文化艺术类

---

① 2023年国内旅游数据情况 [OL].https://www.gov.cn/lianbo/bumen/202402/content_6931178.htm，2024-02-10.

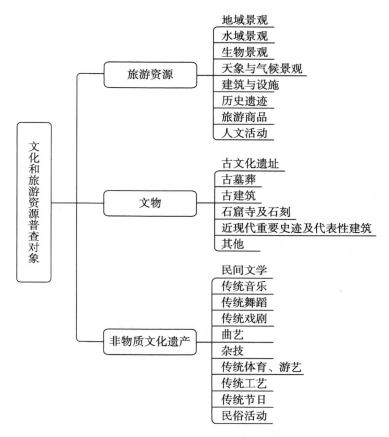

图3-7　文化和旅游资源调查对象

校外培训机构等文化业态。

公共文化机构。公共文化机构主要包括图书馆、文化馆（站）、博物馆、美术馆、乡镇（街道）综合文化站、村级综合性文化服务中心等。

文化旅游体验者。文化旅游体验者即文化和旅游服务对象，如游客满意度调查、游客统计调查对象为游客，通过关注游客体验感受和游客行为，了解目的地城市在硬件设施、软服务环境、营销推广等方面现状、问题等。

（二）调查评价内容

1.文化旅游资源调查内容

文化和旅游资源普查主要分为旅游资源普查、文物普查和非物质文化遗产普查三大类。

旅游资源调查内容主要由旅游资源单位的行政位置、地理位置、性质与特征、旅游区域及进出条件、保护与开发现状、共有因子评价等方面构成。

文物调查主要内容包括调查对象名称、空间位置、保护级别、文物类别、年代、权属、使用情况、保存状况等。

非物质文化遗产普查对象主要为珍贵的、濒危的并具有历史价值的民族民间传统文化，调查内容主要包括其存在形式、分布情况、现状、价值、传承人情况等。

2.文化旅游企业调查内容

文化旅游主体调查内容包括资质证件、合规经营、安全生产、服务质量等事关消费者切身利益的事项，同时，还包括一些新出政策的落实情况，比如垃圾分类、疫情防控等，见表3-5。

表3-5　文化旅游企业调查内容

序号	业态	具体内容
1	旅行社	资质证件： ● 是否有营业执照 ● 是否有旅行社业务经营许可证 合规经营： ● 是否有虚假宣传 ● 是否有不合理低价团 ● 是否与旅游者签署正规旅游合同 ● 导游是否存在强迫购物或自费 ● 用餐、住宿是否按照合同标准安排 ● 是否安排正规旅游运营车辆 服务质量： ● 门店环境是否干净整洁 ● 导游讲解服务是否生动、精彩 ● 导游服务态度是否友善 安全生产： ● 是否提示购买旅游意外险 ● 导游是否在旅游过程中就存在的安全和风险进行提示

序号	业态	具体内容
2	景区	服务质量： ● 可进入性是否良好 ● 是否公示门票价格 ● 引导标识是否完好、准确 ● 咨询、检票等人员工作态度是否礼貌、友善 ● 游客中心是否干净整洁 ● 旅游厕所是否干净整洁 ● 购物场所是否有强买强卖现象、是否明码标价 ● 是否有文明旅游倡导 安全生产： ● 安全警示标识是否完善 ● 是否配备灭火器、消防栓等消防设施，且完好 垃圾分类与源头减量： ● 是否按要求配备分类垃圾桶 ● 是否对垃圾日产日清 ● 是否对垃圾分类回收 ● 餐厅是否有节约粮食等提示
3	歌舞娱乐场所/ 游艺娱乐场所	合规经营： ● 是否有未成年人禁入/限入标志 ● 播放曲目/游戏内容是否含有国家法律、法规禁止内容和画面 安全生产： ● 疏散通道是否通畅 ● 是否按规设置安全出口指示标志 ● 是否有紧急照明灯 ● 是否有完好、有效消防设施和器材

（资料来源：民生智库文化和旅游研究中心）

3.公共文化机构调查内容

公共文化机构的评价对象为公共文化服务的提供者，包括非营利性的图书馆、文化馆、基层综合文化服务中心等，见表3-6。

表3-6　公共文化机构调查内容

调查对象	调查内容	具体内容
图书馆、文化馆	设施建设	等级标准 数字化建设 无障碍设施建设
	服务供给	免费开放时间 免费开放项目
乡镇（街道）文化站、村（社区）综合文化服务中心	设施建设	设置率
	服务供给	免费开放时间

（资料来源：民生智库文化和旅游研究中心）

4.文化旅游服务对象调查内容

文化旅游服务对象调查内容主要包括其行为、特征、对服务提供对象的评价等。比如，游客统计调查内容包括游客画像、游客出游特征、游客消费特征等；游客满意度调查包括游客对硬件设施、软服务等条件的满意评价，见图3-8。

游客画像	游客出游特征	游客消费特征
• 游客客源地构成 • 游客性别、年龄、学历、职业、收入	• 出游目的 • 交通方式 • 结伴方式 • 组织方式 • 信息获取渠道	• 人均消费水平 • 住宿、交通、餐饮、游览、购物、文娱等板块消费构成

图3-8　游客统计调查内容

三、文化旅游调查评价重难点分析

（一）业务领域重难点

重难点一：财政资金吃紧，业务投入经费有限。受全球经济和疫情影响，我国经济发展面临前所未有的挑战，过紧日子，将财政资金用在刀刃上以应对当前经济形势。文化和旅游服务质量提升是一项系统性、动态性的过程，涉及业务领域多且跨度大，如硬件设施的建设、数字平台的搭建、行业从业人员培训等都需投入大量的资金、技术和人才。在财政吃紧的情况下，如何持续做好服务质量提升是政府监管的一项难题。

重难点二：涉及事务繁杂，专业人力需求较大。从文化和旅游部门监管业态来看，涉及旅行社、景区、酒店、民宿、演出场所、演出机构、互联网上网服务营业场所、歌舞娱乐场所、游艺娱乐场所、剧本娱乐经营场所、文化艺术类校外培训机构等多个业态。从具体事务来看，包括行业进入、退出审批审核、行业常规巡查检查、消费者投诉处理、临时性事务处理等，涉及领域众多、涉及事务繁杂，再加上文旅行业节假日繁忙的行业特点，让文旅行政管理部门对专业人力队伍的需求更加迫切。

（二）工作推进重难点

重难点一：跨部门、跨地区工作协调难度大。其一，文旅行业涉及跨部门联合监管。于文化旅游消费者而言，整个行业的服务质量由良好的安全、卫生、服务等方面构成，意味着行业的监管需文化和旅游、公安、消防、市场监管、卫生健康管理等部门共同协作。其二，文旅行业涉及跨区域监管。如在旅行社行业监管中，A地区游客到B地区旅游，游客在B地区产生的投诉会反馈至A地区，此时涉及A、B地区联合监管和执法。在旅游资源的整合、开发中，对于跨区域的资源涉及资源跨区域统筹协调。

重难点二：监管手段需创新，减少对企业干扰。对于企业而言，时间就是金钱，效率就是生命。多头、重复调研和随意检查给企业带来困扰，影响企业发展。因此，如何在监管中体现"无事不扰、有求必应"成为政府监管难点。

（三）第三方调查重难点

重难点一：设计科学、全面和可操作性的指标体系。一是指标要有明确的出处依据，在发现问题时，政府部门能够依据文件要求，对其作出警示、处罚等；二是指标要体现全面性，要结合政府监管职能和消费者需求来设计；三是指标的设计要体现可操作性，调查员或者游客能够理解并能够对其作出判断。

重难点二：强化调查与评价结果的应用。通过文旅服务质量的评价准确反映某一时间段某一地区某业态的服务质量水平，通过定量和定性的调查数据形成一目了然、横纵可比的结果是难点之一。

（四）解决思路

1.加强资源整合，探索多元合作模式

针对当前财政资金吃紧和专业人员缺乏的现状，一是做好优先级设定，确定哪些改革措施对企业和经济增长影响最大，将优质资源优先投入到这些关键领域，并做好不同部门的机构资源的整合，避免重复投资和浪费。二是更加注重服务质量和改革创新，不断探索新的工作方式和方法，优化服务流程，加强对企沟通，减少业务办理时间和成本。三是积极探索政府和社会资本合作等方式，吸引社会资本投入公共文化基础设施建设等公共领域。

2.完善沟通协作机制，创新监管手段

针对工作协调中的难点，一是建立联合工作机制。建立健全与公安、市场监管、网信、应急管理、卫生健康管理等部门的协同工作机制，共同推动行业服务质量的提升。此外，要充分调动文旅市场主体、文旅相关行业组织、文旅消费者及社会媒体的积极性，形成推动文化和旅游市场持续健康发展的工作合力。二是坚持"属地"原则，加强跨区域行政执法沟通协调，形成工作合力。三是创新监管手段，利用第三方队伍，开展暗察暗访等服务质量调查，减少对经营企业的干扰，完善及时反馈机制，督促整改提升。

3.深入调查研究，发挥社会智库作用

针对指标体系设计难点，邀请文化和旅游行业专家，召开专家研讨会和论证会，保障调查指标的科学性和全面性。针对调查结果应用难点，在

研究中采取定性和定量结合的调查方式，深入挖掘数据信息，增强数据的可视性、可读性，多维度展示调研结果。

四、文化旅游调查评价的主要成果

（一）前期成果

前期主要成果有调查方案、指标体系、调查问卷等，指导调查评价项目执行。下文对游客统计调查指标体系、服务质量评价指标体系、游客满意度调查指标体系进行讲述。

1. 游客统计调查指标体系

文化和旅游部制定的《全国文化文物和旅游统计调查制度》明确了入境游客抽样调查和国内游客抽样调查内容。以下指标结合该制度和实际工作需要设计，见表3-7。

表3-7 国内游客抽样调查指标体系

一级指标	二级指标
游客基本情况	游客国籍
游客出游情况	出游交通方式
	出游结伴方式
	出游目的
游客花费及构成	旅游总花费
	交通花费

（资料来源：民生智库文化和旅游研究中心）

2. 服务质量评价指标体系

不同业态的服务质量评价指标有所不同，指标的设计根据业态的服务流程、硬件设施和人员与制度确定，比如酒店主要涉及预订、入住、退房流程，游客体验板块包括前厅、客房、餐厅及公共区域等。旅行社服务质量主要由出游前、出游中和出游后三个环节的服务质量决定，游客体验板块包括咨询、合同签署、景区游览、就餐、住宿、交通工具乘坐、购物、观看表演等环节。

3.游客满意度调查指标体系

游客满意度调查是一种衡量研究对象服务质量的重要方法，对研究对象的声誉和吸引力有着直接影响。

 旅游景区游客意见调查指标体系示例

指标	分值	满意度情况			
总体印象	20	1.很满意	2.满意	3.一般	4.不满意
外部交通	5	1.很满意	2.满意	3.一般	4.不满意
内部游览线路	5	1.很满意	2.满意	3.一般	4.不满意
观景设施	5	1.很满意	2.满意	3.一般	4.不满意
路标指示	5	1.很满意	2.满意	3.一般	4.不满意
安全保障	5	1.很满意	2.满意	3.一般	4.不满意
环境卫生	5	1.很满意	2.满意	3.一般	4.不满意
厕所	5	1.很满意	2.满意	3.一般	4.不满意

1.综合满意度总分为100分。

2.计分标准：

（1）总体印象满分为20分。其中"很满意"为20分，"满意"为15分，"一般"为10分，"不满意"为0分。

（2）其他项每项满分为5分，总计80分。其中，"很满意"为5分，"满意"为3分，"一般"为2分，"不满意"为0分。

3.计分办法：先计算出所有《旅游景区游客意见调查表》各单项的算术平均值，再对这17个单项的算术平均值加总，作为本次游客意见评定的综合得分。如存在某一单项在所有调查表中均未填写的情况，则该项以其他各项（除总体印象项外）的平均值计入总分。

（资料来源：《〈旅游景区质量等级评定与划分〉国家标准评定细则》）

（二）过程成果

1.阶段性报告

过程性成果一般包括阶段性报告、专题报告等。通过过程成果了解项目执行质量和过程调查结果。比如在××区游客统计调查项目中，阶段性成果包括月度报告、半年度报告、五一节假日专题报告、××景区专题报告。通过阶段性报告，了解一定时间内某城市的文旅服务质量情况，通过问题的总结和反馈、改进建议的提出，帮助政府部门不断推进文旅服务质量的提升。

2.项目进度表

为保障项目按计划推进，使项目委托方清楚了解项目执行进度情况，会在某一阶段制作项目进度汇报表，说明项目执行情况，见表3-8。

表3-8　项目进度表示例

区域	业态	截至×月×日完成调查量	完成率
A地区	旅行社		
	景区		
	星级酒店		
	乡村民宿		
	演出场所		
	歌舞娱乐场所		
	游戏游艺娱乐场所		
	剧本娱乐经营场所		
B地区	……	……	……

3.问题反馈表

在文旅服务质量调查中，在查到某些企业具有违法违规行为时，需要及时向委托方反馈情况，具体问题反馈如表3-9所示。

表3-9　问题反馈

单位名称	单位地址	业态类型	存在的问题	调查时间

（三）终期成果

1.总报告

在项目执行结束后，利用执行全过程数据编制的报告称为总报告。总报告一般由项目背景、项目执行概况、项目调查结果、亮点总结、问题总结和建议六部分构成。一份较好的服务质量调查总结报告，通常应包括有逻辑有条理的文字说明、图表、图片等要素，图文并茂呈现结果。

2.分报告

分报告一般用于反馈问题，引导调查对象提升改进。比如在某省的服务质量调查与评价项目中，分报告主要以辖管地市、业态为维度进行编制，以便省级部门能够根据地市、业态管理部门分发各自的分报告，帮助各地市、各业态管理部门了解相应的工作情况。

3.问题清单

问题清单通常以台账形式提交，包括调查单位名称、所在区域、详细地址、调查时间、存在的问题等内容。

4.专项报告

专项报告是聚焦在某一类业态、某一特殊时期、某一类事项的报告，通过深入分析现象和原因，为政府在工作中遇到堵点难点问题提供参考数据和解决路径。例如在服务质量调查评价中，委托方想了解旅行社低价团现象，则以低价团的体验数据为主，进行单独的数据分析和总结。

五、文化旅游调查评价案例

（一）某地区游客统计调查及游客满意度调查项目

1.项目背景

为全面贯彻落实党的二十大精神和文化和旅游部、某地区关于强化旅游服务质量监管、推进旅游业高质量发展的决策部署，全面把握新时期旅游市场需求，指导本地区文旅经营单位提升旅游服务质量，加大优质旅游产品供给，激发旅游市场消费需求，推动文化和旅游高质量融合发展，开展了游客统计调查项目和游客满意度调查项目。

2.服务内容

一是开展游客统计调查。调查游客基本特征、客源地、游客出游特征、游客消费特征等信息。二是体现游客满意度。了解游客对本地景区、酒店、民宿硬件设施设备、软服务环境等方面的满意度情况。项目以某地区A级旅游景区、高品质酒店、高品质乡村民宿为调查范围，以在以上三种业态消费过的游客为调查对象。设计游客统计调查问卷，采取线下拦访和线上随机调查的方式获取调查数据，通过数据多维交叉分析，了解某地区游客客源市场构成、游客基本特征、游客出游特征、游客消费特征和游客满意度情况等信息。

3.服务效果

根据调查数据，一是分析总结某年某地区客源市场构成、游客出游特征、游客消费特征、游客满意度情况；二是归纳总结某地区旅游营销、旅游交通、旅游住宿、旅游餐饮供给等旅游要素特点；三是指出某地区在旅游营销、旅游交通、旅游住宿、旅游餐饮等方面存在的问题；四是结合某区旅游发展特点和现状，提出有关板块的提升策略，为政府制定旅游市场营销策略、产品开发、行业发展等提供参考。

（二）某地区文化和旅游行业暗访评估项目

1.项目背景

为规范文化和旅游市场秩序，提升行业服务质量和管理水平，促进文化和旅游业高质量发展，某地区文化和旅游局委托第三方机构开展了文化和旅游行业暗访评估工作。

2.服务内容

开展旅行社、星级酒店、等级景区、网吧经营场所、歌舞娱乐场所、游艺娱乐场所6个业态的暗访检查。项目采用实地暗访检查形式对文化和旅游市场相关经营场所进行全面暗访评估，了解其经营行为、服务质量、疫情防控、垃圾分类处理等各类事关消费者切身利益的事项，发现6个业态存在的共性问题、重点问题和突出问题，并在系统探究深层次原因的基础上提出解决方案，为某地区文化和旅游市场服务质量提升提供政策引导和行业管理方面的参考。

3.服务效果

一是根据行业法律法规、规章制度、行业标准等文件设计形成旅行社、星级酒店、等级景区、网吧、歌舞娱乐场所、游艺娱乐场所6类业态服务质量暗访指标体系；二是以月度为单位，提供过程性数据和分报告，呈现6个业态在合规经营、服务质量、疫情防控和垃圾分类方面的问题，通过委托方反馈给下级旅游行政管理部门和相关企业，督促整改；三是将存在问题较多的企业纳入"回头看"名单，再次进行暗访，了解整改情况，形成发现问题—督促整改—完成整改的闭环；四是总结6个业态存在的主要问题、共性问题，对旅行社、星级酒店、等级景区、文化场所、垃圾分类和疫情防控等提出提升建议。

（三）某市旅游资源普查项目

1.项目背景

为落实《"十四五"旅游业发展规划》《文化和旅游部办公厅关于开展

旅游资源普查工作的通知》要求，进一步摸清旅游资源底数，提高旅游资源保护利用与管理水平，促进旅游业高质量发展，某省某市文化和旅游局委托第三方开展了旅游资源普查工作。

2. 服务内容

一是根据某省旅游资源普查工作的通知要求和某市实际情况，制定某省某市旅游资源普查详细方案。二是开展技术培训，培训内容包括某省旅游资源分类、调查与评价，某省旅游资源普查技术规程，旅游资源分类、调查与评价等相关专业技术内容及普查注意事项。三是制定旅游资源调查目录，通过多元渠道整理、挖掘和研究相关资料，对市相关部门和各区开展横向和纵向摸底调查，提取有价值的资料内容，初步形成全市旅游资源调查目录。四是开展实地普查工作，按照科学性、客观性、准确性原则，完成统计、填表和编写调查文件等工作。在收集、整理、分析、转化、利用上述资料和研究成果的基础上，通过走访、实地观察、测量、记录、绘图、摄影等手段，对资源单体和资源综合体进行现场调查核实，并对其价值进行评判。五是编制普查成果，包括各区旅游资源普查报告、各区旅游资源图集和优良级旅游资源图集、各区旅游资源名录，并对各区旅游资源普查数据录入。

3. 服务效果

一是按照"能普尽普"的要求，普查、厘清某市旅游资源规模、类型、分布、开发现状、周边环境等情况，形成各区旅游资源普查报告、各区旅游资源图集和优良级旅游资源图集等。二是通过深度挖掘旅游资源的文化内涵、历史底蕴，科学开展资源评价和等级评定，形成"市—区—镇（街道）"三级全覆盖的旅游资源普查成果体系，为某市实施旅游资源保护开发、区域发展规划、项目投融资决策等提供数据参考。

六、文化旅游调查评价展望

（一）不断完善旅游服务质量评价体系

完善旅游服务质量评价体系，推动旅游业高质量发展行稳致远。在

2024年中国旅游日来临之际，习近平总书记对旅游工作作出重要指示，强调各地区各部门要切实增强工作责任感使命感，分工协作、狠抓落实，推动旅游业高质量发展行稳致远。当前国家部委、部分省份以游客满意度调查为抓手，从该角度了解城市旅游发展中的亮点和问题。比较有代表性的为江苏省文旅厅，已连续10年开展全省游客满意度调查研究，形成系统性、科学性、可操作性的满意度评价指标、研究模型和调查方法，在促进旅游服务质量提升方面取得显著成效。基于此，应进一步加强对旅游服务质量评价体系的研究和探索，利用满意度调查全方位体现出目的地城市的旅游发展现状，并进一步强化数据的比较和应用。

（二）加强信用监管体系建设及应用

旅游行业信用监管体系建设及应用是推动旅游市场治理体系和治理能力现代化的重要抓手。关于文旅服务质量提升方面，文化和旅游部总结提炼了全国12个省、直辖市旅游市场服务质量提升典型案例，其中，多个省市涉及信用监管体系建设。信用体系着眼于贯穿市场主体全生命周期、事前事中事后监管全流程。2022年，北京市文化和旅游局按照北京市统一部署，率先在旅游领域实施"6+4"一体化综合监管试点改革，将星级饭店、旅行社、等级景区、在线旅游平台等业态纳入改革范围，旅游行业监管效能显著提升。黑龙江省文化和旅游厅指导伊春市率先打造"旅游诚信市"，通过完善信用监管制度、推动旅游行业自律、创新开拓信用应用场景、广泛应用"码上诚信"、树立诚信先进典型、丰富创新守信激励措施等，推动旅游服务质量实现新提升。

（三）推动监管数字化与智能化发展

数字化与智慧化的应用有助于提升监管效率。在旅游服务质量监管数字化与智慧化方面，以杭州"文管在线"为例，"文管在线"通过接入全国旅游电子合同、旅行社ERP团队信息等基础数据，利用文字识别、结构化分析等技术，对团队旅游电子合同规范性签订情况进行智能分析，自动生成不规范签订旅游合同、不合理低价游、同团不同价等预警，实现旅游市场全方位、数字化监管，提升监管效率，解决传统监管方式下，不合理低价游等违法违规行为量化难、追溯难等问题。基于此，搭建旅游服务质量监测平台，实现旅游数据横向共享、监管数据纵向互通，形成依法规范、共同参与、各取所需、共享红利的发展模式是提升旅游监管效率的一种趋势。

第四节　就业环境

就业是永恒的课题，更是世界性难题。就业环境的调查研究随着就业问题凸显而产生。根据就业工作整体部署，就业环境包含就业创业、社会保障、人才人事、劳动关系四个方面。强化就业优先政策是实施就业优先战略的首要任务，完善就业失业统计调查监测体系是宏观决策和就业政策实施的有力支撑。构建"政府＋社会化机构"协同的就业失业监测调查机制能够为宏观决策和就业政策制定提供有力的支撑。

一、就业环境发展现状

国外对就业失业研究最具代表性的是就业理论，如市场法则理论、凯恩斯主义、"自然失业率"假说、现代就业理论等，就业理论最初支持市场调节就业，转变到就业依靠政府调节，到现代就业理论主张市场和政府融合。社会保障体系是就业的重要支撑，国外基本形成了社会保险型、福利国家型、强制储蓄型等社会保障体系。劳动者供给是就业的重要方面，发达国家通过设置科学奖励、完善基础教育、加强产学研合作、促进国际交流等方式加强人才培养。集体约谈是协调劳动关系的重要手段，美国、德国、法国等通过立法确认了劳动者集体约谈的权利。

稳就业促就业的关键是保障高校毕业生、农民工、失业人员、退役军人、残疾人等重点群体就业稳定。培育现代化人力资源是实现高质量就业的重要保障，我国基本形成了教育培训、产学研合作、职业资格认证、技能大赛激励等人才培养体系。产业结构调整和数字经济发展催生了灵活就业和新就业形态。灵活就业劳动关系确认及权益保障是当前拓展社会保障覆盖面，完善就业服务体系的重要内容。建立健全就业失业预警机制是实施就业优先战略、促进就业稳定的重要抓手，当前关于就业环境的调查评价主要集中在就业失业调查监测和就业政策及服务评估。

二、就业环境调查评价对象和内容

（一）调查评价范围及对象

1.调查范围

就业环境的调查评价主要发起部门为人力资源和社会保障部、统计局、各省市、各区/县级劳动力相关部门，可以下沉至就业促进中心、职业介绍中心、社会保障基金管理中心、人才服务中心等单位，服务范围面向就业相关的全国各城市政府各级部门。

2.调查对象

就业环境调查评价涉及的调查对象，涵盖劳动者、用工单位、政府相关部门及社会化服务机构四个类别。

劳动者群体。就业环境调查评价可以涵盖全体劳动者，即为16周岁以上的城乡常住人口；也可以根据调查研究需要关注就业重点群体，具体如退役军人、应届毕业生、残疾人、灵活就业人群、脱贫人口，及特定时期的就业困难人口等。

用工单位。用工单位为所有具有劳动力使用需求的单位，从性质上可以初步分为党政机关、事业单位、企业及其他社会组织。企业是吸纳就业的主要形式，因此在用工单位调查对象上以企业为主，从规模上看，包含大、中、小型企业，同时根据调查目的，关注"专精特新"企业及重点行业领域企业。

政府部门。政府部门的调查涵盖就业政策的制定主体、实施主体及服务机构几个主体。主要有办公室/政策法规部门（行政服务部门）、规划和信息部门、就业促进部门、就业服务部门、重点群体安置部门、职业能力建设部门、人力人才管理部门等。

社会化的机构。社会化的机构主要包括人力资源市场服务机构，例如招聘公司、培训和发展机构、猎头公司、外包服务公司及管理咨询公司、劳务公司等，同时也包含政府、教育机构、企业等多方合作构建的为提高劳动者职业技能和促进就业而设立的各类就业培训场所、实训基地等。

（二）调查评价内容

1.就业失业状况调查

按照月度、年度节点开展常住劳动者就业失业状况抽样调查，为短期就业形势分析和预判提供可靠依据，通过了解掌握劳动者获得就业创业服务情况和参与职业培训意愿等，为开展针对性就业创业工作提供有力支撑。

就业失业状况调查主要面向全体劳动者，调查内容包含劳动者群体画像、各群体的就业失业状况、薪酬福利、工作强度、工作满意度、劳动关系、社会保险、未来就业预期等内容。

就业失业调查也可针对重点群体、重点领域开展专题调查。如及时掌握高校人才培养和毕业生就业质量，为完善高校就业指导服务工作，促进高校毕业生高质量充分就业提供决策依据。如针对灵活就业及新就业形态群体开展专题研究，了解灵活就业劳动者的就业现状或诉求。

2.单位用工动态监测

通过对企业用工监测，及时准确了解区域内企业运营状况、用工规模及用工需求等情况，为掌握多样化的劳动用工动态变化趋势，科学分析判断就业形势，提高稳就业、促就业工作的针对性、有效性提供可靠依据。

当前针对企业的用工动态监测包括企业基本运营动态、企业用工规模和动态变化、人员结构和人员质量、企业用工意向、企业意见建议等。具体的指标设计既要包括企业基本信息，又要体现企业用工变化情况、变化原因和未来用人需求等信息。

3.公共就业服务评价

各级相关职能部门也在探索如何完善公共就业服务的绩效评价体系，规范其服务，提高工作质量和工作效率。当前关于公共就业服务的调查和评价分为两个层级：一是公共就业服务调查研究，构建调查研究指标，摸清当前公共就业服务现状；二是对就业服务各层实施部门的服务成效开展评估，从服务级别上包含市级、区级、县镇级、社区级等主体，从评估内容上包含职业介绍、招聘服务、技能培训服务、就业指导、创新创业服务、宣传服务、就业见习等。

4.就业政策及规划评估

公共政策评估是政策制定和决策中必不可少的环节，是国家治理体系建设的重要内容，是推进国家治理能力现代化的重要举措。

就业政策调查研究主要对现行政策制定、政策执行和实施效果进行评价和评估。以现行的就业政策为评估对象，调查政策制定、执行、实施成效等方面的问题不足，在此基础上，完善就业政策监测评估制度，形成就业政策制定—政策发布—政策执行—政策评估—政策调整的闭环。

5.其他综合类

就业是当前的热点关注话题，针对就业相关的需求不断扩展，除了以上四类研究内容外，公共就业服务的信息化提升方向，例如零工市场建设、流动人口人事档案的数字化管理、公共服务流程信息化建设等也是重要的关注方向，也逐步纳入委托第三方调查研究的范畴。

三、就业环境调查评价重难点

（一）业务领域重难点

重难点一：如何推动高质量发展和高质量充分就业协同。实现高质量充分就业需要政府、企业、教育机构、社会组织和个人共同努力，通过综合施策，创造一个利于就业增长和质量提升的环境。当前我国就业形势总体稳定，但仍面临就业总量压力大、结构性矛盾等挑战，在"三期叠加"发展阶段，如何推动高质量充分就业是一项难题。

重难点二：如何提供覆盖全民、贯穿全程、辐射全域、便捷高效的全方位公共就业服务。高质量充分就业需要与之匹配的高质量就业服务体系，但当前我国公共就业服务仍存在服务覆盖面不够广泛、服务质量参差不齐、资源分配不均衡等问题，未来如何对标国际确定公共就业服务范畴、引导社会机构参与，对标高质量发展要求优化公共就业服务水平是当前就业工作的一大难题。

重难点三：如何科学设计监测指标体系，提高调查评估结果一致性和可比性。现阶段我国就业失业调查监测指标、统计口径、边界条件各异，同时对就业质量、公共就业服务等领域研究较少，全国范围内尚未形成一套科学、有效的监测评估指标体系。如何通过科学研究和实践总结，科学设计一套对标国际且具有中国特色的监测指标体系是一大难点。

（二）工作推进重难点

重难点一：明确各单位统计调查重点，避免重复、无用的统计调查工作。在劳动力调查、高校毕业生等青年群体就业情况调查方面，统计、人社、教育等部门均有开展，如何确定部门定位、区分调查内容，加强数据共享，避免重复、无用的统计调查工作是政府监管的难点。

重难点二：跨部门、跨区域统计调查难协调。就业环境统计调查对象涉及公共就业服务机构、劳动者、用人单位等较多领域，需要各级政府、人社、行业主管部门联合协作形成合力，做好积极动员工作。但当前缺乏跨部门协调机制和规范流程，导致沟通不畅、协调进度慢等问题，加强跨部门协作是提高组织效率和执行力的关键。

（三）第三方调查重难点

重难点一：如何科学设计指标体系，提高需求契合度。就业环境调查评价的多维度和复杂性提高了指标体系的难度，评估指标体系需要全面反映就业现状、影响因素、问题和不足，在实际操作中量化和统一难度较大，对调查实施评估方的研究能力、指标构建能力具有较高的要求。

重难点二：如何抽取代表性的样本，获取完整、准确的调查数据。调查评估需要大量的数据支撑，只有确保数据真实可靠，输出的成果、分析的问题、提出的建议才有意义。如何确定抽样方法、选取有代表性的调查样本是难点之一，科学设计数据采集方法、做好质控工作是调查评估项目的关键。

重难点三：如何准确分析就业环境，为政府决策提供支持。客观评价就业政策实施效果、公共就业服务水平，准确判断未来就业形势是就业环境领域调查评估项目的核心诉求，需要团队成员具有人口、就业、劳动经济学等领域的研究能力，数据分析能力，因此跨领域研究能力和数据分析挖掘能力对就业环境监测评估至关重要。

（四）解决思路

一是坚持就业优先战略。新时代新征程，聚焦"稳就业促就业"工作主线，持续落实稳岗扩岗配套政策，顺应群众就业需求新变化，既解决"有没有"的问题，更解决"好不好"的问题，落实全方位公共就业服务最新要求，促进高质量充分就业。

二是构建协调合作机制。健全政府、统计、人社等部门协同工作机制，调动劳动者、用人单位、行业主管部门及社会媒体的积极性，形成助力高质量充分就业的工作合力，加强数据共享，推动调查评估工作高效开展。

三是充分发挥智库专家力量。统筹社会智库和就业领域专家学者力量，探索制定调查评估工作标准，根据就业形势动态变化更新就业环境调查评估指标体系，科学设计调查评估方案，加强就业环境监测平台建设，为分析就业形势、完善促就业政策、提高公共就业服务水平提供有力支撑。

四、就业环境调查评价的主要成果

（一）前期成果

1.调查问卷

针对劳动者的调查问卷主要涉及就业状况、就业权益保障、就业需求及未来打算、就业现状评价等，针对用工单位的调查问卷主要包含用工情况、招聘需求、未来用工计划。

 劳动力调查表示例

10.您在本月3日至9日是否为取得报酬工作过1小时以上（包括打零工、兼职）?

①是 ②否

11.您在本月3日至9日是否有工作但没上班/干活?

①是 ②否

12.您有工作但没上班/干活的主要原因是什么?

①请病假/事假 ②节假日/公休假休息 ③休产假/陪产假 ④在职学习培训 ⑤临时停工 ⑥经济不景气放假 ⑦发生劳动争议或劳务纠纷 ⑧其他（请注明）

13.从未上班算起，您1个月内是否会返回原工作?

①是 ②否 ③不确定

13.1您未上班期间是否有工资或经营收入?

①是 ②否

14.您在本月3日至9日是否在家人/亲戚以营利为目的生产经营中做过1小时以上没有报酬的工作?

①是 ②否

（资料来源：国家统计局《劳动力调查制度（2022）》）

2.访谈提纲

根据调查研究内容及访谈主体身份设置相应访谈提纲，主要针对政府机关工作人员、专家学者、企业人力资源管理总监及劳动者个人等群体。

 重点产业和青年群体错配专题企业访谈大纲示例

（一）青年群体用工现状

用工规模及分布情况？用工形式及采取原因？用工评价及人才培养模式？

（二）青年群体用工要求

专业、学历、技能等方面的招聘要求？用人要求变化情况？

（三）青年群体用工困难

供需不匹配的岗位、原因及矛盾点？对公共就业服务需求？

（资料来源：民生智库就业促进研究中心）

（二）过程成果

1.阶段性报告

为了解当前调查开展情况和主要数据结果，对短期内就业形势进行分析研判，形成数据分析报告、日报、周报、月报等过程性成果。

 某市春运外来劳动力流动监测报告第一周示例

一、基本情况

（一）流动规模大，离京总量快速赶超去年同期

（二）流动去向仍以"两河两山"地区为主，但津冀增长显著

二、下阶段流动趋势预测及节后劳动力市场初判

（一）每日流动规模波动上涨，预计明后两日出现第二个小高峰

（二）离开人群返回预期较好，节后工作相对稳定

三、需关注的问题及建议

（资料来源：民生智库就业促进研究中心）

2.典型案例

作为研究结论的补充，需要进行个案的深度针对性分析，对个案的访谈和座谈进行整理和汇总，形成典型案例分析。

 某企业访谈案例示例

结论：批发和零售企业转型，用工要求发生转变

某企业受疫情影响，传统零售企业受到冲击，业绩下滑。2013年开始转型升级，2016年步入深度调整期，立足实体零售，构建互联网条件下的新商业模式，提升商品经营和顾客经营。随着企业转型的推进，企业对于用工的要求也发生转变，更加看重运营综合素质和线上直播及服务能力和对客户数据管理、分析和利用的能力。

（资料来源：民生智库就业促进研究中心）

（三）终期成果

1.结论性报告

综合过程资料梳理和各方研究结论，形成中期完整的调查报告，包含过程回顾、主要结论、多元维度分析、数据图表附件等。

 某市春节前后外来劳动力分析总报告框架示例

一、项目实施说明

二、外来务工人员情况分析

（一）整体情况

（二）就业分析

三、外来务工人员春节流动情况

（一）总量流动特征

（二）流出分析

（三）不返回人员分析

（四）流入情况

（五）新增人员分析

四、农民工出返城情况

（一）总体概况

（二）工作就业分析

（三）离开流动分析

（四）返回流动分析

五、总结

（资料来源：民生智库就业促进研究中心）

2.数据资源

将各类数据进行标准化处理，形成就业失业调查监测数据库，为后续抽样及调查开展提供支撑。基于多维度的就业失业监测分析，构建劳动者、用工单位、服务机构、劳动力市场平台等多元数据平台，打通就业各个主体之间的联系，实现数据在时间上的连续性和可溯性，更好地推进就业失业调查和大数据融合。

五、就业环境调查评价案例

（一）某市公共就业服务监测评估

1.项目背景

2009年人力资源和社会保障部发布了《关于进一步加强公共就业服务体系建设的指导意见》，再次明确要"完善公共就业服务体系的奖励机制，建立配套的绩效考核制度"。为建立公共就业服务绩效评估制度，某市人社局委托第三方开展公共就业服务绩效评估项目。

2.服务内容

本项目服务内容主要包括三个方面：一是公共就业服务现状分析。从服务规模、服务成果和服务效能等方面，使用定量和定性相结合的方法，摸清公共就业服务发展现状及成效，总结经验及不足。二是未来发展方向摸索。梳理国内外公共就业服务理念、技术规范和模式及做法，探讨公共就业服务未来发展方向。三是形成评估指标体系，开展公共就业评估工作。立足现状，总结梳理国内外城市先进评估办法及指标体系，构建公共就业服务体系，并探索开展监测评估，形成公共就业服务体系评估报告。

3.服务效果

找准公共就业服务当前的痛点堵点，为后续优化和改进工作指明方向。通过第三方绩效评估工作，建立公共就业服务绩效评估指标体系，摸清公共就业服务现状、问题和需求，指导各级公共就业服务机构找准改进就业工作中的薄弱环节，提升就业管理服务能力和水平。

完善公共就业服务绩效评估制度，形成服务质量提升闭环。以"以评促优"的方式，推动各区公共就业服务机构积极开展能力提升，形成"绩效计划—绩效落实—绩效监督—绩效反馈—绩效改进"的闭环，最大限度发挥绩效评估工作成效。

开拓未来公共就业服务体系建设方向。总结国内外公共就业服务成效及典型做法，结合评估现状和工作需要，探索建立多元化公共就业服务机制，共同推动全方位公共就业服务体系建设。

（二）某市公共就业服务满意度调查

1.项目背景

2022年党的二十大明确指出"健全就业公共服务体系"，并提出"高质量充分就业"的最新要求。为深入贯彻党的二十大精神，健全公共就业服务体系，更好保障和改善民生，某市职业介绍中心委托第三方开展公共就业服务满意度评价工作。

2.服务内容

以公共就业服务对象（用人单位、求职者）为调查对象，按照公共就业服务内容调整设计满意度评价问卷，采用电话调查为主、实地调查为辅的方法采集满意度调查数据，整理清洗调查数据，综合不同调查对象对公共就业服务水平的评价，复盘公共就业服务现状，形成对全市公共就业服务水平和成效的客观反映，并以现存问题和需求为导向，提出公共就业服务工作改善方向，全面提升公共就业服务"软实力"。

3.服务效果

检验公共就业服务质效。通过用人单位和求职者满意度调查，有效评估了公共就业服务各项举措的实施质量和落实效果，综合体现政府端工作推进和用人端、劳动者端的感知反馈，为判断公共就业服务目标落实情况提供依据。

征集分析就业主体对公共就业服务的需求。充分发挥政府"联络员""分析员""监测员""帮扶员"作用，深度收集和分析用人单位和求职者的公共就业服务需求和期待，解决阻碍劳动力市场供需匹配的难点、堵点、痛点问题，为优化和提升公共就业服务指明方向。

把脉问诊助力公共就业服务工作持续优化。深入挖掘求职者和用人单位的问题和建议，挖掘公共就业服务在政策制定、体系建设、服务供给、信息化建设等方面的优点、缺点、瓶颈和障碍，全面推动全市公共就业服务工作优化提升。

（三）某市劳动者就业失业状况调查

1.项目背景

为贯彻落实《国务院关于进一步做好稳就业工作的意见》《"十四五"就业促进规划》，以及市级层面关于健全调查监测制度的工作要求，全面掌握劳动者就业失业状况，充分了解劳动者就业需求，委托专业机构，在全市范围内开展常住劳动者就业失业状况抽样调查。

2.服务内容

根据项目要求，采用大数据监测、入户调查、网络调查、电话调查等相结合的方法，完成如下内容。

一是年度数据监测和抽样调查。针对16岁及以上常住人口调查劳动者的就业失业状况、薪酬福利、劳动关系、社会保险、未来就业预期等，分析劳动力资源供给状况、劳动者就业失业状况等，并根据指标分析全市就业形势。

二是春运期间外来务工人员进出本市情况调查。了解外来务工人员进出本市流动规模、人员结构特征、在本市工作情况、求职意愿和方式等，分析外来务工人员进出本市规模、人员结构特征、流动特征，形成年度劳动力供求情况预测。

三是月度重点群体就业状况调查。针对16岁及以上常住人口调查劳动者的就业失业状况、工作时间、薪酬福利、社会保险、就业预期等，分析月度劳动力资源供给状况、劳动者就业失业状况变化，并根据指标分析全市就业形势。

3.服务效果

动态掌握劳动者就业现状、问题及需求。通过劳动力就业失业状况抽样调查，全面了解不同劳动者当前的就业状况、就业质量、就业形式变化、行业领域等现状及就业问题和困难、公共就业需求，为制定就业政策、优化公共就业服务提供方向指引。

初步建立失业预警机制，为研判就业形势、优化就业政策提供依据。在全市范围内初步构建失业监测预警机制，完善失业统计制度，有效掌握劳动力资源和劳动力市场的供求情况，为政府科学判断就业形势、提高非常规就业状况应对措施敏锐度、制定就业政策提供有力抓手。

六、就业环境调查评价展望

（一）推进构建就业政策和就业服务评估体系

党中央和国务院及人社部门提出了构建政策和公共服务评估体系，同时也在逐步探索建立就业政策和就业服务监测评估指标和制度。就业政策评估需要梳理政策制定目的、实施情况、执行结果、评估监测问题，结合城市促就业工作重点，从政策制定者、政策实施者、政策受益者、政策研究专家等多维视角，从共性指标和个性指标两个层面设置政策评价指标体系，探索政策评估指标与就业失业监测核心指标之间的关联关系，选定具有代表性的政策实施总结，形成政策制定—发布—执行—评估—调整的闭环。就业服务评估要立足当前经济发展阶段、就业形势变化和突出矛盾问题，通过公共就业服务成效评估，探索构建支撑高质量发展的就业服务体系，提升劳动力资源配置效率，缓解供需结构不匹配矛盾，支撑稳就业促就业工作，提高全要素生产率。

（二）加强就业大数据与中微观监测数据的有效融合

2023年6月，人力资源和社会保障部印发《数字人社建设行动实施方案》，强化人社业务与数字技术的深度融合，未来对就业环境监测调查也将充分融合大数据和中微观监测优势，加强多源数据整合利用。一是强化数据互通。整合用好通信大数据、社保大数据、统计数据、市场监管/市场主体数据，发挥各类数据的优势和特点，同时加强数据之间的对标和融合。二是选取行业、岗位等重要维度将中微观监测与大数据进行匹配、比对，提高数据监测的精准性，以监测数据支撑大数据原因分析及趋势研判，拓展和深化数据分析维度。三是提高数据分析敏感度，综合利用舆情监测、案头研究等分析手段，广泛收集就业风险点位和舆论热点问题，及时形成预警反馈。

（三）探索评估产业转型发展对就业的影响

世界经济论坛发布的《2023年未来就业报告》中揭示，在接下来的五年（2023—2027年）间，全球劳动力市场将经历显著变革。人工智能发展和产业转型升级，对整体经济发展和就业形势产生深远影响。评估产业转型发展对就业总量、就业结构、劳动者素质、社会保障制度变革等多方位的影响，将是重要的研究课题。宏观层面跟踪经济增长变化和行业增速，结合多维度的就业监测指标，研究就业总量变化、结构变化、劳动力市场需求变化、劳动力市场流动变化、劳动者就业和培训变化等综合分析；同时也要深入各个行业领域，就人工智能产业转型发展的具体形态，了解对劳动者、用工单位等典型群体的影响变化，促进就业产业政策协同和就业服务的精准化和有效性。

第五节　乡村振兴

实施乡村振兴战略，是党中央作出的重大决策部署，是全面建设社会主义现代化国家的重大历史任务。习近平总书记强调，推进乡村全面振兴是新时代新征程"三农"工作的总抓手。开展乡村振兴调查评价是确保乡村振兴战略顺利实施的前提和基础，是把握乡村发展本质和规律，破解难点的基本办法，是落实全党大兴调查研究之风的重要体现。

一、乡村振兴发展现状

国际上，在工业化发展到一定程度后，补齐乡村短板寻找新的经济增长点，振兴乡村已成为各国普遍共识，相继实施了一系列举措，推动缩小城乡差距，促进经济发展。例如，德国颁布了《土地整治法》《农业法》，通过促进土地流转实现规模经营，完善乡村基础设施，强化产业配套能力等，促进了城乡的均衡协调发展；荷兰大力发展高科技农业，凭借极为有限的土地成为世界第二大农产品出口国；韩国实施"新村运动"，通过大幅提升农村基础设施建设水平、发展农产品加工业、提高农民文化水平和道德修养等方式，用了50年左右的时间，跻身于高水平城镇化率国家的前列。

在国内，新中国成立以来，"三农"问题始终是关系党和人民事业发展的全局性和根本性问题。党的十九大首次提出实施乡村振兴战略，"产业兴旺、生态宜居、乡风文明、治理有效、生活富裕"明确了未来乡村的美丽蓝图。2021年，习近平总书记在全国脱贫攻坚总结表彰大会上庄严宣告："我国脱贫攻坚战取得了全面胜利。"脱贫攻坚取得胜利后，要全面推进乡村振兴，这是"三农"工作重心的历史性转移。

二、乡村振兴调查评价对象和内容

乡村振兴社会调查评价往往由于目的不同，其调查的范围、对象、内容等也有较大差异。

（一）调查评价范围及对象

1.调查评价范围

（1）空间范围。因乡村振兴的覆盖面广，内容较为繁杂，综合性较强，所以目前国内乡村振兴调查评价往往以行政区划范围为主，便于调查的开展、内容的梳理和各类情况的反馈总结。现阶段，全国范围的调查评价主要有脱贫攻坚后评估、乡村振兴综合性社会调查（CRRS）、全国农垦国有基本情况调查等；以某个省（自治区、直辖市）、地市、县（市、区）为范围的调查评价主要有某省农村集体产权制度改革成效调查、某市全面推进乡村振兴情况调查、某县"千万工程"推进情况调查、百乡万户调查等。由于调查目的和范围的不同，其侧重点往往也有较大差异。

（2）时间范围。按照国家乡村振兴战略"三步走"的总体目标要求，我国目前处于第二阶段的开局起步期，从目前国内关于乡村振兴的调查评价来看，多数情况是以某一个年度为时间单位，意图观测当年或上一年度的实施效果。随着乡村振兴的推进逐渐深入，目前也有部分科研院所及智库单位提出以三年、五年、十年、十五年为时间范围，以部分代表性地区为样本动态观察乡村振兴的实施状况，力图掌握乡村振兴在实施过程中的重点领域和关键环境在不同历史阶段下的变化规律，进而丰富乡村振兴的理论指引和实践借鉴。

在各类政府大型规划项目编制前期，为了充分掌握规划编制地区在不同时间阶段的现状特点，往往也在不同的时间周期范围，进行对比评价来总结掌握发展规律，如《中国农村扶贫开发纲要（2011—2020年）》《"十三五"脱贫攻坚规划》《乡村振兴战略规划（2018—2022年）》《"十四五"推进农业农村现代化规划》等。

（3）层级范围。通常分为国评、省评、地市评，用以掌握各行政层级政府部门某项工作的实施完成情况，且常与工作绩效考核相挂钩，目的是以此促进政府部门更好地履职尽责。各地方为了更好地对工作查漏补缺且在上级部门的考评中取得良好的成绩，通常会先行展开自评工作，所以在时间次序上，也是由行政级别低向行政级别高依次推进。如脱贫攻坚后评估、乡村振兴实绩考核等。

2.调查评价对象

乡村振兴调查评价的对象主要围绕农业、农村、农民展开，细分领域的调查对象较为广泛，大体上可以归类为政策调查评价、主体调查评价和载体调查评价。

（1）政策调查评价。乡村振兴的政策调查评价往往围绕五大振兴政策，依据一定的标准和程序，运用科学的方法，对政策的效益、效率、效果及价值进行综合判断与评价，为乡村振兴政策的延续、修正、终止和重新制定提供依据。如乡村振兴实绩考核。

（2）主体调查评价。乡村振兴的主体调查评价往往以农民主体，或者以新型经营主体如家庭农场、农民专业合作社、农业种养大户、涉农企业为主。调查评价也主要是围绕政策的知晓情况、满意度情况和期望情况进行。如乡村振兴满意度调查。也有部分调查评价因调查评价目的和方向不同，主体人群覆盖面更广，会涉及城市居民、社会投资者等。如菜篮子满意度评估。

（3）载体调查评价。乡村振兴的载体调查评价通常结合当下乡村振兴的重大政策性工程项目，对载体的创建完成情况、项目实施情况进行调查评价。如农业产业强镇、现代农业产业园、现代农业科技园、农产品加工示范园、农村一二三产业融合示范园、现代农业示范区、特色农产品优势区、现代农业产业集群等。

（二）调查评价内容

乡村振兴调查评价内容取决于调查发起方的目的和意愿。从发展的角度，梳理总结目前关于国内乡村的重大规划、重要文件和重点工程项目，涉及调查评价的内容可以简单概括为以下4类。

1.发展基础方面

发展基础现状调查评价内容是在特定的时间和空间范围内，对特定的主体特征及相关因素进行调查分析。以某地区畜牧业发展调查评价内容作简要举例：①需要调查该地区发展畜牧业的基础条件，如地形地貌、"三区三线"划分、水源情况、饲料情况等，为分析总量现状、环境承载力和预期目标量奠定基础；②需要调查该地区畜牧业的体量分布，如该地区猪、牛、羊、鸡、鸭、鹅和其他特色畜牧养殖都分布在哪些地区，存栏、出栏、保有量多少，环境承载力如何，增量空间有多少；③需要调查该地区畜牧业发展水平，如种源、饲料、养殖、屠宰加工、物流、销售等产业链各关键环节门类是否齐全，各类产值及占比多少，集群集链发展水平如何，有多少规模养殖基地（场），各类农业经营主体情况，粪污资源化如何处理，畜禽疫病防控实施情况，畜禽产品安全监管情况，品牌建设情况，联农带农增收机制等；④需要调查该地区支撑畜牧业发展的相关要素，如科技创新，畜牧业数字化、智慧化，人才建设，财政、金融、保险、用地等各类政策支撑有哪些等。

2.发展任务方面

发展任务的调查评价内容是根据调查发起方的目的诉求，调查其在特定时期内需要完成的事务或需要实现的目标。结合目前乡村振兴的政策范式来看，常见内容有以下5个方面。①产业兴旺。包括粮食等重要农产品有效供给、耕地保护、农业科技、农机装备、农产品质量安全、农业品牌、现代农业"三大体系"、农村一二三产业融合、数字农业。②生态宜居。包括农药化肥减量增效、农村人居环境整治。③乡风文明。包括农村思想道德建设、优秀传统文化、乡村文化生活。④治理有效。包括基层党组织建设、"三治"融合（德治、自治、法治）、平安乡村建设。⑤生活富裕。包括防返贫、农村基础设施建设、农村公共服务、农村养老、农民劳动力就业、农业转移人口市民化。

3.发展保障方面

发展保障的调查评价内容，通常是对国家各部委在促进乡村振兴实施过程中出台的支撑政策适用及执行情况的调查评价。常见的有财政、用地、金融保障等。

在财政保障方面，重点是调查评价财政支农资金引导和保障作用发挥得是否充分，财政支持现代农业发展的多元化投入保障机制是否健全，能否有效地支持农业农村发展，重大工程项目上级财政支持资金使用是否到位，各类惠农补贴政策是否发放到位等。例如某省财政支持农业产业化发展情况调查、某省财政涉农扶贫资金使用情况调查、某市财政支持服务现代农业发展调查等。

在用地保障方面，重点是调查在保证土地公有性质不改变、耕地红线不突破、农民利益不受损的前提下，乡村生产生活用地是否充足充分、合规合理。例如"三调"（全国三次土地调查）、全国耕地质量等别调查与评定、某省强化乡村振兴用地保障调查、某省关于保障农村一二三产业融合发展用地促进乡村振兴的调查等。

在金融保障方面，重点是围绕农村金融服务体系调查各类金融政策的实施情况，能否撬动金融和社会资本按市场化原则更多投向农业农村。例如某省金融服务乡村全面振兴调查（2023）、某银行农村金融在行动调查、某金融机构发展绿色普惠金融服务乡村振兴等。

4.其他重要专题

此类调查评价通常围绕乡村振兴针对某项专门问题进行具体、深入的调查研究和评价，特点是题目单一、内容集中、具体深入和针对性强。例如各部委围绕农业农村出台重大政策前会采取课题研究征集的形式，对现阶段及未来正在实施或将要实施的某项措施进行调查研究；"十五五"国内外发展环境变化及对我国农业农村发展影响研究；"十五五"乡村人口变化趋势下优化农村基本公共服务配置研究，拓宽农民就业增收渠道研究等。

三、乡村振兴调查评价重难点

（一）业务领域重难点

1.农业方面

粮食和重要农产品供给压力仍然较大，虽然谷物自给率在95%以上，但与全球其他农业强国相比仍有较大差距（美国123.4%、加拿大185%、法国209%）。食用植物油、饲料、糖等重要农产品进口依赖性较强；大部分地区农业产业基础依然薄弱，产业结构单一，无特色产业或规模小而散，同质化现象突出，产业链条相对较短；农村一二三产业融合发展水平不高，农产品加工业产值与农业总产值目前达到了2.52∶1，但仍远低于发达国家3.5∶1的水平；新一轮科技革命和产业变革在农业领域渗透融合应用仍处于初级阶段，农业数字化、智慧化水平不高。

2.农村方面

制约城乡要素双向流动和平等交换的障碍依然存在；乡村建设仍有不少短板弱项；农村教育、医疗卫生、养老保障等基本公共服务供给与农村居民需要仍有一段距离。

3.农民方面

城镇居民人均收入仍是农村居民的2.39倍，城乡居民收入差距依然相对较大；农民就业制约因素较多，创业就业、就业岗位、就业领域、就业质量方面仍有不足；农村人口老龄化加快，农村养老问题亟待解决。

（二）工作推进重难点

1.公职人员编制缩减，部分工作开展力量支撑精力不足

全国逐步实施公务员编制缩减政策后，各级部门职能结构和人员进行了优化调整，尽管大幅提升了工作效率，但有时候一些需要耗费大量人力、物力的调查工作也会因为人员不够及精力不足产生执行难度较大的情况。

2.乡村振兴覆盖面广，部门相互协调困难

目前政府机构中，几乎所有部门均设立了负责本部门中关于农业、农村或农民事宜的人员，以至于在有些工作上协调起来相对繁杂困难。有些还涉及考评的事宜，难免也会存在既当"裁判员"又当"运动员"的现象。

（三）调查评价重难点

1.专业性不够，导致调查评价信息获取产生偏差

由于乡村振兴涉及农业农村农民方方面面的内容，需要对相关政策和乡情具有充分的理解和认识。以脱贫攻坚后评估为例，近几年采购分包实施单位多为高校，组织结构中多为某一位或几位学校老师承担某县或某些县的调查评估工作，一线调查执行人员多为该校学生。年轻的学生们通常缺乏生活经验，因此他们可能会受到访谈过程中所涉及的家庭背景及受访者的情绪波动的影响。这种影响可能导致他们产生同情心或怜悯感，从而使得他们的主观评估与实际状况产生偏差，进而削弱了他们获取信息的客观性和真实性的能力。

2.信息不对称，导致调查评价结果表面化和碎片化

由于政府的职能复杂且多部门交织，不同部门之间差异巨大，以至于开展综合性的乡村振兴调查评价、制定公平性又能反映实际情况的评价标准较为困难。尽管第三方调查评价具有相对独立性的优势，但往往也会存在因为对当地的情况掌握不全面、不深入，缺乏足够的内在信息而导致调查结果滞于问题表面。

3.定位不准确，导致"找问题"导向相对激进

部分调查评价项目的第三方执行机构为了完成采购要求中"找出短板问题"的任务，有时候也会引发为"找问题"变为"找碴儿"之嫌，导致该事项调查评价结果存在以偏概全、"一刀切"的现象。

（四）解决思路

1.在源头上，强化认识

一是团队组建方面，可以与专业第三方机构建立合作，广泛凝聚社会各界智慧，进一步提升调查评价的科学性和社会参与度；二是在项目执行前，做好充足的准备工作，对当地情况有一定掌握；三是做好执行人员培训工作，实行考核上岗制。

2.在过程中，规范流程

一是定期沟通交流，全面把握调查地域现状情况，也便于遇到困难、解决困难；二是把控成果质量，在调查指标设计、问卷设置、提纲设定、材料整理、数据清洗、分析研讨、报告编写、成果递交等各关键环节制定好标准要求；三是项目执行期间要坚决遵守法律法规要求，客观公正开展工作；四是积极探索大数据、AI等先进科学技术在调查过程中的使用应用。

3.在结果上，严格把控

一是认真核查调查评价成果与预期要求是否匹配，各项任务是否已经如实完成；二是非公开性的项目资料及成果要严格保密，禁止外泄；三是调查结束后定期开展反馈沟通，跟踪进度，助推成果应用。

四、乡村振兴调查评价的主要成果

（一）前期成果

前期成果是调查评价方向及内容是否正确、科学、合理的重要呈现。常见成果有调研方案、指标体系、调查问卷、座谈访谈提纲等。

1.调研方案

调研方案是开展乡村振兴调查评价工作前的重要工具之一，目的是让调研者清晰梳理任务目标和工作流程，让被调研者充分理解掌握调研者的目标诉求。通常包括调研背景、要求、范围、内容、方式、流程安排和保障措施等。

某地区村庄发展调查项目调研方案部分示例

为……，制定如下调研方案。

一、总体要求

针对乡村发展重点问题开展系统调查研究，科学评价某地区村庄发展建设的总体水平、空间模式、资源特色、发展潜力，因地制宜进行土地利用现状分析、土地适宜性评价等研究；综合考虑上位规划要求、地方发展趋势与诉求，结合现场调研，明确农村人居环境、资源环境、产业发展、市政设施、公共服务设施……

二、调研范围

本次调研主要涉及……

三、调研内容

全面调查、摸清各行政村村域范围内人口、经济、产业、用地、环境、基础设施、公共服务设施等，形成现状情况统计表。收集地形图、第三次国土调查资料、各层级城市规划、土地利用规划等，建立……

四、具体安排

（一）时间安排

（二）人员安排

（三）调研流程安排

（四）交通、食宿安排

五、保障措施

六、附件附表

2.指标体系

指标体系是指由表征评价对象各方面特性及其相互联系的多个指标，所构成的具有内在结构的有机整体。目前乡村振兴综合性指标体系多以《乡村振兴战略规划（2018—2022）》《"十四五"推进农业农村现代化》为基础，根据调查需要进行关联性细分，见表3–10。

表3-10 某地区"十四五"农业农村现代化指标体系部分示例

分类	序号	主要指标	单位	属性
农业高质高效	1	粮食综合生产能力	亿斤	预期性
	2	肉类总产量	万吨	预期性
	3	农业科技进步贡献率	%	预期性
	4	高标准农田面积	万亩	约束性
	5	保护性耕作面积	万亩	约束性
	6	农作物耕种收综合机械化水平		预期性
	7	农产品加工业销售收入	亿元	预期性
	8	农田灌溉水有效利用系数		约束性
乡村宜居宜业	15	自然屯通硬化路比例	%	预期性
	16	农村自来水普及率	%	约束性
农民富裕富足	22	农村居民人均可支配收入增速		预期性
	23	城乡（农村）居民基本养老保险待遇水平	元	预期性

3.调查问卷

调查问卷是通过预设制定详细周密的问题，需要被调查者进行回答，以此收集所需资料的重要方法和工具，常分为开放式问题、封闭式问题和混合式问题问卷，见表3-11。

表3-11 某政策调查项目问卷节选示例

政府帮助发展了哪些产业项目？	未发展产业项目　[1]是　[2]否（若为[1]，跳过 E2-E10）
	种植业　[1]是　[2]否
	养殖业　[1]是　[2]否
	林果业　[1]是　[2]否
	加工业　[1]是　[2]否
	服务业　[1]是　[2]否
	休闲农业与乡村旅游　[1]是　[2]否
	其他（请文字说明）

续表

政府帮助发展的产业项目，现在经营得怎么样？	[1]产业发展较好，收益较高 [2]产业刚起步 [3]产业还在干，收益一般 [4]产业已经不干了（若不为[4]，跳过 E10）
合作社（龙头企业）带动，现在情况如何？	[1]没有合作社（龙头企业）带动措施 [2]仍在继续带动 [3]合作社（龙头企业）已经没有了 [4]与合作社（龙头企业）没有关系了 [5]其他（请文字说明）

4. 座谈访谈提纲

座谈访谈提纲常用于掌握被调查事项的问题纲要，根据调查内容的不同，设计多个问题模块。乡村振兴调查座谈提纲包括现状情况、当地发展策略、短板问题、空间布局结构、产业发展水平、用地情况、发展诉求等。

 某地区农业农村发展项目座谈提纲部分示例

1. 谈谈本地的经济发展现状、"十三五"时期农业农村主要成就、工作经验、典型案例等；

2. 谈谈本地农业发展和农村经济转型的主要政策、发展机遇和面临的挑战；

3. 谈谈本地补齐全面建成小康社会"三农"领域最大的短板是什么，当地人民群众的主要关注点和希望解决的核心问题是什么；

4. 谈谈本地"十四五"时期农业农村现代化发展的总体思路、目标和定位（战略布局、重点任务、发展策略）；

5. 谈谈本地"十四五"时期乡村空间布局是否有重大调整，如何调整；

6. 谈谈本地主导产业有哪些，突出的农业特色产业有哪些，对产业发展有哪些建议和意见。

（二）过程成果

中期成果多为对调查评价项目阶段性的总结和梳理。常用成果包括阶段性报告、问题清单反馈等。

1.阶段性报告

阶段性报告通常是在调查评价某一个时间周期内，对当前调查情况的阐述和总结分析。

 某地区脱贫情况调查周报部分示例

一、调查工作开展情况

按照要求，我单位在某时期对某地区开展了排查式调查走访，目前……

二、调查主要发现和初步结论

情况一：

情况二：

三、存在的问题和建议

问题一：

问题二：

四、下一步工作计划

2.问题清单

问题清单主要是根据所调查项目的标准要求，对调查对象的评价表述，见表3-12。

表3-12　某项目问题清单（部分示例）

序号	问题描述	相关法规标准	法规标准内容或条款	问题分类			责任主体
				一般	较重	严重	
1	审批程序和设计资格						

续表

序号	问题描述	相关法规标准	法规标准内容或条款	问题分类			责任主体
				一般	较重	严重	
1.1	审批程序						
1.1.1	初步设计投资超过可研批复投资10%以上未履行相关手续	《政府投资条例》	第十二条 经投资主管部门或者其他有关部门核定的投资概算是控制政府投资项目总投资的依据。初步设计提出的投资概算超过经批准的可行性研究报告提出的投资估算10%的，项目单位应当向投资主管部门或者其他有关部门报告				

（三）终期成果

终期成果是对乡村振兴调查评价工作的总结、分析、建议，为调查发起主体和相关领域利益群体提供决策支持和帮助。通常包括调查报告、典型案例集和数据库等。

1.调查报告

通常包括调查背景、调查目的、调查方式、调查流程、调查现状、调查内容、调查发现的问题、结论建议等。

 某地区农民群体对乡村振兴实施认知调查报告部分示例

一、背景

二、乡村振兴认知情况

（一）产业兴旺认知

1.农民对产业发展期待较高，对产业发展现状较为不满

2.村干部认为产业发展一般，资金、技术和政策限制是主因

3.经营主体认为政、村支持是动力，发展面临一些困难

（二）生态宜居认知

（三）乡风文明认知

（四）治理有效认知

（五）生活富裕认知

（六）总体认知

三、主要结论

四、政策建议

2.典型案例集

通常用于对调查评价对象的优秀示范做法进行梳理总结，形成可对外公布的经验学习推广材料。主要包括基本情况、典型做法、典型成效等。

 典型案例集部分示例

"三变"改革发展　带动农民增收

——某地区"三变"典型案例

某村深入实施资源变资产、资产变股金、农民变股东，积极发展乡村旅游业，带动全村农民就业增收。

一、基本情况

某村地处某南部的某公路沿线，先后荣获国家级美丽休闲乡村、全国文明乡村、全国乡村治理示范村等荣誉称号。

二、主要做法及经验

某村围绕"整合资源，优化结构，做强特色"的基本思路，通过能人带动，不断夯实基础，挖掘潜力，大胆尝试资源变资产、资金变股金、农民变股东的"三变"改革，实现由村集体收入从无到有、从有到多、从多到强的跨越性转变。

——整合资源，瞄准市场，村集体收入实现"0—1"的突破。

——优化结构，化危为机，村集体收入实现"小—大"的成长。

——抢抓机遇，做强特色，村集体收入实现"大—强"的跨越。

三、改革成效

3.数据库、数据平台等成果

数据库、数据平台等成果通常是利用物联网、人工智能等信息技术手段，建设数据库或数据平台载体，应用于农业农村领域服务事项，实现农业农村大数据在生产经营、行业监管、乡村治理、公众服务中深度融合和创新应用。例如，对农村地区房屋、道路、河道、特色景观等乡村产业发展及乡村建设进行监测分析，并可通过PC端或手机端，查询农业政策补贴、农业标准、农产品市场信息行情等。

五、乡村振兴调查评价案例

（一）某地区脱贫攻坚后评估项目

1.项目背景

2020年，我国脱贫攻坚战取得全面胜利，现行标准下9899万农村贫困人口全部脱贫，832个贫困县全部摘帽，12.8万个贫困村全部出列，区域性整体贫困得到解决。但是，由于自然、历史等多方面原因，大部分脱贫地区、脱贫群众的脱贫基础尚不稳固。按照党中央决策部署，要适时组织开展巩固脱贫成果后评估工作，压紧压实各级党委和政府巩固脱贫攻坚成果责任，坚决守住不发生规模性返贫的底线。

某地区根据中央精神把巩固拓展脱贫攻坚成果摆在头等重要位置来抓，突出抓好重点工作，坚决守住脱贫攻坚胜利果实，确保乡村振兴有序推进，采取了一系列有效措施，取得了一定实效，连续多年在国家脱贫攻坚考核中走在全国前列。

2.服务内容

按照该地区要求，坚持目标导向、结果导向，采取实地评估与平时情况相结合、客观成效与群众评价相结合、定量分析与定性分析相结合的方式开展脱贫攻坚后评估调查，全面客观评估巩固脱贫成果成效，发现问题、督促整改、提升水平。主要包括：①责任落实情况。主要评估巩固拓展脱贫攻坚成果责任持续压紧压实情况，重点关注各级党委和政府主体责任、部门分工责任、帮扶责任和监管责任等落实情况。②政策落实情况。主要评估过渡期主要政策保持总体稳定情况，重点关注"三保障"及饮水安全、产业、就业、兜底保障等政策调整优化和有效衔接情况。③工作落实情况。主要评估巩固拓展脱贫攻坚成果同乡村振兴有效衔接重点工作接续推进情况，重点关注防止返贫动态监测和帮扶机制，农村低收入人口常态化帮扶机制，易地搬迁后续扶持，脱贫人口就业，脱贫地区乡村特色产业、基础设施和公共服务等。④巩固成效情况。主要评估"两不愁三保障"及饮水安全状况、脱贫人口和防止返贫监测户收入支出变化、巩固脱贫成果认可度等，重点关注因责任、政策、工作落实不到位导致的返贫致贫问题和风险。[①]

3.服务效果

该地区在日后国家巩固脱贫成果后评估中综合评价为"好"的档次，名次位居全国前列。脱贫群众收入差距不断缩小，脱贫地区发展差距不断缩小，脱贫群众生活更上一层楼。当地创新举措落实防止返贫动态监测和帮扶机制的做法，列入了中共中央办公厅、国务院办公厅印发的61项典型经验做法。

（二）某地区农民群体乡村振兴认知项目

1.项目背景

党的十九大提出乡村振兴战略以来，全国各地高度重视，精心组织，全面推进，真抓实干，取得了一定实效。某地区按照产业兴旺、生态宜居、乡风文明、治理有效、生活富裕的总要求，扎实推进乡村振兴战略实施，出台一系列强农惠农富农政策举措，乡村振兴总体开局良好，为率先基本实现农业农村现代化奠定了坚实基础。为了全面掌握广大基层干部和农民群众对乡村振兴战略政策的知晓程度、政策实施的满意度及政策诉求等，准确把握群众的关注点及相关意见建议，为当地乡村振兴工作决策提

---

① 中央农村工作领导小组办公室，国家乡村振兴局.巩固脱贫成果后评估办法[EB/OL].
https://www.hlbe.gov.cn/OpennessContent/show/206755.html，2021–11–19.

供参考，按照有关要求，开展了乡村振兴认知度调查。

2.服务内容

通过村组干部访谈，了解当地农村地区各类型村庄建设情况、人居环境整治、基础设施和公共服务设施建设和管护等方面的现状，全面摸清当地农村在产业兴旺、生态宜居、乡风文明、治理有效、生活富裕等方面的落实情况，对当地乡村振兴战略实施情况有总体判断。同时，全面摸清目前出台的一系列乡村振兴政策，对农民的生产生活有什么样的影响，农民对当前的乡村振兴的措施效果评价如何。调查了解农民对乡村产业发展、村庄规划建设、生态环境整治、精神文明建设、乡村治理和农民增收的期望和憧憬，对村庄未来发展的希望。从农民视角了解他们对乡村振兴的信心和具体要求。

3.服务效果

在调查过程中和调查结果显示，该地区超过九成的农民对乡村振兴总体状况表示满意，同时，也提出了对未来乡村振兴的一些具体期盼。经过调查团队的实地调研访谈、情况梳理和分析论证后，该地区结合实际情况，进一步优化完善相关措施举措，制定了一系列的惠农政策。至今，该地区推进乡村振兴效果初步显现，乡村基础设施和服务得到持续改善，农业发展、农村生活环境和农民生活水平有所提高，农村居民幸福感、获得感进一步提升。

（三）某地区"十四五"乡村振兴战略规划项目

1.项目背景

"十四五"时期是我国全面建成小康社会、实现第一个百年奋斗目标之后，乘势而上开启全面建设社会主义现代化国家新征程、向第二个百年奋斗目标进军的第一个五年，是某地区落实上位规划功能定位，实现高质量发展的重要时期。紧紧抓住新发展机遇，加快统筹推进农业农村现代化建设，巩固提高农业有效供给能力，加快建设现代农业三大体系，大力实施乡村建设行动，扎实推进乡村治理体系现代化和治理能力现代化，深入培育发展新动能，对推动实现农业强、农村美、农民富具有重要意义。该地区为了将规划做实、做细、做精，聘请第三方团队对当地乡村发展进行了全面的调查。

2.服务内容

总结"十三五"期间该地区乡村振兴发展取得的成就，深刻剖析存在的问题，全面分析当前和今后发展环境变化及趋势，结合上级部门要求，切实抓好全局性、前瞻性、关键性重大问题研究，深入论证重大工程、重大项目、重大政策实施的必要性和可行性，科学测算规划目标指标，提出"十四五"时期当地乡村振兴的总体思路、目标任务，重点举措、重大工程项目，支撑体系和保障措施。

3.服务效果

在此规划实施期间，面对复杂多变的国际形势和国内疫情的冲击，该地区迎难而上、砥砺前行，保持了乡村社会经济的稳定向前发展，成功创建了国家级乡村振兴示范区，培育了一批国家级家庭农场、农民专业合作社和农业产业化龙头企业，农村人居环境持续改善，脱贫攻坚成果持续巩固，宜居宜业和美乡村建设成效显著，部分重大工程项目入选了中共中央党校（国家行政学院）国家高端智库乡村振兴实验室典型案例。

（四）某地区惠农政策和农民增收调查项目

1.项目背景

农村经济的发展及农民收入的提升被视为制定和执行农业政策的基础。因此，深入探讨如何通过这些政策来推动农村经济增长和农民收益的提高，对于项目方理解和评估这些政策的实际效果至关重要。近年来，在中央各项惠农政策的推动下，某地区出台了一系列惠农政策，加大了惠农补贴资金的投入和发放，对稳定农业生产、增加农民收入、统筹城乡发展起到了重要作用。但同时也面临着诸多因素的制约，为进一步摸清该地区现行的惠农政策实施效果，展开了全面系统的调查研究，为促进该地区农民增收、推动科学决策提供支撑。

2.服务内容

全面梳理国内外对强农惠农政策、政策效应及农民增收的研究侧重点、研究方法、研究成效等，借鉴已有研究方法、模型构建本研究框架；利用统计数据、实地调查数据分析该地区农民收入现状、收入结构、收入变化趋势，并与城镇居民收入、全国农民平均收入等进行对比分析，了解农民收入增长的趋势、转移性收入对农民增收的作用，分析制约农民增收的政策因素；构建政策绩效评价框架评价不同类型惠农政策对农民增收的效果，通过典型案例研究以"解剖麻雀"的方式分析各类强农惠农政策对农民增收的影响；在增加农民工资性收入、财产性收入、转移性收入的各项政策措施方面，对现有政策成效的分析提出政策优化的对策。

3.服务效果

结合调查研究报告成果，当地制定出台了促进农民增收的若干措施，通过多途径着力构建农民持续较快增收的长效机制。根据目前政策实施效果来看，农村居民人均可支配收入同比增速将快于城镇居民，农村居民进入中等收入群体的比例将稳步提高，城乡居民人均收入差距会越来越小。

六、乡村振兴调查评价展望

（一）乡村振兴战略实施持续深入，路径方向更加精准化

从历史阶段来看，2018—2022年，我国初步建立了乡村振兴的制度框架和政策体系，在此期间脱贫攻坚取得全面胜利，"三农"工作重心发生了历史性转移。随后从近五年的中央一号文件可以看出，在"三步走"目标的第二阶段，我国已经由全面推进乡村振兴转向推进乡村全面振兴，乡村振兴的工作导向也逐渐深化，路径方向更加细化精准。接下来即将迎来的"十五五"时期，乃至到未来20世纪中叶建成农业强国，又将面临新的历史机遇和新的矛盾挑战，乡村振兴战略的实施任重而道远。

（二）乡村振兴调查评价不断完善，政策决策更加现代化

党的十九大报告、乡村振兴战略规划、"十四五"农业农村现代化规划、党的二十大报告等一系列重大文件的发布，既是对乡村振兴战略顶层设计的不断优化，也为乡村振兴社会调查的不断完善指明了方向，更为政府决策充分发挥社会组织力量奠定了扎实基础。在即将到来的"十四五"收官期和"十五五"时期，如何以新质生产力推动乡村全面振兴、如何增强脱贫地区和脱贫群众内生发展动力、如何构建粮食产销区省际横向利益补偿机制、如何面向新阶段的农业支持政策体系等一系列重大问题，都需要在重点领域和关键环节深入开展调查研究予以解决。

（三）乡村振兴调查评价实施不断优化，工作开展更加多元化

随着新一轮科技革命和产业变革深入发展，互联网、大数据、云计算、人工智能、区块链等新技术加速演进，深刻改变了乡村生产方式、生活方式和治理方式，也同步影响了乡村振兴社会调查的工作方式、实施方式。未来，社会调查评价工作开展将更加多样、多元，数字赋能将成为趋势。

第六节　农村人居环境

提升农村人居环境是我国乡村振兴战略的重点之一。现阶段，我国的乡村人居环境主要指和居民生活密切相关的基础设施、环境建设，包括农村卫生厕所、生活污水处理、生活垃圾处理、村容村貌提升等。本节在介绍国内农村人居环境发展现状时，也沿用上述范畴。

一、农村人居环境发展现状

发达国家和地区如美国、日本、西欧的乡村人居环境建设涵盖生活

条件、基础设施、医疗教育、生态环境和社会文化等多个领域。随着工业化和城市化发展，这些地区的乡村已不再只是农民的居住地。这些地区的乡村拥有完善的基础设施和公共服务，如交通、电力、通信、教育和医疗等。其人居环境建设中注重环境保护和可持续发展，提升基础设施和公共服务，并结合经济发展，通过支持农业、旅游业和地方特色产业，促进乡村经济，增加就业和收入。

相比美日欧等发达国家和地区，我国乡村人居环境建设水平仍较低，主要表现在乡村地区的基础设施仍然不完善，居住条件差、卫生条件差等问题依然存在。党的十八大以来，农村人居环境建设不断深入推进。2014年《国务院办公厅关于改善农村人居环境的指导意见》（以下简称《指导意见》）出台，标志着我国农村人居环境建设进入了系统推进阶段。之后，我国通过农村人居环境整治三年行动，以农村"厕所革命"、生活垃圾和污水治理、村容村貌提升为重点，全面推进农村人居环境整治。2021年发布的《农村人居环境整治提升五年行动方案（2021—2025年）》提出，全面提升农村人居环境质量，为全面推进乡村振兴、加快农业农村现代化、建设美丽中国提供有力支撑。这标志着农村人居环境整治已经进入高质量发展阶段，注重系统化和精细化管理，确保整治效果的持续和长效。

二、农村人居环境调查评价对象和内容

（一）调查评价范围及对象

1.调查评价的范围

农村人居环境调查评价，按照行政区域划分，一般有省级、市级、区级、街乡镇级。各个级别的调查评价都需要进村进行实地调查，对于各村的调查需要从村外到村内，遵循一定路线开展巡查，确保调查区域全面，能够如实反映本地区人居环境发展水平。

从目前国内各地人居环境调查考核评价来看，多数以某一个年度为时间单位，评价当年或上一年度的实施效果。

2.调查评价对象

主要调查评价参与农村人居环境建设的各个参与主体。

地方政府，主要包括县级、乡镇政府部门。地方政府在农村人居环境整治中承担着规划、支持、监督和协调的职能。它们负责制定宏观政策，提供财政支持，协调各方资源，监督整治进度和效果。通过评价调查地方政府的工作，可以了解政策落实情况、资金使用效率和监督管理水平，确保政府职能有效发挥。

村集体组织，主要包括村委会、村民小组等基层组织。村集体组织在农村人居环境整治中起着组织、协调和领导的关键作用。通过调查评价村集体组织的工作，可以了解其在政策执行、项目管理和村民动员方面的表现，发现工作中的不足，提出改进建议。

农民个人，包括村民家庭、个体农户等。农民既是人居环境整治工作的受益者也是参与者，农民的卫生习惯、环保意识、在环境整治工作中的参与情况、家庭环境状况等，对于农村人居环境整治工作的效果至关重要。

第三方公司，包括环卫公司、污水处理公司、公共设施维护公司等。第三方公司在农村人居环境整治中承担了很多专业性工作，其履约情况决定了人居环境整治的质量和效果，对其工作进行调查评价，有利于落实责任，强化监督管理，及早发现问题，促进持续改进和优化。

（二）调查评价内容

农村人居环境调查评价内容主要集中在农村生活垃圾治理、农村生活污水治理、农村"厕所革命"、村容村貌治理四大领域。在各领域的细分内容方面，各地区差异较大，需要根据本区域农村人居环境和经济发展水平及当前工作重点，确定本年度的调查评价指标。

1.农村生活垃圾治理

农村生活垃圾治理工作，以保障公共环境卫生和群众健康、防止环境污染为宗旨，调查评价的内容主要有：生活垃圾收运处置体系建设和管护情况，设施布局是否合理；农村区域保洁情况，如村内街坊路是否干净整洁、有无卫生死角盲区，村域范围内有无暴露垃圾和积存生活垃圾；垃圾分类执行情况；村庄内道路、农户房前屋后等日常卫生状况等。

2.农村生活污水治理

农村生活污水治理既是全面推进乡村振兴和农村人居环境提升的重要环节，也是村民感知最明显、希望尽快解决的突出环境问题。主要调查评价的内容有：生活污水排放系统有效管控情况，设备是否完好、有无破损、是否正常运行；生活污水排放情况，是否存在生活污水直接排入河塘情况；辖区内水体治理情况，村内沟渠畅通情况，有无堵塞淤积、漂浮垃圾、黑臭水体等。

3.农村"厕所革命"

"厕所革命"是一项改善如厕设施和环境的民生工程，其调查评价内容主要有：公厕使用情况，是否正常开放；公厕维护情况，是否干净整洁、是否落实专人管理，公厕设施是否能正常使用、有无损坏；厕所粪污处理情况，排放是否达到无害化。

4.村容村貌整治

村容村貌综合整治是推进生态文明乡村建设的基础性工作，村容村貌整治考核内容根据各地农村人居环境发展情况进行设置，常见的考核内容有：村内有无私搭乱建、侵占公共空间的情况，公共空间有无乱堆乱放的情况，村内道路（街坊路）平整通畅情况，村内公共绿化养护现状，村内有无违规广告和残损破旧牌匾标识、乱贴乱画乱挂现象，村内架空线规整有序情况，田园整洁干净情况，残垣断壁整治情况，路灯设置和养护情况等。

5.农村人居环境满意度

主要调查评价农民、基层干部对本村生活垃圾处理、生活污水处理、"厕所革命"、村容村貌整治的现状感知、认知情况，满意度情况，对当前工作不满意的原因，存在的困难，对于人居环境工作的需求、期待，工作建议等。

6.其他

各地区根据本地区人居环境工作重点，常见的调查评价内容有：

长效机制建立情况。村庄规划编制情况，农村人居环境整治内容纳入村规民约情况，农民群众参与机制建立和运行情况，专业化、市场化建设和运行管护机制建立和运行情况等。

接诉即办工作的开展情况。接诉即办是指政府部门在接到民众投诉、举报、咨询等信息后，立即采取行动，及时解决问题的一种工作方式。本部分调查评价内容主要有考核当月群众反映的农村人居环境相关问题是否得到有效处理以及群众满意情况。

三、农村人居环境调查评价重难点分析

（一）业务领域重难点

农村人居环境治理任重而道远。农村人居环境治理是一项长期性、系统性的艰巨工程，目前还普遍存在治理质量总体不高、投入不足、基本生活设施不完善、管护机制不健全等问题，需要长期坚持，久久为功。

重建设、轻管护问题突出。大量基础设施和环境工程在初期建设中投入了大量资金和人力，但在后续管理和维护上却缺乏相应的支持和保障，设施破损、功能退化，无法发挥应有的作用。这既会导致人居环境整治的效果大打折扣，也会导致村民的满意度和对政府工作的信任度下降，影响农村社会的和谐稳定。

（二）工作推进重难点

数据收集困难。在农村地区，由于村庄位置分散，给数据收集工作带来很大困难。同时，农村信息化水平较低，数据采集手段落后，难以获得全面、准确的基础数据。

资金和资源短缺。调查评价工作需要大量人力和物力，需要资金和资源支持，在当前精简编制和压缩开支的背景下，如何保证调查评价工作的正常开展，对相关机构提出了很高的要求。

调查评价标准不统一。在评估标准方面，不同地区存在差异，导致调查评价结果的可比性差。一些地方缺乏统一的调查评价标准，部分调查评价指标设计不够科学，无法全面反映环境整治的实际效果。

（三）第三方调查重难点

1.项目质量控制难度大

调查质量是项目执行价值所在，是人居环境整治成果考核的生命线。由于项目检查样本量大，检查地点分散，检查人员数量多，在数据采集的过程中，可能造成地区间的人为差异，这些都给项目检查质量控制带来了巨大的挑战。

2.保持检查的独立性和公正性

开展第三方考核调查评价服务，不能与下辖各区、乡镇勾连，瞒报漏报数据，篡改数据；所有团队人员有严格的纪律要求，严格的监督与质控环节，保持自律。通过项目内部监管，确保检查核验组织有序、覆盖全面、过程严谨、结果客观、有依有据。

3.现场检查工作量大、实时性要求高

项目对人员数量、体力、学习能力都有较高要求。一方面，由于涉及的范围广，检查频次高，需要执行团队科学测算人员数量，配备充足的人员数量。另一方面，检查员团队需要青壮年化，学习能力强，专业性能尽快达到要求，能够熟练使用各类电子设备，确保数据采集的准确性。

在执行过程中，检查结果要实时上传、分析。现场团队需配置成熟的信息采集、分析、存储、可视化的信息系统。信息采集App的使用，检查路线规划，外业检查人员每天上岗情况的监控都需要实现即时性、可视化。实现数据的留痕存储、统计分析、汇总智能化，成果自动化，才能够与项目要求的效率更切合、吻合。

4.检查结果呈现高度专业性

项目的数据分析和报告关系到各方的考核结果，需要确保数据真实有

效，内容条理清晰、分析深入透彻。对于发现的问题，需做到证据充分，并对存在的共性问题和个别重点问题等进行梳理分析，找出问题原因，提出改进措施。

（四）解决思路

1.制定统一的执行标准

农村人居环境项目人员众多，被检查的村庄千差万别，在项目执行前，执行方制定统一标准和解释口径，标准需要细化到每个指标，如某类指标合格的判定标准、数据采集标准、时间要求等。

2.建立科学合理的工作机制

建立起分工协作、组织协调、沟通交流、监督指导、应急保障等工作机制，增强与委托方、各参与机构工作的协同性、一致性，建立功能完备、职责明确、统一高效的组织管理机制，统筹推进调查研究工作。

3.建立严谨的数据审核机制

项目需配备经验丰富的数据回收与审核专员，负责数据回收与审核，检查人员提交的数据先由对接的数据回收与审核专员进行初步审核汇总，对不合理的信息及时发回检查人员核实，项目专员审核通过后交给研究人员进行系统分析。

4.重视培训和经验总结

首先，在队伍组建的人选上重点考虑有农村环境检查、乡村振兴等方面经验的人员。其次，重视培训工作，建立项目执行前、执行中和执行后的全过程培训机制，及时分享工作经验、及时纠偏。最后，项目方案制定过程中，总结过往经验教训，尽可能规避可能存在的问题和风险，最大限度地提升项目质量和效率。

5.组建高水平的团队

考虑到数据分析和报告撰写工作对整个项目的重要性，在数据分析和研究人员的配置方面应做到：一是专业水平高，统计分析能力较强；二是经验丰富，熟悉核查验收工作。优先考虑所学专业为统计学、社会学等的项目成员，拥有丰富的项目实施经验，有能力执行详细合理的项目实施方案，拥有专业的数据处理与报告撰写的能力。

6.建立应急响应机制

为应对执行过程中各类突发问题，项目建立了应急响应处理机制，以确保可以及时处理本项目中遇到的各种突发事件和问题。

四、农村人居环境调查评价的主要成果

（一）前期成果

1.农村人居环境指标体系

关于农村人居环境调查评价内容搭建，需要根据本地区发展水平进行调整，通常会包括农村生活垃圾治理、农村生活污水治理、农村"厕所革命"、村容村貌治理，在此基础上进行关联延伸。为确保在现场检查中具有观测性和可操作性，各项指标均定义明确、重点突出。指标衡量以定量指标为主，指标分值数据应便于获取，权重清晰、确切，方便计算，见表3–13。

表3–13 某区农村人居环境满意度调查问卷（部分展示）

考核项目	评价内容	评分标准（略）
农村垃圾治理	垃圾分类执行情况	
	村域范围内无暴露垃圾和积存生活垃圾	
	村内公共区域卫生环境	
农村生活污水治理	生活污水排放有效管控	
	未经处理的生活污水排放	
	村内水体有效治理	
农村"厕所革命"	公厕达到三类及以上标准	
	公厕粪污处理情况	
	设备设施运行及完好情况	
	日常保洁情况	

考核项目	评价内容	评分标准（略）
村容村貌整治	公共空间无乱堆乱放	
	不占用街道私搭乱建	
	村内道路（街坊路）平整通畅	
	村内公共绿化养护情况	

（资料来源：民生智库乡村振兴研究中心）

2.农村人居环境满意度调查问卷

基于农村人居环境重点工作领域，在农村生活垃圾治理、农村生活污水治理、农村"厕所革命"、村容村貌治理等领域，选取村民能感知的方面，调查村民对人居环境整治工作的满意度。

 某区农村人居环境满意度调查问卷部分展示

一、基础信息（略）

二、甄别问卷（略）

三、调查问卷（部分展示）

Q1.请问您是否听说过"人居环境提升"？

A.是 B.否

Q2.近年来，村里的居住环境发生了哪些变化？（多选）

A.修建了公路，出行更加方便

B.修建了污水收集处理设施，生活污水得到有效处理

C.村里的河流、水渠、水沟等得到治理，更加干净、畅通

D.村庄绿化变好，更加美观

Q3.您对开展人居环境提升整治村庄环境整体工作（清理积存垃圾、清理乱堆乱放、拆除侵街占道私搭乱建、清理小广告等）的满意程度：（单选）

A.非常满意 B.比较满意 C.一般 D.不满意 E.非常不满意

Q4.您认为当前本地农村人居环境整治存在哪些不足？（多选题）

A.生活垃圾清运处理不及时

B.公厕不好用或公厕清理不及时

C.废水污水乱排乱放

D.生活污水管网设施不健全

Q5.您对农村人居环境整治有什么意见或者建议?

_____

（资料来源：民生智库乡村振兴研究中心）

（二）过程成果

1.检查问题台账

为了更加顺利地开展检查考核工作，在项目开展过程中将根据每日检查结果，形成检查结果台账，在建立点位台账基础之上不断完善更新。

2.检查结果数据表、图片等

将每次考核检查结果汇总，分项目对各村、镇进行打分排名。所有的检查项目都需要有照片进行验证，并存档，见图3-9。

序号	所属区	所属乡（镇）	村名称	整治批次	日期	整治情况	整治效果	村总问题数量	1.管理机制				
									普村建立农村基础设施管护机制				
									管护制度	管护标准	管护队伍	管护经费	检查机制
1						整治中	整治效果好	6	有	有	有	有	有
2						整治中	整治效果一般	3	有	有	有	有	有
3						整治中	整治效果好	0	有	有	有	有	有
4						整治中	整治效果一般	1	有	有	有	有	有
5						整治中	整治效果一般	0	有	有	有	有	有
6						整治完成	整治效果好	0	有	有	有	有	有
7						整治中	整治效果好	1	有	有	有	有	有
8						整治中	整治效果一般	1	有	有	有	有	有
9						整治中	整治效果好	0	有	有	有	有	有
10						整治中	整治效果一般	0	有	有	有	有	有
11						整治中	整治效果好	2	有	有	有	有	有
12						整治中	整治效果好	3	有	有	有	有	有
13						整治中	整治效果好	1	有	有	有	有	有
14						整治中	整治效果好	3	有	有	有	有	有
15						整治中	整治效果好	0	有	有	有	有	有
16						整治中	整治效果好	5	有	有	有	有	有
17						整治完成	整治效果好	0	有	有	有	有	有

图3-9　某市农村人居环境整治核查结果

3.检查月、季度报告

每月、季度检查后，将检查结果进行快速汇总整理分析，形成报告，报告考核检查村数量、问题数量等。该类报告对于时间要求较高，一般在检查结束后一周内完成，便于各个乡镇及时整改。

（三）终期成果

1.专项监督检查报告

考核周期结束后，根据检查结果形成分析报告，内容包括但不限于考核对象的得分、数据分析、存在问题、工作亮点等。

2.年度汇总报告

在年度工作结束后，根据委托方需要撰写年度汇总报告。年度汇总报告从全年总体检查情况、普遍存在问题、突出且长期难以解决的问题、问题分类汇总等多方面进行总结，并进行多角度的定性分析，找出各类问题背后的原因，提出改进措施建议。

3.农村人居环境检查数据库

将每月检查数据、照片上传考核系统，分乡镇、分村建立人居环境检查数据库。该数据库可以为委托方积累数据，实现委托方对辖区内农村人居环境的实时监控与管理，从而推进农村基础设施长效管护机制，针对各村实际情况建立针对性的基础设施长效管护办法。

五、农村人居环境调查评价案例

（一）A市农村人居环境整治长效管护考核评估项目

1.项目背景

A市把持续提升农村人居环境、建设美丽宜居乡村，作为实施乡村振兴战略的重要抓手和主要载体。对标中央要求和A市实际，市委、市政府制定了《A市"十四五"时期提升农村人居环境建设美丽乡村行动方案》，继续推进美丽乡村建设，加快农村人居环境基础设施建设，全面提升农村人居环境质量。该行动方案设定了目标：到2025年底，农村人居环境显著改善，美丽乡村建设取得明显成效……建立"五有"农村人居环境长效管护机制。

为深入推动农村人居环境提升五年行动计划落实，健全并完善农村人居环境长效管护机制，A市继续加强农村人居环境长效管护核查，以考核促整治，以考核促提升，确保农村地区所有村庄普遍长期保持干净、整洁、有序的环境面貌，启动了本项目。

2.服务内容

对委托方辖区内村庄进行农村人居环境第三方核查。按照《A市农村人居环境长效管护考核评分标准》，1年内累计核查近3000村次。对整治效果进行汇总，分析存在问题，列出问题清单，提供每月村庄检查台账及问题点位照片。具体服务内容包括以下三方面。

农村人居环境整治核查方案的设计。根据委托方要求，制定运维考核内容，设计具体可行的运维考核方案，对考核方法、考核流程、人员组织、数据汇总和处理方法等进行详细的研究，明确项目执行的路径图，为后续的项目执行提供明确的指导。

农村人居环境整治实地核查和分析。按照《A市农村人居环境长效管护考核评分标准》，核查内容包括生活垃圾治理、生活污水治理、村容村貌、公厕管护、公共设施管护等。对整治效果进行汇总，分析存在问题，列出问题清单，提供每月村庄检查台账及问题点位照片。

其他支持工作。包括但不限于参加委托方定期或不定期举办的培训、研讨交流会或项目调度会等；协助委托方编制农村人居环境第三方考核指标体系和评分表；协助委托方汇总全市农村人居环境整治基础台账；协助委托方对年度考核结果进行汇总分析等。

3.服务效果

完善了农村人居环境考核方案和指标体系。科学合理的考核方案和指标体系是开展农村人居环境核查的基础，是实施本项目的首要任务。本项目考核指标体系需要在《A市农村人居环境长效管护考核评分标准》基础上，结合往年的核查情况进一步进行细化，明确2023年农村人居环境核查的重点，制定了有代表性、科学性、可执行的考核指标。

提高农村人居环境整治的精细化管理水平。当前农村人居环境存在一些长期难以解决的问题，如乱堆乱放、污水直排、农村基础设施长效管护等。这些问题具有分散、不易察觉、容易反复的特点，地毯式核查的效果大打折扣。本项目执行中，通过建立农村人居环境精细化管理台账，将农村人居环境的痛点、短板问题列入台账，有针对性地核查。

（二）B市农村人居环境整治垃圾分类考核验收项目

1.项目背景

2019年6月，住建部等9部门发布《关于在全国地级及以上城市全面开展生活垃圾分类工作的通知》中对垃圾分类工作提出了具体要求，包括B市在内的46个重点城市，到2020年要基本建成生活垃圾分类处理系统，2035年前要全面建立城市生活垃圾分类制度，垃圾分类达到国际先进水平。因此，B市对于生活垃圾分类提出了更高要求。

现阶段B市垃圾分类推进中存在多个问题。其中，农村分类水平相对落后的问题仍较为突出，不利于形成全民参与、城乡统筹、因地制宜的垃圾分类制度。开展生活垃圾分类工作日常运行检查有助于动态掌握全市生活垃圾分类推进落实情况和发展趋势，把握整体工作方向；同时开展日常运行检查是对基层工作的检验，也是了解居民对垃圾分类工作意见和建议的重要途径。对生活垃圾分类工作开展考核评价有助于形成长效机制，助推居民生活垃圾分类习惯养成。

启动本农村垃圾分类项目，有利于了解农村生活垃圾目前存在的重难点问题，便于精准调整生活垃圾分类考核管理办法；有利于深入农村了解农民群众的实际想法，改进工作思路，提升政府管理水平，提高群众的满意度。

2.服务内容

民生智库负责垃圾分类示范村核查，在服务期内开展定期核查，累计核查2000村次，输出了季度、年度报告。核查内容主要包括党建引领（动员物业管理单位和个人积极参与党建引领情况、垃圾分类宣传情况）、分类设施（公示牌、四类容器是否齐全，是否有防雨棚、拉手、脚踏板等）、桶站值守（规定时间内是否有人值守）、分类成效四个方面。

3.服务效果

该项目有利于B市推进居民垃圾分类工作，表现在以下两个方面。

推动B市农村生活垃圾分类工作政策落实。根据垃圾分类日常运行管理规范和考评方案等，民生智库组织人员定期巡查，协助市农业农村局检查各区在日常环卫保洁、装修等其他垃圾投放、有害垃圾收运体系、厨余垃圾投放政策落实情况，垃圾分类宣传和分类状况、居民自主分类投放准确率、厨余垃圾纯净率、桶站值守率等方面的工作表现，坚持问题导向、以评促建、以评促升、以评促优，推动全市垃圾分类工作水平不断提升。

为市垃圾分类工作优化提供参考。本项目依据B市生活垃圾分类推进工作部署，以针对示范村开展的生活垃圾分类实地检查为抓手，从居民端全方位了解B市农村垃圾分类宣传动员、设施建设、管理监督、居民行为意识和知识水平等方面的现状、变化特点，以及垃圾分类问题的重点、难点解决情况，并同步开展覆盖全市示范村的数据分析和生活垃圾分类体检评估，为本市垃圾分类考核等工作提供数据支撑。通过资料和数据分析，协助市农业农村局汇总分析B市垃圾分类效果和市民自主行为，发现问题，及时改进工作。

六、农村人居环境调查评价展望

随着中国农村人居环境整治工作的不断深入，调查评价机制也在不断发展和完善。这不仅提升了治理效果，也为实现乡村振兴和美丽中国建设提供了重要支撑。以下趋势值得关注。

信息化和智能化。信息化和智能化是提高调查评价效率和精准度的关键。建立和完善农村人居环境信息化管理平台，实现在线数据收集、实时监测和动态管理。利用大数据、云计算等技术，对农村人居环境整治数据进行综合分析，提高调查评价效率和精准度。引入无人机、物联网等先进数据采集设施和手段，进行现场监测和实时数据采集，提升数据的效率和全面性。利用人工智能数据分析技术，进行数据挖掘和趋势预测，辅助决策制定，从而提升整治工作的科学性和前瞻性。

多元化和社会化。多元化和社会化参与是确保调查评价客观公正的重要手段。引导社会组织、企业、专家和公众参与调查评价，形成多元化的调查评价主体，提高调查评价的客观性和全面性。设立第三方调查评价机构，对农村人居环境整治工作进行独立调查评价，增强调查评价的公信力和权威性。推动公众参与，开展公众满意度调查，听取村民意见，增强考核的民主性和透明度。通过媒体宣传和信息公开，接受社会监督，提高政府工作的透明度和公众信任度。

动态化和持续化。动态化和持续化是确保整治效果持续提升的重要手段。建立动态监测机制，对农村人居环境整治情况进行持续跟踪和定期调查评价，及时发现问题并进行整改。推动调查评价的常态化，将其作为一项长期工作，定期开展调查评价和反馈，确保整治效果的持续提升。基于调查评价结果，进行持续改进和优化，推动政策措施不断完善和落地实施。鼓励各地创新工作方法，总结推广典型经验和先进模式，形成可复制、可推广的治理模式。

精细化和差异化。精细化和差异化是提升治理水平和适应区域实际的重要方式。强调精细化管理，细化考核指标，提升管理水平，确保每一项整治措施落实到位。推动管理责任落实到人，建立奖惩机制，激励各级政府和工作人员积极作为。根据不同地区的实际情况，制定差异化的考核指标和评估标准，避免"一刀切"。注重区域特色，鼓励各地结合本地实际，探索适合自身的整治路径和模式。

第四章
政府治理调查与评价

党的十九届三中全会第一次把建设"职责明确、依法行政的政府治理体系"作为深化党和国家机构改革的目标之一。政府治理成为近年来社会调查与评价的重要领域。如先进省市不断深入的政府绩效社会调查与评价，一二线城市纵深推进的城市精细化治理调查评价，全国范围内持续开展的人居环境等乡村治理调查，各级、各地政府加快推进的数字政府建设评价等，皆体现了调查评价在法治政府、责任政府、阳光政府建设中的重要价值。

第一节　政府绩效

绩效（performance）是一种管理理念和方法，绩效管理最早起源于企业，作为提升生产效率、促进目标实现以及提高组织管理科学化水平的重要抓手，在改善公司绩效效果方面发挥了重要作用。政府绩效自20世纪70年代成为公共管理关注焦点以来，经历了50多年的探索，国内外实践均表明评价主体多元化是提高政府治理能力效能的必要途径，政府绩效社会评价与调查是公共管理领域重要研究课题之一。

一、政府绩效管理发展现状

国际上自19世纪末起伴随公共选择理论、委托代理理论等经济学理论和科学管理、目标管理等管理学理论蓬勃发展，公民参与政府治理的理论和实践逐步展开，政府绩效管理的概念逐步清晰。不同的经济社会发展时代提出不同政府治理要求，伴生不同内核的政府绩效管理，21世纪进入新公共治理时期以来，政府绩效管理的内涵不仅包括对基本的效率、经济和效益的追求，还增加了公平、责任、民主及合法性等公共价值的体现，政府绩效管理目标更加多元和综合。

我国政府绩效管理研究与实践始于20世纪80年代，从强调提高行政效率、行政效能到实施全面的政府绩效管理，不仅是概念本身发生了变化，更体现了我国政府不断与时俱进，深入探索具有中国特色政府绩效管理的理论和实践。党的十九大报告提出全面实施绩效管理，凸显了党中央进一步推动政府改革和提升国家治理能力的战略宏图。随着行政改革的深入，我国政府绩效管理逐渐从单一的绩效考核转变为涵盖目标设定、过程管理、结果评价和改进反馈的全面管理系统，政府服务效能和公共管理水平不断提高，见表4-1。

表4-1 党的十八大以来国家层面出台的绩效管理相关政策

发布年份	政策文件
2024年	《中央部门预算执行监管实施办法（试行）》
2023年	《预算评审管理暂行办法》
2022年	《商业保险公司绩效评价办法》
2021年	《国务院关于进一步深化预算管理制度改革的意见》
	《中央部门项目支出核心绩效目标和指标设置及取值指引（试行）》
	《地方政府专项债券项目资金绩效管理办法》
	《第三方机构预算绩效评价业务监督管理暂行办法》
2020年	《项目支出绩效评价管理办法》
	《政府性融资担保、再担保机构绩效评价指引》
	《预算管理一体化规范（试行）》
	《政府和社会资本合作（PPP）项目绩效管理操作指引》

发布年份	政策文件
2019年	《党政领导干部考核工作条例》
	《2019年预算绩效管理重点工作任务》
	《国务院办公厅关于加强三级公立医院绩效考核工作的意见》
2018年	《中华人民共和国预算法》（2018年修正）
	《中共中央　国务院关于全面实施预算绩效管理的意见》
	《扶贫项目资金绩效管理办法》
2017年	《政府绩效评估蓝皮书：中国地方政府绩效评估报告》
2015年	《财政部关于推进中央部门中期财政规划管理的意见》
	《中央部门预算绩效目标管理办法》
2014年	《中华人民共和国预算法》（2014年修正）
	《地方财政管理绩效综合评价方案》
2013年	《预算绩效评价共性指标体系框架》

二、政府绩效调查评价对象和内容

广义来看，政府绩效评价是政府绩效管理的一环，旨在及时检验政府机构及其运作绩效。政府绩效管理包含政府全流程预算绩效管理、地方政府整体绩效管理、领导班子和领导干部考核等子模块，因此政府绩效评价的范围也涵盖以上方面。

（一）评价对象

1.政府部门

政府部门是行政管理活动的重要主体，是行政权力、政府职能的物质载体，其运作绩效直接影响政府整体的效能。定期对政府机构的综合表现、服务效果、财政资金预算等开展评价，能检验履职效能、增强政府责任感、促进服务质量和效率、保障公共资源有效利用。

2.重点工作

政府行使经济调节、市场监管、社会管理、公共服务、生态环境保护等职能，是通过一项项重点工作实现的。对重点工作开展绩效评价能够确保政府及其机构对其所承担的职能职责负责，可以让公众了解其工作成效，增强政策和资源配置的透明度，同时有助于识别效率低下、资源浪费等问题，广泛收集公众对重点工作需求，帮助政府动态调整服务供给，持续优化资源配置效率，增进社会整体福祉。

3.重点项目或政策

重点项目或政策是政府为了实现特定目标而制定的措施和行动，是解决矛盾堵点、发展生产和改善人民生活的抓手，通常予以财政资金支持。坚持"花钱必问效"原则，重点项目或政策资金绩效成为重要评价对象，对政策、项目的评价，主要关注其产生的结果、效益，综合衡量政策和项目预算资金使用效果，进一步提高资金使用效能。

（二）评价主体

政府绩效管理可通过上评下、下评上、同级评价和外部评价中的一种或多种相结合的方式，全面综合反映绩效表现，主要有以下几类。

1.政府内部

将上评下、下评上、同级评价统称为内部评价，评价主体均属于政府内部主体，涉及人大代表、政协委员、行政上级部门/领导、行政下级部门/成员等。

2.政府外部

外部评价主体体系是指政府机关以外的评价主体构成的体系，包括社会公众、新闻媒体代表、行业学者专家等。

（1）社会公众。以社会公众为主体评价政府绩效、以社会公众反馈作为政府绩效提升改进的方向是政府绩效管理的核心要义。社会公众评价主要包括群众居民、服务对象、企业、行业协会等直接或间接、正式或非正式地参与政府绩效评价。

群众居民：广大群众和居民是政府工作的主要受众，人民满意是政府工作质量第一标准，群众居民是政府绩效的主要评价主体之一。

服务对象：广义的服务对象是政府工作面向的全部对象，狭义的服务对象是指特定工作面向的特定对象。此处选取狭义的服务对象列为评价主体之一，旨在体现精准评价、重点评价。通过选取享受过服务、接触过服务的对象群体，对特定政府工作开展评价，能确保评价有效、准确、真实，减少评价信息误差。

企业：企业、市场主体或经营主体是经济发展的微观个体，其感知感受能直接反映政府部门在经济发展、市场监管、政务服务等方面的效果。不同地区代表产业不同、代表企业类型不同，市场需求不同，即代表着政府绩效发力点有共性也有个性，积极听取代表企业的声音是改进政府绩效的必要途径。

行业协会代表：行业协会代表是在特定行业中被选举或委派出来代表行业利益、观点和需求的个人或团体，承担着向政府和监管机构传达行业对政策、法律法规需求建议的功能，是政府部门听取行业意见和需求建议的重要渠道。

（2）新闻媒体代表。新闻媒体作为"第四权力"，对政府机构、企业和公众人物的行为进行监督，将新闻媒体代表纳入评价主体是提升政府工作透明度和公正性，促进社会成员之间的理解和尊重，促进社会共识的形成的有效手段。同时，媒体为公众参与社会治理提供平台，激励更多人参与到社会事务中来，增强社会的自我调节和自我修复能力。

（3）行业学者专家。行业学者专家基于对国内外政府绩效管理理论的专业研究，能为政府绩效管理的实践提供理论支撑和创新思路。将行业学者专家纳入评价主体，可以利用其专业知识和独立视角，为政策的制定提供专业的咨询意见，促进公共治理现代化，助力绩效改进和提升。

（三）评价内容

1.年度工作内容

政府部门年度工作内容是绩效评价的核心内容之一。通过对短期中期长期目标完成情况开展检验检查，有助于保持战略方向的一致性和目标导向性，同时能积极发现资源配置的优化方向。对年度工作内容开展评价是锚定目标、优化配置、提高效能的重要方式。年度工作内容的来源包括不限于本级年度政府工作报告、年度专项任务、年底行动方案等。

2.组织或个人履职能力

对组织或个人的履职能力开展绩效评价是绩效管理实践中不可或缺的一部分。绩效评价结果是奖励、晋升、薪酬调整等的有效依据，是提高资源配置效率的基础，同时对履职能力的评价能帮助组织或个人认识优势与不足，帮助组织或个人持续增强竞争力，带动整体绩效提升。

3.组织或个人行为表现

以评价促进组织或个人的行为表现改进是绩效管理的主要目标，对组织或个人的行为表现进行评价，如工作作风、服务态度、沟通协作等，有助于及时发现不足、明确提升方向。

4.全流程预算绩效管理

预算绩效管理作为我国政府绩效管理的重要模块，是由绩效目标管理、绩效运行监控、绩效评价实施、绩效评价结果反馈和应用共同组成的综合系统。对其评价的目的在于以更低的成本提供更加充足和优质的公共服务，提升人民群众满意度。

三、政府绩效调查评价重难点分析

（一）业务领域重难点

进一步深化全员理解认知是重难点。虽然目前我国政府机构人员对于绩效管理的观念不断熟悉和深入，但部分部门或成员对政府绩效管理的实质仍认识不充分，仍有人对政府绩效管理与绩效评价的目标理解停留在为评价而评价，尚不能深刻理解绩效管理重在促进提升闭环管理。绩效管理闭环的后半篇文章重视程度有待提升，政府绩效管理理论研究及理论对实践的指导作用有待进一步加强。

强化抓手和减少负担存在现实矛盾是重难点。绩效管理和评价是推动工作的有效抓手，通过全面综合的绩效评价有助于掌握工作进度、工作成效和社会评价，但实际工作中常因为评价、考核而引起抵触情绪。如何有效发挥绩效的监控反馈功能，既能充分摸清实际情况，又不增加评价负担；如何使绩效评价机制既能激发工作积极性，又能确保组织目标的实现，是绩效管理工作重难点之一。

（二）工作推进重难点

确保绩效评价的公平性是重难点。政府机构内部职能多样、岗位性质复杂，几乎无法设计一套完美的评价体系。绩效指标需要既体现组织整体要求，又要考虑部门和岗位特殊性，确保指标既有统一性又不失针对性。绩效管理往往与奖励和激励机制挂钩，如何公平合理分配资源，确保实现评价结果有差异但又差距不夸张是重点。在结果应用方面，要确保激励机制既能激发员工积极性，又不失公平是协调中的重难点。

时间紧、任务重、做好多头协调是重难点。绩效管理过程中，不同层级、部门间的信息不对称可能导致误解和冲突，影响绩效评价的公正性和效率。绩效管理部门往往需要多头沟通，且绩效评价工作经常集中在年末完成，时间紧、任务重，提高沟通效率是重点。另外，绩效管理全流程往往需要跨部门协作，协调部门间的合作，确保资源共享和责任共担，这是一项复杂任务。

（三）第三方调查重难点

合理匹配评价内容、评价主体和调查方式是重难点。评价内容、评价主体和调查方式三者匹配不当，将会较大程度削弱政府绩效评价结果的质量，因此如何做好评价内容和评价主体、评价内容和调查方式、评价主体和调查方式等各方面精准匹配，避免指标样本回收困难或样本数量不满足统计学意义、公众无法评价或随意评价等现象是重难点。

提升数据有效性，保证数据质量是重难点。社会公众评价，尤其通过开放平台网络问卷调查回收的数据，难以避免会回收到一部分刷题、敷衍作答等无效答卷，对最终评价结果的真实性和有效性有一定影响，甚至影响各单位下一年工作导向。如何将无效问卷从数以万计的问卷数据中甄别出来，是提升评价结果质量的重难点。

引导社会公众更积极地反馈意见建议是难点。社会公众的反馈是发现问题、挖掘需求的重要来源，有助于帮助政府优化提升未来工作。如何提升社会公众建言献策的积极性，避免因为社会公众反馈信息不足而影响评价工作的效果是社会评价与调查需要注意的重难点。

（四）解决思路

强化充分有效沟通。通过有效的多方沟通，促进不同层级、不同部门、不同利益方共享信息、交流观点，增进彼此的理解，形成对评价目标、工作流程、预期成果等方面的共识，减少误解和抵触情绪。同时更清晰地了解各方面的资源需求和可用资源，形成更合理的资源配置决策，确保关键任务得到充足的支持。

立足社会公众视角。选取政企政民沟通交流中能有效感知、有针对性、有应用性的工作方面作为共性指标内容，实现"公众可评、部门可改"。研究设计更加具有代表性、时效性的评价方面，促进和引导作风转变、效能提升。问题设计中选择更加通俗易懂的语言，对相关指标加以解释、举例说明，加强公众和企业对指标的理解，提升评价结果精准性和科学性。

探索分级分类有效途径。在确保绩效指标与组织目标紧密相关的基础上，根据组织、岗位或工作性质的不同，设置不同的评价重点，进一步有针对性地设计不同的评价内容或权重，确保为不同类别的评价对象设计差异化但又不失统一性和全面性的关键绩效指标。定期回顾绩效评价体系，收集反馈，根据组织发展和市场变化进行调整。

四、政府绩效调查评价的主要成果

（一）前期成果

1.评价指标体系

（1）综合绩效指标体系。作为呈现政府机构综合表现的指标体系，综合绩效指标一般统筹评价政府机构内部履职和外部服务情况，同时作为强有力的抓手，可将年度重点工作纳入综合绩效指标，体现绩效的时效性。服务型政府时代，社会公众满意度也是综合绩效里必不可少的一部分。

2004年人事部（现为人力资源和社会保障部）中国政府绩效评估研究课题组在总结国内外相关指标体系设计思想的基础上，提出了一套适用于我国地方政府的绩效评估指标体系。虽然该指标时效性不强，但仍对开展整体绩效评估指标体系具有一定借鉴意义，见表4-2。

表4-2　人事部政府绩效评估指标体系

一级指示	二级指标
影响指标	经济
	社会
	人口与环境
职能指标	经济调节
	市场监管
	社会管理
	公共服务
	国有资产管理
潜力指标	人力资源状况
	廉洁状况
	行政效率

浙江省持续探索建立科学合理、导向明确、规范管用、具有浙江特点的政府绩效管理制度。对省级政府绩效考评实行分类考评，评价指标体系设置5个一级指标，每个一级指标下设若干级指标，见表4-3。

表4-3　浙江省省级政府综合绩效指标体系（2020年）

一级指标	二级指标
行政业绩	部门重点
	专项重点工作
行政质量	创新创优
	数字化转型
	……
行政效率	督查效能
	财政绩效
	……
政府公信力	依法行政
	政务公开
	……
满意度评价	省政府领导评价
	"四办一院"评价
	部门互评
	市县政府评价
	社会公众评价

（资料来源：浙江省政府官网）

（2）项目支出绩效评价指标体系。财政部印发的《项目支出绩效评价管理办法》设置了项目支出绩效评价指标体系框架（参考），通过项目的决策、产出、过程、效益四个维度开展绩效评价，见表4-4。

表4-4　财政部关于项目支出绩效评价指标体系框架（示例）

一级指标	二级指标	三级指标
决策	项目立项	立项依据充分性
		立项程序规范性
	绩效目标	绩效目标合理性
		绩效指标明确性
	资金投入	预算编制科学性
		资金分配合理性
过程	资金管理	资金到位率
		预算执行率
		资金使用合规性
	组织实施	管理制度健全性
		制度执行有效性
产出	产出数量	实际完成率
	产出质量	质量达标率
	产出时效	完成及时性
	产出成本	成本节约率
效益	项目效益	实施效益
		满意度

（资料来源：财政部官网）

（3）满意度评价指标体系。满意度评价作为政府职能绩效评价中的重点调查内容，在政府绩效评价工作中具有较高的重视程度和关注度。一般来说，公众满意度评价指标体系可分为共性指标和个性指标，其中共性指标是指各政府部门共性绩效要求，如履职履责、协调指导、政务服务等；个性指标是指不同个体可感知到的不同事项，可以选择年度重点工作内容作为个性指标内容。同时，根据评价对象的职能性质不同，可进一步设计分级分类指标体系，见表4-5。

表4-5　某市级部门满意度调查指标体系

评价对象	评价主体	评价指标
政府部门	代表委员	共性指标（履职履责类）
	基层干部	共性指标（协调指导类）
	城乡居民	个性指标（年度重点工作）
	服务对象	共性指标（政务服务类）
		个性指标（特定服务工作）

（资料来源：民生智库绩效管理研究中心）

2.调查问卷

问卷是评价与调查工作的主要载体之一，问卷设计的好坏、质量高低将影响评价与调查数据获取的全面性和准确性，进而影响评价质量。框架科学、内容完备、逻辑清晰、长短适量的问卷是保障评价与调查工作质量的关键之一，见图4-1。

××市行政服务中心公众满意度测评调查问卷
问卷编号：　　　调查时间：

尊敬的先生/女士：

　　您好！我是×××，现阶段正在开展XX市行政服务中心公众满意度测评，请您根据真实情况作答，在相应的选项前打钩。

　　本问卷完全匿名，不涉及个人隐私，请您放心作答。

您认为行政服务中心的名誉度如何？（　）
A.很差　B.较差　C.一般　D.较好　E.很好
您对行政服务中心服务预期如何？（　）
A.很差　B.较差　C.一般　D.较好　E.很好
您认为行政服务中心的基础设施如何？（　）
A.很差　B.较差　C.一般　D.较好　E.很好
您认为行政服务中心的服务质量如何？（　）
A.很差　B.较差　C.一般　D.较好　E.很好

您对行政服务中心的感知质量与预期相比如何？（　）
A.很差　B.较差　C.一般　D.较好　E.很好
您对行政服务中心的整体满意度如何？（　）
A.很差　B.较差　C.一般　D.较好　E.很好
你对行政服务中心的信任度如何？（　）
A.很差　B.较差　C.一般　D.较好　E.很好
你对行政服务中心的支持度如何？（　）
A.很差　B.较差　C.一般　D.较好　E.很好

图4-1　××市行政服务中心公众满意度测评调查问卷

（资料来源：《烟台市行政服务中心公众满意度测评研究》）

3.座谈提纲

座谈访谈是评价工作里聚焦主题获取深度信息的主要渠道，其提纲质量决定座谈访谈信息获取的充分性和有效性。好的提纲应能引导被访者循序渐进、逐步深入、乐于表达且愿意分享，通过科学的设计获取评价工作所需信息。

 政府绩效管理公众满意度评价座谈会提纲示例

受××委托，××组织开展政府绩效管理公众满意度评价活动，邀请您作为社会公众代表参加座谈会。您的建议将对优化提升××市的政府工作有重要意义，感谢您的支持！

一、您认为政府在民生工作方面做得如何？民生工作还存在哪些问题？您认为未来政府该如何改进？您有哪些需求和建议？

二、您认为政府在政务服务提升方面做得如何？在政务服务方面存在哪些问题？您认为未来政府该如何改进？

三、未来，在进一步完善本市各级部门和区县政府工作方面，您还有哪些好的意见和建议？

（资料来源：民生智库绩效管理研究中心）

（二）过程成果

1.工作周报

通过每周形成工作周报，既能形成及时的工作总结和计划，又能确保关键决策有所留痕。工作周报根据不同评价工作的周期、目标、内容等不同而不同，一般至少应包含本周工作总结、下周工作计划两部分。

2.进度监测表

政府绩效评价工作具有时效性、周期性，通常需要在短期内完成一定量的调查覆盖面和样本量，定期开展调查数据监测是保障工作进度和质量的方式之一。数据监测表按日更新、按周更新，便于工作各方充分了解进度、掌握信息，见表4-6。

表4-6　电话调查进度监测表

调查日期	接触样本量	成功	直接拒访	中途拒访	语言障碍	线路故障	关机	空号/错号	停机	占线/无人接听
×月×日										

（资料来源：民生智库绩效管理研究中心）

（三）终期成果

1.总报告

总报告是评价工作的全面呈现，应对评价工作的依据来源、调查实施情况、评价结果情况等进行详细描述，讲全"评价故事"。根据不同行文习惯及阅读群体，总报告的篇幅、结构、重点有所差异，应重点突出评价体系（包含体系研究、设计、执行等）、评价结果和评价分析。评价分析的质量是总报告质量的关键体现。好的评价报告应有逻辑有条理、有现象有分析、有数据有案例、有亮点有问题。

2.分报告

分报告是用于反馈至评价对象，引导评价对象改进提升的重要渠道，在不同评价工作中应用的力度和广度不一。但总体来看，分报告应重点体现反馈、沟通、指导功能，积极促进绩效改进。分报告的结构不宜复杂、内容不宜宏观，应体现简单明了、易于理解和指导行动。

3.问题清单或整改建议清单

调查工作中通常会收集到部分非结构化、主观性、个例性问题或建议反馈，可梳理形成问题清单或整改建议清单，作为结论性成果同步输出。问题清单或整改建议清单的内容应更具象、更细化、更明了，让评价对象一看就知道改进哪方面、如何改进。

4.专项报告

结合不同的评价需求和评价内容，部分评价工作可形成专项报告。专项报告旨在聚焦某一个主题、某一类事项或某一类群体，深度分析挖掘发现某一类现象背后的浅层原因和深层原因，为解决政府工作中的堵点难点问题提供有效路径，助力绩效表现不断提升。

五、政府绩效调查评价案例

（一）某部门重点项目财政绩效评价

1.项目背景

2003年党的十六届三中全会首次提出"建立预算绩效评价体系"，之后财政部和国务院先后出台各项文件，如2018年《中共中央 国务院关于全面实施预算绩效管理的意见》、2020年财政部印发《项目支出绩效评价管理办法》、2021年国务院出台《国务院关于进一步深化预算管理制度改革的意见》，不断明确和强调预算管理制度在更好发挥财政在国家治理中的基础和重要支柱作用。某国家部委为进一步推进绩效管理工作，委托第三方机构开展重点项目绩效评价工作。

2.服务内容

根据绩效管理工作相关要求，选取若干重点项目进行绩效评价。具体内容包括：了解评价对象的基本情况、制定评价工作方案、完善评价指标体系、依据评价指标体系收集评价资料、核实评价资料的真实性和准确性、开展重点内容现场督查工作、聘请相关专家对评价对象评价打分、依据专家评价结果撰写评价报告等。

3.服务效果

形成针对项目相关单位的问题整改清单。健全绩效评价结果反馈制度和绩效问题整改责任制，加强绩效评价结果应用。通过对各中心走访调研，全面了解中心业务领域、开展工作、专项资金使用情况，结合部委总体要求、中心财务管理制度，发现重点项目在立项、预算制定、资金使用过程和项目开展中的问题，形成针对各项目相关单位的问题反馈清单，推进整改提升。

规范各直属单位资金使用和内部管理。通过对重点项目开展财政绩效评价，运用科学的绩效管理方式方法，将"资金问效"落实到实际行动，检验财政资金的使用实效。站在第三方公正公立视角，逐项总结资金的决策、过程、产出、效益等方面情况，为掌握资金使用情况、督促部门加强管理及增强效益提供依据。通过评价结果反馈，推动预算单位提高项目资金申报与使用的规范性，推进全局财政预算绩效再上新台阶。

为部委系统内财务管理和业务优化提供思路。通过开展全流程的绩效管理工作，发现部位层面财务管理工作开展中存在的问题和短板，为工作落实和流程改善提出意见建议，为下一年度绩效任务设定和预算提出意见建议。通过项目效益分析，从长远角度分析项目对部委、社会、业务领域的发展带来的重要影响，为项目优化与发展提供参考依据。

（二）某区政府绩效公众满意度调查

1.项目背景

党的十九大报告提出"转变政府职能，深化简政放权，创新监管方式，增强政府公信力和执行力，建设人民满意的服务型政府"。实行政府绩效管理是创新行政管理的方式之一，有利于提高政府的公信力和执行力。区政府以服务本区发展质量和社会治理效益为中心，充分听取社会公众对政府工作的评价，将绩效管理公众评价纳入绩效管理常态化机制。

2.服务内容

组织辖区内常住居民和一年内接触过各被评单位的服务对象对纳入年度绩效管理的党政部门、街镇和社区年度重点工作任务和服务规范化、透明化、高效化等内容进行评价，全面了解全区各部门的履行职责、依法行政、管理服务等方面的满意度情况，多渠道收集服务对象、辖区居民对部门工作的意见建议及实际需求，同时，将评估收集的意见建议作为被评价单位进一步提高服务水平、改进工作作风的重要参考。

3.服务效果

构建"1+N"调研体系，形成区政府绩效管理的有力抓手。全面盘点年度工作，广泛开展公众评价，对全年服务效果做到"心中有数"的同时，持续对焦群众关注、及时响应群众诉求，不定期选取社会经济发展热点、公众企业反馈的热门问题开展专项研究，为领导决策、制定政策、加强监管提供可靠的量化依据。

丰富调查方式，形成"双向通道"驱动工作。结合多种调查方式优势，通过匿名评价和激励手段，引导常住居民和服务对象"敢说话""说真话"，放心地表达真实想法，畅所欲言，为提升政府服务水平和改进工作作风建言献策。同时，通过连续的满意度调查，形成顺畅的"自下而上反馈，自上而下落实"双向通道，保证区级部门、街镇和社区村工作任务层层落实，畅通政民互动的良性循环。

梳理公众需求，为提升政府治理水平提供依据。始终关注居住环境、出行环境、教育服务、健康医疗、文体生活、市容环境、生活安全等共性民生领域，连续多年收集相关领域的公众诉求意见，挖掘和关注潜在需求、延伸需求，聚焦全区功能定位，挖掘群众及服务对象的需求和期待，持续动态带动基本公共服务质效提升。

（三）某市民生实事绩效公众满意度调查

1.项目背景

2005年国务院政府工作报告中首次提出"建立科学的政府绩效评估体系和经济社会发展综合评价体系"，此后逐步清晰工作思路，并在2011年3月成立政府绩效管理工作部际联席会议，指导和推动政府绩效管理工作。2012年该市被列为所在省政府绩效管理试点，实行公众评议和第三方评估。通过连续开展年度民生实事绩效公众满意度调查，有效形成了公众与政府之间"评价反馈－回应改进"良性互动机制，对优化绩效管理工作及提升政务服务水平具有良好的借鉴意义。

2.服务内容

通过开展代表委员、镇街基层干部、社会公众、社会代表（含企业代表、社会组织代表、新闻媒体代表）等多群体满意度调研，综合不同评价主体对民生实事落实效果的评分与评价声音，形成对全市民生实事工作成效的客观反映，并坚持问计于民、问需于民、问策于民，指引政府工作改善。结合调研结果与项目组研究经验，对政府服务效果现状与发展进行研究分析，为政府优化提升未来工作提供参考。

3.服务效果

发挥第三方评估专业优势，高效推进项目组织实施。项目组结合团队工作经验和研究能力，在评价指标的选取、调查方式和对象的合理匹配、问卷题目的设计、调查工作的安排实施等方面，既统筹考虑了工作效果的合理体现、评价主体的可感知可评价，同时也兼顾评价内容的相对平衡，与项目需求精准匹配。在满意度评价结果分析阶段，项目组充分发挥统计专业成员优势，以完善的数据质量控制机制，在短时间内完成大量调研数据处理，且确保精准无误。项目组在满意度评价报告中充分体现了对调研信息的深度挖掘、对本市发展定位的深度了解、对外部研究信息的广泛掌握，并对本市下一步经济社会发展提出了科学全面的有效建议，为下一步工作提供有力支撑。

以"督考合一"为抓手，推进建立绩效管理闭环。在目标设定、绩效执行监测和评估结果应用各个环节，绩效管理部门、第三方和各考评对象保持及时沟通、研究讨论，以共识为基础提升公信力，同时让每个评价对象清楚目标任务，增强任务落实自觉性，带动各部门完善自管理、自提升。重点做实评价后反馈和提升，通过与同类比、与自己比、与历史比等全面评价，对部门开展年度"绩效体检"，总结成效不足，形成年度分析报告。

以公众评价活动为纽带，搭建政府与公众相促平台。民生实事绩效公众评价为政府和公众提供了一个参与群体多、覆盖范围广、公信力强的双向沟通反馈平台。一方面搭建起宣传推广政府工作的窗口，让社会公众更全面地了解一年来政府做了哪些工作；另一方面畅通了公众表达诉求的渠道，让政府更近距离倾听公众的实际感受和需求，促进社会公众关注点与政府工作重点的精准对接，为政府工作改进提升提供参考依据，形成"政府工作—公众评价—政府改进—公众再评价"良性循环，推动公众与政府在互动过程中合理分担责任，从政府单向管理逐步过渡到社会合作共治，促进社会治理螺旋向上发展。

六、政府绩效调查评价展望

（一）做好评价制度化规范化

作为一种现代化的管理手段，绩效管理的制度化、规范化也将成为未来值得思考的方向。绩效管理制度化的进阶表现为标准化管理，从计划、组织、协调再到监督，通过对每一个环节内部的标准化实施与整体标准化程度的实现，确保不同成员、不同团队开展绩效管理均能实现管理目标。未来，在政府绩效管理标准化方面，可完善组织层级体系、分工与协作体系、专业化技术化流程化工作体系等机制，从评估主体、评估指标、评估程度、报告撰写和结果公开等方面推进政府绩效管理法制化，有效保障政府绩效管理体系的生命力和连续性，确保绩效管理走规范化、持续化、可持续发展道路。

（二）持续强化评价主体多元化

随着我国绩效管理理论和实践的不断深入，多元化参与、多元化治理的重要性不断体现，但不同地区、不同领域多元化参与的范围与深度参差不齐，与发达国家或先进地区相比，当前绩效管理的内向性、单向性和内部控制取向仍有待调整。加大力度引入社会评估力量，促使评估主体多元化，不仅包括政府机关的自我评价、上下级评价、权力机关监督评级等，还应引进社会公众评估和专业机构评估，进一步形成人民监督和上级监督相结合的绩效推动机制，形成多元主体的常态化机制，构建回应型政府绩效评价机制，确保绩效评价的科学性、全面性。同时，发挥第三方机构的中间立场，积极收集公众真实反馈，引导更多公众了解政府绩效管理的具体内容，让更多公众认识到自己的话语权与政府绩效管理和评价结果的关系、与政府未来工作的关系，带动更多社会公众参与到政府绩效评价与社会治理中，推动服务型政府构建。

（三）统筹谋划管理数字化智能化

数据是数字时代的基础性战略资源和关键性生产要素，数字技术在应用于政府管理服务、推动政府治理流程再造和模式优化方面发挥着越来越重要的作用。未来，要做好大数据在绩效管理中的应用和实践，需加快开展数字绩效的统筹谋划，完善好数据治理时代政府绩效管理体制和组织模式的配合。根据各地政府绩效管理的特点，建立全面、多维度的数字绩效评价指标体系，运用人工智能和机器学习技术自动监测关键绩效指标，实时预警潜在问题，提供智能化分析报告，实现快速响应，快速分析。同时，要更加重视通过数字平台收集公众对政府服务的反馈，建立反馈机制，让民众参与到政府绩效评估中来，提高绩效管理的透明度和民主性，促进服务的持续改进。充分利用大数据和云计算技术收集、整合和分析各渠道、各类型数据，为绩效评价提供精准、实时的数据支持。强化数据分析挖掘、预估预测，及时识别服务瓶颈、优化资源配置，确保决策的科学性和前瞻性。要充分做好"数字+绩效"，需在制度化建设、体系的数字化转型，数据分析能力，数据开放和公众参与方面作出更多努力。

第二节　城市精细化管理

城市精细化管理是推进国家治理体系和治理能力现代化的重要内容，是市域现代化治理的必经之路。坚持"人民城市人民建、人民城市为人民"的服务理念，将精细化理念贯穿城市管理工作始终，坚持系统治理、源头治理和综合施策，着力完善城市精细化管理体制机制保障，构建完善的城市精细化管理体系，推动城市管理向城市治理转变是城市管理发展的必然趋势。

一、城市精细化管理发展现状

精细化管理源于日本20世纪50年代的一种企业管理理念，强调"复杂事情简单化，简单事情流程化，流程事情定量化，定量事情信息化"①。美国、英国、日本、新加坡等国家多将精细化管理理念应用于完善相关法律法规、构建多元参与管理机制和提升公共服务水平中。如日本强调"公私合作、以人为本、疏堵结合"，凸显城市管理在民生保障和行政引导的作用②。新加坡强调以详细的法律规定规范政府管理和市民行为，宣扬高效便民的价值理念，将城市管理与公共服务紧密结合，通过加强公共服务来推动城市管理。

党的十八大以来，以习近平同志为核心的党中央高度重视城市精细化管理工作，提出了一系列重要指示批示。北京、上海、深圳等先进城市结合实际，逐步探索形成了具有各自特点的城市精细化管理模式。如上海着力构建的"一网统管"，为精细化管理提供重要技术支撑，实现了精细化管理的转型和升级；深圳在物业管理行业协会引导下，推动城市空间管理、城市邻里服务、公共资源经营等共治共享，逐步摸索出一套相对成熟、可复制的"物业城市"模式③。

二、城市精细化管理调查评价对象和内容

（一）调查评价范围及对象

城市精细化管理的调查范围和对象主要有以下几个方面。

一是针对城市资源开展调查。如公共服务设施、路灯、井盖等与城市管理相关的各部件资源。调查范围主要为城市主城区、近郊城区、城乡接合部，以及专项工作涉及区域纳入城市精细化管理考核范围的所有道路网格等。

---

① 郭理桥. 现代城市精细化管理的决策思路 [J]. 中国建设信息，2010（2）：4–9.

② 石建莹，黄嵘，杨蕊. 发达国家和地区城市精细化管理的经验和启示 [J]. 陕西行政学院学报，2016（30）：76–77.

③ 秦绮蔚，魏会学. 深圳物业行业首创的"物业城市"管理模式全国百城推广 [EB/OL]. https://baijiahao.baidu.com/s?id=17161045433131566645&wfr=spider&for=pc，2021–11–11.

二是针对某项城市管理事项开展监督检查工作，如户外广告设置管理、背街小巷管理、垃圾分类等。调查范围主要为城市各区行政范围、重点场所、重点区域、居住小区等。

三是针对某项城市管理事项提供调查服务工作，如环境卫生管理、市政公用事业第三方服务、规划编制服务、导则编制、标准制定服务等。调查范围为城市行政区范围或区管辖范围等。

四是针对城市管理或某一事项开展公众满意度调查。调查范围主要为城市行政区范围内的普通市民、商户、企业等。

五是针对城市精细化管理工作开展综合评估，如省级城市精细化管理评价等。调查范围为某省各地市。

（二）调查评价内容

城市精细化管理调查评价多围绕省、市城市精细化管理规划、标准等的文件制定以及区域内城市精细化管理成效展开。具体如下：

1. 城市管理事项第三方监督检查

城市管理事项第三方监督检查是指对城市管理环境卫生、市政公用事业、园林绿化、市容秩序等各业务事项的监督检查，包括日常管养、运行维护方面的监督检查。通过第三方监督检查，客观真实地记录和上报相关问题，促进问题整改，提升城市管理满意度。

环境卫生方面包括道路清扫保洁检查、环卫设施检查、公厕管理检查、河渠环境检查、垃圾分类监督检查等。

市政公用事业方面包括市政道路维护检查、市政设施维护检查、功能性照明管养检查、景观照明运行管理检查、检查井管理检查等。

园林绿化方面包括树木管理检查、专业绿地、街道及社会单位绿地、辖区公园等养护监督检查、行业安全监督检查等。

市容秩序方面包括沿街立面管理检查、门前三包管理检查、餐饮油烟检查、施工工地管理检查、店铺经营秩序检查、堆物堆料检查、车辆停放秩序检查、架空线缆管理检查、景观设施美化、街区融入文化元素、街区展示青年风采情况等。

2.城市精细化管理综合评估

精细化管理综合评价主要是依据中央、地方相关制度标准，如住建部印发的《城市市容市貌干净整洁有序安全标准（试行）》，对城市的环境卫生管理水平、市政设施运行情况、公共空间秩序管理情况、园林绿化管养水平、城市管理和执法情况及对群众宣传引导情况等方面的内容进行评估和量化评分，以此奖励先进、鞭策后进。

3.城市管理公众满意度调查

公众满意度调查是公众对市容秩序、市政设施、园林绿化、环卫保洁等方面管理事项及城市精细化管理总体情况的认可度和满意度情况的调查，以了解城市管理工作中的不足和公众对城市管理工作的意见建议。

4.城市精细化管理标准编制服务

精细化管理标准编制服务主要是指针对城市的环境卫生、市政设施、园林绿化、市容秩序、城市照明管理等管理业务，结合城市历史文化特点和区域、季节变化特征等，从管理制度、管理责任、管理标准等方面进行梳理总结与系统分析，形成具有操作性和指导性的制度文件。

5.城市精细化管理规划编制服务

城市精细化管理规划编制服务主要针对上一阶段内城市精细化管理的总体情况进行回顾总结，梳理基本现状，分析当前城市精细化管理工作存在的问题与不足，掌握城市精细化管理的重难点，为下一阶段内的城市精细化管理工作明确方向和工作重点。

三、城市精细化管理调查评价重难点

（一）业务领域重难点

1.如何引导政府转变管理思维

目前，精细化仍然是个新概念，还缺乏比较公认的和确切的定义。对于什么是精细化管理、精细化管理包含哪些要求及如何实施精细化管理等，各地城市政府及其职能部门实际上都有着不同的认识。如何引导相关部门正确理解城市精细化管理，转变传统粗放式管理思维，提升服务意识和服务质量是当下政府开展精细化管理的重难点。

2.如何兼顾城市历史文化个性

精细化管理注重解决城市面上管理的问题，却难以兼顾城市的历史、文化与个性，以致各个城市"千城一面"，失去特色，造成城市的表面化和同质化。许多具有历史文化特征的小城镇，由于发展过于迅猛，规划过于统一，最后反而失去其特色和意义。在精细化管理工作中如何兼顾城市历史文化个性，展现城市特色是当前政府部门工作的重难点之一。

3.如何避免运行过程的板结化

城市是高度复杂的有机生命体，各种要素息息相关，具有多样性、差异性、动态性等特点，且城市的快速发展变化带来大量新事物、新现象和新问题，因而要求不断更新管理理念、制度和方法。如何在快速的城市发展中，把握新生事物的特点，差异化处理新生问题，增强处理新问题和新事物的弹性和自主性，保持城市活力，是政府在城市精细化管理工作中的重难点。

（二）工作推进重难点

1.如何增强各部门的协同配合

长期以来，城市管理部门存在职责权利交错重叠、矛盾冲突及碎片化等问题，以致各自为政，造成诸如多头执法、交叉执法及重复执法等问题，导致城市管理成本提高，同时产生大量的管理盲点、死角和漏洞等。就精细化管理的对象来看，大多是与市容市貌或环境卫生等相关的业务工作，造成了精细化管理似乎只是个别或部分政府部门的事情的错觉，很难将其上升为城市管理的系统性改革策略。如何加强各部门之间的协同配合，调动工作积极性是推进城市精细化管理的重难点之一。

2.如何系统把握城市管理特征

城市是一个复杂的有机体，且具有悠久和深厚的历史文化特征。在工作推进过程中，如何全面细致地了解城市发展特点，系统掌握不同时期城市管理的关键点，实现精准把脉和对症下药，科学地制定本阶段内的城市管理目标、方向和策略，是城市管理相关业务事项管理过程中需要重点考虑和关注的内容。

（三）第三方调查重难点

1.如何科学制订项目执行计划

城市精细化管理涉及市容环卫、市政公用、园林绿化等方方面面，内容庞杂。在实施城市管理业务事项第三方监督检查或者城市精细化管理评估工作过程中，除了内容繁杂之外，往往涉及较大的城市范围和紧凑的时间周期，对于项目执行也是一大考验。如何在规定的时间和范围内，完成项目执行要求，且保证项目质量是第三方开展项目执行的重难点。

2.如何正确理解并执行相关指标

在城市精细化管理中往往量化思维挂帅，以应用量化的指标和标准要求开展管理，缺乏具备可操作性的量化规则，容易造成过度追求细枝末节的误区。如何在检查和评估中，正确认识并理解检查指标和标准是当前项目执行的重点内容。

（四）解决思路

1.建立完善的城市精细化管理运行考评机制

针对城市精细化管理各业务事项，分项建立城市精细化管理运行考评机制，细化管理考核标准，严格按照标准要求，分解量化，明确责任，强化监督，确保执行有力。在此基础上，按照相关要求，以日计划、日统计、日报告、全月考核、季度小结、半年考核、全年总评等考核形式完成检查考评工作，并形成相对应的分析报告，为下一步工作开展提供参考借鉴。

2.协同推进各项检查工作，充分发挥监督作用

推动建立多部门沟通配合机制和激励约束机制，根据有关部门的工作重点和总体要求开展工作，各项检查工作协同推进、有效衔接，及时跟

踪工作任务的推进情况，总结工作经验，充分发挥监督作用，督促问题整改，促进长效管理。

3.形成监督检查和考核评比工作的完整闭环

首先，通过开展实地检查，各区域可依据检查结果，在规定时间里完成问题整改；其次，通过对检查数据进行数据挖掘和分析，结合各区域自身实际提出建设性的整改建议，有助于各区域整改效果的提升；最后，定期对整改完成情况进行检查，整改结果计入考核评比成绩，将督促各区域及时有效地整改各类问题，见图4-2。

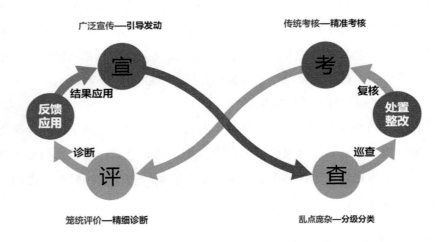

图4-2　城市精细化管理的闭环运行体系

（资料来源：民生智库城市治理研究中心）

四、城市精细化管理调查评价的主要成果

城市精细化管理的成果体现着一定时期内城市管理的进展，反映了城市管理工作的重点内容，能够为下一阶段城市管理工作开展提供参考和借鉴，不断提升城市管理质量和水平。根据城市精细化管理工作的过程，其成果主要可以分成前期成果和终期成果。

（一）前期成果

前期成果主要有城市精细化管理的检查指标体系、实地检查指标及调查问卷，为工作的顺利开展提供基础和支撑。

1.检查指标体系

通过对城市精细化管理工作相关政策、标准、规范等进行梳理总结，结合实地调研，考虑地区的地域特征、季节变化特征及历史文化特征，搭建涵盖整个城市管理工作事项的指标体系。各检查指标要具有指导性和可操作性，便于理解和检查获取。某市城市精细化管理工作的检查指标体系如表4-7所示。

表4-7 某市城市精细化管理检查指标体系（示例）

板块	一级指标	二级指标
环境卫生管理	道路清扫保洁	垃圾杂物
		地面积水、积雪
	环卫设施维护	果皮箱
		垃圾收集站（转运站）
市容秩序管理	沿街建筑立面管理	沿街立面
		户外广告
	门前三包治理	门店前卫生
		门店立面
	餐饮油烟治理	油烟排放
		油烟净化
园林绿化管理	绿化管养	绿化带卫生
		绿化带地面裸露
	树木管理	树木修剪
城市照明管理	功能性照明管养	灯光维护
	景观照明运行	城市夜景亮化提升

（资料来源：民生智库城市治理研究中心）

2.实地检查指标

实地检查指标是指导现场实地检查的基础，需要在整体指标框架下，立足城市精细化管理工作目标和方向，结合各业务管理事项，进一步细化管理内容，设计检查指标。设计时要保证其完整性，能够全面覆盖检查内容；保证其科学性和可行性，能够进行现场实地检查且可以获取相关数据。

 某市城市精细化管理现场检查指标示例

（1）提升城市洁化，以质定量保障城市整洁

清扫保洁；环卫设施维护；公厕管理；城市家具维护；沿街建筑立面管理；门前三包治理；餐饮油烟治理；施工工地管理；河渠管理。

（2）推进城市序化，确保城市规范有序

市政道路维护；检查井管理；车辆停放管理；经营秩序管理；物品堆放管理；架空线缆管理。

（3）推进城市绿化，确保城市生态宜居

绿化管养；树木管理。

（4）推进城市亮化，确保城市流光溢彩

功能性照明维护；景观照明运行。

（5）推进设施美化，力促城市优美靓丽

景观设施美化。

（6）传承城市文化，增强城市文化底蕴

街区融入文化元素；街区展示青年风采。

（7）薄弱区域检查工作

垃圾堆积、有碍观瞻建筑、裸露地面等方面。

（资料来源：民生智库城市治理研究中心）

3.调查问卷

问卷调查是辅助城市精细化管理工作开展的重要方式，通过问卷调

查，能够较好地辅助调查者了解实际情况，掌握城市精细化管理数据。问卷调查在设计时要明确调查对象、调查范围和调查内容，有针对性地开展调查，使结果更加具有科学性。

 某市城市管理社会公众满意度问卷调查设计示例

1.您对本区的绿化情况是否满意？如绿植种类是否丰富，绿地内是否有缺株、死株、黄土裸露等现象。[单选]

A.非常不满意　B.不满意　C.一般　D.比较满意　E.非常满意　F.不清楚

2.总体来说，您对本区的城市环境是否满意？[单选]

A.非常不满意　B.不满意　C.一般　D.比较满意　E.非常满意　F.不清楚

3.本区公共厕所的分布是否合理？[单选]

A.非常不合理　B.不合理　C.一般　D.比较合理　E.非常合理　F.不清楚

（资料来源：民生智库城市治理研究中心）

（二）终期成果

结论性成果主要是项目执行结果的展示，主要包括报告类，如周期性的分析报告、总体研究报告、专题研究报告；标准类等。

1.研究报告

主要包括执行类项目研究报告和相关课题研究报告。执行类项目研究报告如日报告、周报告、月报告、季报告、年度报告及专题报告等。不同周期的报告，反映一段时间内的城市精细化管理工作存在的主要问题，确定重点问题高发区域和时间，为制定和调整工作策略提供参考支撑。同时也能通过不同区域形成对比，奖励先进，鼓励后进，促进各区之间缩小差距，提升管理水平。通过撰写总体年度研究报告，从进一步提升、问题措施整改等不同角度进行定性分析，找出问题原因，提出改进措施和建议，能够为下一步工作开展提供参考。

城市治理方式创新研究课题研究报告示例

一、我国城市治理方式创新的背景

二、对城市治理方式创新的理解与认识

（一）对于创新的认识与理解

（二）城市治理的范畴界定

（三）关于城市治理方式创新

三、国内外城市治理方式创新的实践经验和参考借鉴

（一）世界城市的城市治理经验借鉴

（二）现阶段国内部分城市的实践总结

四、当前城市治理存在的主要问题

五、深化城市治理方式创新的对策建议

（资料来源：民生智库城市治理研究中心）

2.标准文件

主要包括精细化管理相关标准汇编或其他相关制度文件等，能够为城市管理各业务事项管理工作提供指导，为相关工作开展提供标准规范和制度支撑，同时具备可查询性，能够保障工作的持续性开展。

五、城市精细化管理调查评价案例

（一）某市城市精细化管理"路长制"考核项目

1.项目背景

某市位于我国东北地区重要位置，处于"一带一路"向东北亚、东南亚延伸的重要节点，承担着振兴东北老工业基地的重要作用。近年来，某市高度重视城市精细化管理工作，积极开展探索，借鉴其他城市先进经验，摸索出适应地区管理实际的"路长制"工作模式，有效促进了城市管理效率和管理水平的提升。为保障城市精细化管理落到实处，全面提升城

市精细化管理和服务水平，营造整洁、有序、安全、智能的城市环境，提高居民幸福感与获得感，某市采用第三方调查机构作为稳定、专业的检查考评力量，对城市精细化管理"路长制"工作进行考核。

2. 服务内容

进行现场检查与验收。由第三方机构人员根据精细化检查要求与标准，对全市各区纳入"路长制"考核的路段进行全覆盖检查，形成检查报告；针对"良好、优秀"路段创建计划进行每月实地验收，并根据评定标准进行评定和指导。

开展专项检查。根据城市精细化管理工作任务，由第三方机构针对创城重点、背街小巷、中元节文明祭祀、除雪等重点事项开展专项检查工作，完成相关数据的收集、整理、分析工作，形成相应的专项检查报告。

撰写研究报告与课件。根据检查数据，形成周期测评报告、半年度"路长制"工作考核报告及年度"路长制"考核报告，形成专题汇报课件、城市精细化管理工作相关培训课件等。

协助建立考评机制和体系。结合其他先进城市项目经验以及运行实际成果，协助市精管办就"路长制"工作开展与考核等内容，形成工作导则、考核评比办法、工作方案等文件，建立路段评价体系。

进行媒体推广。一是由自媒体运营人员在今日头条、抖音、微信等互联网平台创建账号，发布某市城市精细化管理工作相关作品。二是结合某市城市精细化管理"路长制"工作亮点，撰写稿件，并利用媒体资源进行发布。

3. 服务效果

该地区通过聘请第三方专业机构开展调查，制定"路长制"考核评价制度，完善"路长制"工作考评体系，对全市城市精细化管理"路长制"运行情况进行督导检查，构建问题快速处理机制，促进"优秀""良好"路段创建，有效提升了城市管理质量和水平。同时建立了各路段的问题数据库，形成路段管理清单，针对典型路段开展对标治理，实现了科学问诊"病因"、精准把脉"病灶"，真正实现城市精细化管理统筹协调"机制精确"，深化监督管理实现"人员精练"，聚焦城市管理特点实现"业务精进"，促进精治城市建设。

本项目推动创建的"一委、一办、一平台"城市精细化管理工作经验获得住建部认可推广。同时获得副省长肯定性批示，促进了某市城市精细化管理体制的完善，建立了例会、督办、通报等6项工作规则。该项目得到了委托方的高度认可，并在人民网发表了相关文章，为相关领域提供了有价值的参考和启示，受到了广泛关注和积极评价。

（二）某市城市精细化管理规划编制项目

1.项目背景

"十四五"时期是我国开启全面建设社会主义现代化国家新征程的第一个五年，也是某市把握机遇，迎接挑战的重要时期。为深入贯彻落实习近平总书记对城市精细化管理的重要指示批示精神，深入推进城市精细化管理工作，某市通过聘请第三方专业机构，起草了《某市"十四五"城市精细化管理规划》，深入推进城市管理领域关键环节改革和高质量发展，全面建设宜居、宜业、宜学、宜养、宜游的高品质城市，争创国家中心城市。

2.服务内容

编制形成《某市"十四五"城市精细化管理规划》。通过深入调研与了解某市城市精细化管理的现状，对标对表先进城市，梳理分析某市城市精细化管理存在的问题和工作重难点，明确"十四五"时期的工作重点和任务，为工作开展明确目标和方向。

3.服务效果

《某市"十四五"城市精细化管理规划》以制度"六化"和标准"六化"为牵引，构建起城市精细化管理的运行体系，有效支撑了城市精细化管理工作的开展运行。该项目赢得了委托方的赞赏与肯定，并得到地方官方媒体、广播电视台等的宣传推广。

（三）某市城市精细化管理标准制定项目

1.项目背景

习近平总书记指出，标准决定质量，有什么样的标准就有什么样的质量，只有高标准才有高质量。2021年10月，中共中央、国务院印发的《国家标准化发展纲要》中明确提出，"标准是经济活动和社会发展的技术支撑，是国家基础性制度的重要方面。标准化在推进国家治理体系和治理能力现代化中发挥着基础性、引领性作用"。

一直以来，某市市委市政府高度重视城市精细化管理工作，2021年已将"全面加强城市精细化管理，提升城市管理水平，打造'整洁、有序、安全、智能'的城市管理新风貌"写入政府工作报告。"十四五"时期，某市城市精细化管理将全面实行标准化管理。将以过程管理和流程优化为突破口，健全城市管理领域标准和专业导则，形成城市精细化管理标准体系框架，建立动态优化更新机制，做到全域有规划、全行业有导则、全流程有标准。

2.服务内容

编撰城市精细化管理标准和手册。通过对各处室现场访谈、实地调研等，结合现有相关标准规范，编制形成《某市城市精细化管理标准汇编》；针对城市管理重点场景，编制形成《某市城市精细化管理标准应用导则》，以指导相关工作的开展。

3.服务效果

标准手册重点聚焦"洁化、序化、绿化、亮化"，以贴合政策动向、突出为民导向、借鉴吸收先进、输出实践经验和把握地域特色为主要方向，同时将严寒地区四季规律、作业规律及示范创新要求集成于其中，契合了城市高质量发展和行业长效管理要求，有效指导了相关工作的开展完善，获得了委托方的高度认可与满意。

六、城市精细化管理调查评价展望

"人民城市"是目标，"创新思路"是路径。习近平总书记的讲话直指城市治理的核心，为城市管理精细化指明了前进方向。由于城市治理涉及的工作领域宽广，事项颇为繁杂，管理部门愈发意识到城市管理领域的大量问题并不是孤立存在的，而是互相影响的，具有高度的综合性、复杂性和系统性，囿于某一部门的"头痛医头、脚痛医脚"，并不能真正解决问题，亟须在体系上实现创新突破，提出一整套顶层设计清晰、行动路线明确、先进技术赋能的总体方案，为"人民城市"建设打造一枚强韧的"绣花针"。这一创新思路可以归纳为三个"聚焦"，即聚焦"民心民愿"、聚焦"四梁八柱"、聚焦"深耕细作"。

（一）聚焦"民心民愿"

城市管理精细化工作并非要取代城市管理各条线自身的工作，而是关注于城市管理领域内由于跨部门、跨层级和跨区域而产生的综合性工作，如"三个美丽"建设、绿色社区、新旧住房综合改造、既有多层住宅加装电梯、"一网统管"等，以及那些因为琐碎细小而经常被忽视的问题，如乱停车、口袋公园、交通隔离栏、行道树盖板、电动自行车充电、桥下空间整治、流浪宠物管理、人行天桥的无障碍设施等。

以"人民城市"理念为标尺，将是否是民生痛点、是否与老百姓的幸福感和满意度相关作为关切的焦点。在城市管理精细化提升行动计划的重点任务中，重点围绕民心实事工程开展专项行动，如"公共空间品质提升"、"居住小区品质提升"、"乡村品质提升"、"综合环境补短板"和"韧性城市建设"等。

（二）聚焦"四梁八柱"

将城市管理视为服务城市有机体健康运转和发展的重要功能系统之一，系统性提出建设目标和任务，搭建城市精细化管理的"四梁八柱"。

一是构建一副精细化管理的总体架构，包括行政力量的条、线、块、面的统筹协同和规、建、管的一体化，这是对城市管理精细化基本"骨架"的筑造。没有这个由政府城市各级城市管理部门主导搭建的"骨架"，新时代中国特色社会主义人民城市的基本功能就得不到保障，城市运行将会陷入无序和混乱。

二是打造一批精细化管理的治理模式，管理要"发力"，既需要"骨架"，也需要"肌肉"。党建引领下政府的基层组织和各类社会自治共治力量，就是打通城市管理"最后一公里"的"肌肉组织"，促进"人民城市人民建"共建、共治、共享格局的形成。

三是搭建一个精细化管理的综合平台，在网格化管理的基础上，这个平台将继续实现软件（应用场景）和硬件（感知末端）的同步建设与升级，积极推动线上技术手段与线下管理流程之间的互相促进与融合。它就仿佛是城市的"大脑"和"神经网络"，洞见城市运行中的各类问题，驱动"骨架"和"肌肉"协同应对，解决这些问题。

四是创建一套精细化管理的"健康标准"，以法治建设为基础、以标准规范为支撑、以城市体检为依据、以考核机制为保障，动态评估城市运行是否健康顺畅、城市管理是否科学高效，"大脑"、"神经"、"骨骼"和"肌肉"是否协调有序，为城市管理的改进重点和前进方向提供参考。

（三）聚焦"深耕细作"

城市的运行、发展和演化有其自身规律。若不"循规蹈矩"，城市就会生病，城市运行就会不畅，市民生活就会受到影响。城市管理者如果要获得科学的管理方法，破解城市管理"密码"，就要以城市空间为载体开展长期反复的实践探索，探究和捕捉城市管理的客观规律。"深耕细作"不仅是政府管理部门为人民服务的姿态，也是实现科学管理城市的一个必要过程和一种必须态度。

第三节　环卫一体化

环卫一体化是指对城乡环境卫生管理实行一体化统筹，推动城乡环卫管理体制、机制、制度、政策、规划、建设、管理等方面的创新，实现城乡环卫管理全域覆盖、无缝对接。随着居民对生态环境和文明建设的迫切需求，以及改善城乡人居环境措施的不断推进，环卫一体化服务开始多维度拓展，为环卫管理行业的提升带来了新的机遇。未来，随着技术的不断创新和政策的持续支持，智慧环卫将成为环卫行业未来发展趋势，环卫一体化将迎来更加广阔的发展前景。

一、环卫一体化发展现状

（一）国际发展现状

依法管理是国外发达国家环境卫生管理和废物管理的基本管理方式。加快环卫管理法规体系的建设，也成为发达国家贯彻环卫管理理念的基础。国外发达国家关于垃圾管理法规的标准体系十分完备、详细。法规标准涵盖了从源头分类、中间清运到终端处理、循环再利用等各个环节，内容全面，具有很强的可操作性；明确了生产者、垃圾废弃物制造者和政府的各自职责，合理地制定了具有可执行性的具体操作办法和惩罚措施。通过法规引导垃圾从过去的末端垃圾处理方式逐步走向源头减量、回收再利用、最后处置的途径。

英国、德国、美国是世界规范市容环境卫生的先行者，建立了系统性、综合性法规标准体系，其中包括景观亮化、街道保洁、公共厕所等在内的六大领域。美国发布的法律规范如《废物转运站：决策手册》；德国颁布了《柏林街道清洁法案》和《循环经济与废物管理法》等法规，其中包括了制度规范，对环境卫生进行了规范；英国制定的相关法规有《环保法》和《城乡规划（广告管制）规例》等。世界其他国家也相继出台了环卫领域的相关法规，如法国制定的《国家环境法典》、加拿大制定的《城市固体废物转运站建设导则》和《城市固体废物转运站/地方废物管理设施环境标准》等[①]。

（二）国内发展现状

多年来，政府一直是我国环境卫生管理供应的主要责任方，从外部市场采购设备和施工，运营和管理的责任也主要由政府来承担。近几年，随着市场经济体制改革逐渐深化，政府逐渐认识到仅依赖财政支持和管理手段来改善城乡市容和环境卫生状况具有明显的局限性。因此，政府开始转变策略，逐渐从过去全权负责环境卫生管理服务转向由政府购买服务，并通过吸纳各种市场参与者参与环境卫生管理，以加强监管职责和提升环境卫生运营效率。

2013年，《国务院办公厅关于政府向社会力量购买服务的指导意见》发布，其中明确指出要在公共服务领域更广泛地利用社会资源，增强政府购买服务的力度，从而使得各地的环境卫生市场化水平得到了显著的提高。我国的环境卫生服务体系经历着从"政府主导"到"市场驱动"，再到"公私合营（PPP）"的发展阶段[②]。

近年来，为促进市政环卫行业的发展，我国陆续发布了许多政策。如2024年中共中央、国务院发布的《关于全面推进美丽中国建设的意见》提出提升垃圾分类管理水平，推进地级及以上城市居民小区垃圾分类全覆盖。构建绿色低碳产品标准、认证、标识体系，探索建立"碳普惠"等公众参与机制[③]，见图4-3。

---

① 蒲敏，吴冰思，王忠昊. 国内外市容环卫法规及标准对比的思考与启示 [J]. 环境卫生工程 .2020（1）：86-90.

② 中国环卫行业发展历程、现状及趋势基本分析 [EB/OL]. https：//zhuanlan.zhihu.com/p/609006984.

③ 观研天下 . 我国及部分省市市政环卫行业相关政策：提升城乡环卫一体化运转效率 [EB/OL]. https：//www.chinabaogao.com/zhengce/202403/696667.html.

城镇污水垃圾收集处理及资源化利用等生态保护和环境治理项目，具有发电功能的水利项目，体育、旅游公共服务等社会项目，智慧城市、智慧交通、智慧农业等新型基础设施项目，城市更新、综合交通枢纽改造等盘活存量和改扩建有机结合的项目。

加大对公交、出租汽车、执法、环卫、物流配送等领域新能源汽车应用支持力度。积极推广多类型绿色智能船舶，全面完成船舶清洁化改造和利用。有序开展先进生物液体燃料推广应用。

强调要更加重视资源的再生循环利用，推行垃圾分类和资源化，扩大国内固体废弃物的使用，加快构建废弃物循环利用体系。

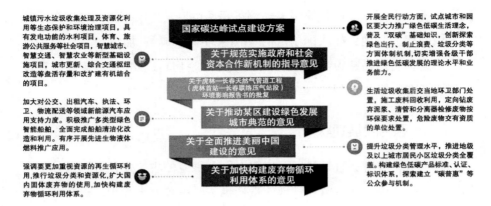

开展全民行动方面，试点城市和园区要大力推广绿色低碳生活理念，普及"双碳"基础知识，创新探索绿色出行、制止浪费、垃圾分类等方面体制机制，切实增强各级干部推进绿色低碳发展的理论水平和业务能力。

生活垃圾收集后交当地环卫部门处置，施工废料回收利用，定向钻废弃泥浆、清管和分离器检修废物按环保要求处置，危险废物交有资质的单位处置。

提升垃圾分类管理水平，推进地级及以上城市居民小区垃圾分类全覆盖。构建绿色低碳产品标准、认证、标识体系，探索建立"碳普惠"等公众参与机制。

图4-3　我国市政环卫行业相关政策

（资料来源：民生智库城市治理研究中心）

二、环卫一体化调查评价对象和内容

（一）环卫运营监管

1.调查评价范围及对象

按照行政区域划分，环卫运营监管调查范围一般有市级、区级、街乡镇级、社区（村）级。

道路包括车行道、人行道、车行隧道、高架路、立交路面、人行天桥、人行地下通道、高速公路、城市轨道、园林绿地、铁路沿线、农村街坊路、路肩、路沿石、雨水口等。园林绿地包括公园绿地、生产绿地、防护绿地、附属绿地等。水域包括河道、路边排水沟渠（涵洞）等。城市家具包括信息设施（指路标志、电话亭、邮箱）、卫生设施（公共卫生间、垃圾箱、饮水器）、道路照明、安全设施、娱乐服务设施（坐具、桌子、游乐设备、售货亭）、交通设施（公交巴士站点、车棚）及艺术景观设施（雕塑、艺术小品）等。公共厕所包括行业公厕、农村公厕等。

2.调查评价内容

清扫清洁：作业时间、作业频次、作业方式、作业范围、作业质量、小广告清除、垃圾箱维护、保洁、清理、垃圾收运（垃圾倾倒和焚烧）等。

公厕管理：公厕开放、建设标准、制度管理、公厕铭牌、标志标识、设施设备功能维护、消毒作业、地面保洁、厕位保洁、便器保洁。

除运雪管理：工作方案、融雪剂使用、清雪时限（暴雪、大雪、中雪、小雪）、清雪效率、除雪后路面通行情况、积雪清运倾卸、应急响应测试等。

设备管理：设备类型、设备名称、设备型号、运作能力、购置日期、购置成本、使用年限、维修记录、保养记录等。

车辆管理：作业车辆车容车貌、道路遗撒、车辆维护、车辆使用、作业安全、警示灯开启等。

人员管理：岗位名称、人员数量、工作内容、作业排班、年龄、统一着装、安全作业、保洁工具、工资发放、福利待遇等。

（二）环卫行业调查

1.调查评价范围及对象

按照行政区域划分，环卫行业调查范围一般有省级、市级、区级、街乡镇级、社区（村）级。

环卫行业调查对象涵盖多个层面，包括社区居民、政府部门、环卫工人及商业机构和企事业单位等。每个群体都能从不同的角度提供宝贵的意见和建议，共同推动环卫工作的改进和提升。

社区居民。作为城市生活的重要组成部分，社区居民对于环卫工作有着直接的体验和感受。将调查问卷发放给社区居民，可以收集到他们对于环卫工作的真实看法和建议，从而帮助相关部门了解环卫工作的实际效果和存在的问题，为后续的改进提供依据。

政府部门及相关单位。这些单位通常负责制定和执行环卫政策，对环卫工作的整体规划和实施有着决策权。通过他们的反馈，可以获取他们对环卫工作的评价和建议，有助于政策制定者了解政策执行的效果，发现政策中的不足，并作出相应的调整。

环卫工人。作为环卫工作的直接执行者，环卫工人对环卫工作的具体操作和流程有深入的了解。他们的反馈可以帮助相关部门了解环卫工作的实际操作情况，发现工作环境和流程中的问题和不足，为改进工作提供具体的建议和方向。

商业机构及企事业单位。这些单位通常是城市垃圾的主要产生者之一。通过向他们进行调查，可以了解他们对环卫服务的需求和期望，以及他们对当前环卫工作的评价和建议。这有助于环卫部门更好地满足这些单位的需求，提高服务质量。

2.调查评价内容

一是环卫保洁方式：街道保洁队自管、委托环卫服务中心、社会购买服务。

二是环卫管理情况：街道保洁队自管，调查内容包括人员构成、车辆设备构成、作业量情况；委托环卫中心，调查内容包括道路清扫保洁、生活垃圾收运、公厕运行管理情况；采取社会购买服务，调查内容包括道路清扫保洁、生活垃圾收运、公厕运行管理、生活垃圾转运消纳情况等。

三是环卫企业调研：包括体制机制建设运行情况、是否取得"从事城市生活垃圾（含粪便）经营性清扫、收集服务"行政许可、审批机构、注册资金、人员构成、设备构成、生活垃圾转运消纳设施、大件垃圾转运消纳设施、装修垃圾转运消纳设施等。

三、环卫一体化调查评价重难点分析

环卫一体化以环卫、垃圾分类等工作为主体内容，需要覆盖城市各个角落、深入公众生活。此类工作具有专业性要求，对于城市管理部门而言，不仅要面对巨大的人力物力投入，还要倾听社会各界的声音。作为第三方机构分析厘清环卫一体化工作重难点，也是明确城市管理部门环卫一体化工作市场化需求的来源。

（一）业务领域重难点

1.队伍组建

环卫一体化工作要深入街道、社区开展，涉及地理区域广泛、场景类型多样，需要组建一支专门队伍开展相关工作。城市管理部门财政、人力资源有限，自行组建专职队伍会增加运行成本，带来较大的管理压力。另外，由于外聘人员稳定性差，还会导致环卫一体化工作长效机制难以建立。

2.执行效率

政府职能部门在履行宏观调控职能时，往往站位较高，难以做到处处把控，环卫一体化工作开展体量大，自行开展相关工作则难以兼顾完整性与系统性。另外，地方职能部门大部分时间和精力投入在本地区工作当中，对外省市相关工作经验的学习交流不够深入，易导致专业领域上的信息不完全。

3.整改推动

环卫一体化工作一大难点在于发现问题如何能够做到及时整改。问题整改不及时往往受到主客观两方面的影响。客观因素主要包含季节、天气、人员短缺、资金短缺等；主观因素则主要是相关责任单位领导意识不强，对问题整改不积极、相互推诿、行政不作为等。如何有效推动各责任单位积极整改，提升环卫工作一体化水平，是具体工作中的重中之重。

（二）工作推进重难点

环卫一体化工作参与方众多，各主体所处位置不同，对环卫一体化工作态度不同。比如，城市管理部门目光较为长远，但其决策需要在长期最优与短期最优中寻找平衡；环卫清洁相关企业在担负社会责任的同时追求生产经营的利润最大化；地区居民对美丽环境具有长期向往，但对于生活习惯的改变表现出较大的个体差异性；其他相关责任单位更多地关注本职工作，而对于环卫建设的重视程度还在稳步提升当中。

促进不同层级间的交流沟通，构建良性的同层级竞争机制是环卫一体化横纵领域协调的首要问题。环卫一体化工作由管理部门统筹规划，各级单位具体执行，再向上反馈工作进展，形成纵向循环。横向上，环卫一体化工作通常划分责任网格，以此保障工作覆盖全面，问题确责到人。

（三）第三方调查重难点

1.调查体系设计

城市差异性。环卫一体化工作调研路径并不具有普适性，不同城市在建设阶段、发展目标、工作战略等诸多方面都存在较大差异，准确定位城市，把握不同城市环卫一体化工作痛点是第三方因地制宜建立调查体系的关键。

支持有限性。环卫一体化工作涉及场景众多，评价指标详尽，调研时间有限，政府部门支持资金有限，为保障调查研究顺利开展，调查结果可靠有意义，第三方需要对稀缺的调查资源合理配置。

成果可视性。第三方调查结果要能够反映环卫一体化工作主要矛盾，反馈重点问题。同时，作为政府与外界联系的桥梁要能够为社会各界发声。

2.调查执行信任

实际调研过程中，第三方调查者非政府内部工作人员，在取得被调查民众信任上具有一定难度，易发生问卷填写随意、街采参与意愿低等情况，为保证样本数量充足性，提升调查结果可靠性，需要对如何取得被调查民众信任这一问题进行深入思考。

（四）解决思路

随着市场化不断完善，政府工作社会化已然成为管理部门降本增效的一大选择。环卫工作一体化市场已基本形成了较为活跃的竞争氛围。

政府部门可以着重做好宏观把控及关键问题协调，合理运用市场竞争机制，将环卫一体化工作委托第三方开展，充分发挥第三方机构专业化、规模化优势，解决好环卫领域重难点问题，提高城市环卫一体化工作效率。

在调查研究中第三方机构应主动与政府部门建立深厚联系。通过有效沟通、深入城市内部把握城市格局，明确调研开展方向，以自身专业性协调多方沟通，为城市发展提出具有现实意义的工作方案，帮助城市管理部门推进环卫一体化进程。同时，在工作沟通与推进中取得政府部门信任，获得政府部门背书，适当借助官方渠道开展调研工作，为调研结果可靠性提供有力支撑。

四、环卫一体化调查评价的主要成果

环卫一体化工作是城市管理的重要组成部分，它关乎市民的生活品质和城市形象。为更好地了解和评价环卫一体化工作的效果，第三方调查与评价显得尤为重要。本部分将深入探讨第三方调查与评价在环卫一体化工作中的具体应用及其所带来的成果和效果。

（一）前期成果

在环卫一体化的工作初期，第三方调查与评价工作为整个项目提供了坚实的数据基础和分析框架。

1.考核体系搭建

对环卫行业政策、规范、标准等进行梳理，结合实地调研，深入分析环卫管理领域问题，拟定具有当地特色的工作规范和标准草案，明晰环卫精细化管理的标准、内容、程序和责任。做到各项指标定义明确、重点突出，指标衡量以定量指标为主，指标分值数据应便于获取，权重清晰、确切，方便计算，有较好的可测性和可操作性。

通过建立完善的指标体系，第三方团队能够全面、客观地评估环卫设施建设覆盖率、环卫服务质量指标、环境卫生水平等关键指标。在指标体系的指导下，城市管理部门可以有针对性地调整环卫设施的建设和服务质量，提升市民的生活品质。例如，某区根据《国家卫生城市市容环境卫生考核标准》要求及本区实际情况，就环卫一体化工作制定了指标体系考评细则，其中主要指标有道路清扫保洁、居民区管理、立面保洁等，以下就垃圾收运指标进行举例，见表4-8。

表4-8　垃圾收运指标体系（示例）

一级指标	二级指标	主要内容	扣分
垃圾容器	容器满冒	垃圾容器是否出现满溢、容器外是否有垃圾积存；垃圾容器破损情况；容器表面是否有污物、粘贴，垃圾容器上盖及周围是否有杂物	每项1分
	容器破损		
	容器脏污		
	垃圾堆积		
	容器消杀	垃圾容器等环卫设施是否按规定进行消杀	每发现一次扣1分
	垃圾清运	位于城区主次干道（一二级路）和位于城区支路的垃圾是否清运及时	城区主次干道每发现0.5立方米扣5分，城区支路扣2分

2.调查问卷设计

通过问卷调查，第三方团队深入社区、企业和公共区域，全面了解市民、环卫工人和管理部门的需求和意见，收集了大量关于环境卫生、垃圾处理、资源配置等方面的原始数据。这些数据不仅详细记录了当前的环卫状况，还为后续的策略制定提供了重要参考。通过调查问卷的反馈意见，管理部门及时了解市民意见和建议，增强了政府与市民之间的沟通和互动。

（二）过程成果

1.资料核查数据

资料核查数据包括各类培训方案、管理制度、工作动态、应急预案、基础数据台账（道路台账、环卫作业车辆、果皮箱等附属设施的购置台账、公厕台账等）等。

2.现场检查台账

现场检查数据包括检查日期、具体时段、地址、一级指标、二级指标、现场检查照片以及整改时间、整改时限、整改分钟、整改照片等信息。

3.问卷调查数据

问卷调查数据主要包括调查目的和基本信息（调查样本、调查时间和地点）、样本特征（如受访者的年龄、性别、受教育程度等）、问卷调查结果、关键发现等。

（三）终期成果

第三方调查与评价在环卫一体化工作中扮演着至关重要的角色。从前期的数据收集和分析，到过程中的追踪评估，再到最终的总结报告，每一步都离不开第三方团队的专业参与。这些工作不仅为环卫部门提供了宝贵的数据支持和策略建议，也确保了环卫一体化工作的顺利进行和持续改进。

具体来说，第三方调查与评价的应用为环卫一体化工作带来了以下效果。一是提高了工作效率和质量，通过精准的数据分析和问题诊断，环卫部门能够更快地找到问题所在并采取相应的解决措施；二是增强了居民参与度和满意度，通过定期的座谈会和反馈机制，居民能够更直接地参与到环卫工作中来，并看到自己的意见和建议得到实施，增强市民的参与感和获得感；三是推动了环卫行业的创新和发展，第三方团队的专业知识和创新思维为环卫一体化工作带来了新的思路和方法，推动了行业的进步；四是在环卫工作的长期效果方面，第三方调查与评价可以为决策者提供长期发展规划和战略，促进环卫工作的可持续发展。

综上所述，第三方调查与评价在环卫一体化工作中发挥着不可替代的作用，为工作的顺利进行和持续改进提供了重要支持和保障。通过不断地完善和优化第三方调查与评价机制，我们相信环卫一体化工作将迎来更加美好的未来。

五、环卫一体化调查评价案例

（一）某省城乡环卫一体化暗访评估

1.项目背景

为了全面了解掌握某省城乡环卫一体化工作开展情况，对全省所有地市、县（市、区）开展资料核查和现场评估，及时了解各地工作开展情况，系统全面分析存在的问题，总结成功经验做法，并结合实际提出科学合理的城乡环卫一体化工作政策措施，指导各地巩固提升城乡垃圾治理工作成效，全面深入推进生活垃圾、建筑垃圾处置和生活垃圾分类工作专业化、精细化和规范化水平，有效改善城乡环境，促进资源回收利用，加快资源节约型、环境友好型社会建设。

2.服务内容

全省城乡垃圾治理工作开展情况：生活垃圾收集、道路清扫保洁、生活垃圾转运管理、建筑垃圾消纳管理和资源化利用、非正规垃圾堆放点和简易堆场治理。

生活垃圾和建筑垃圾处理设施运行管理情况：无害化处理、垃圾焚烧、填埋设施、堆肥垃圾、渗滤液和飞灰处置。

生活垃圾分类现场评估：分类收集容器设置、垃圾分类效果、垃圾分类收集车辆配置、专用宣传栏设置、督导员在岗情况、宣教活动等。

群众知晓率、参与率、群众满意度调查：随现场暗访检查同时进行，每个村（居）随机拦访5名及以上村民，详细询问群众对垃圾治理效果的满意情况。

3.服务效果

通过开展全省城乡环卫一体化暗访评估，有助于提升各地市对城乡环卫一体化工作的重视程度，推动城乡生活垃圾分类收集、转运、处置全过程动态管理不断加强，城乡人居环境极大改善，城乡环卫一体化工作水平再上新台阶。此外，通过梳理各地市经验做法，可以形成全省推广经验，为省内其他城市开展环卫一体化工作提供思路。

（二）某市环卫企业经营状况调研

1.项目背景

随着社会主义市场经济体制的建立和改革不断深入发展，环境卫生事业面临着深化改革。环卫市场化改革始于2000年，随着政府购买服务而兴起，近五年来进入快速发展期，特别是在当前要求城市精细化管理的新形势下，加快环卫行业自身改革的步伐更为紧迫。

2.服务内容

一是调研全市各区环卫运营方式。包括街道保洁队自管、委托环卫服务中心、社会购买服务、委托取得行政许可的企业等方式。

二是调研各街道环卫管理情况。包括采取保洁队自管的街乡镇人员构成、车辆设备构成、作业量情况。采取委托环卫中心的街乡镇道路清扫保洁、生活垃圾收运、公厕运行管理情况。采取社会购买服务方式的街乡镇道路清扫保洁、生活垃圾收运、公厕运行管理、生活垃圾转运消纳情况等。

三是调研环卫企业管理情况。包括是否取得"从事城市生活垃圾（含粪便）经营性清扫、收集服务"行政许可、审批机构、注册资金、人员构成、设备构成、生活垃圾转运消纳设施、大件垃圾转运消纳设施、装修垃圾转运消纳设施。

3.服务效果

通过收集全市各区环卫管理情况、各街乡镇道路清扫保洁垃圾收运管理情况、各环卫企业管理情况，全面掌握全市环卫行业实际运营数据，结合环卫企业实际经营遇到的困难与挑战、企业对政府支持政策与服务的需求、企业对行业改革建议与意见，为下一步开展环卫行业体制改革提供支撑。

（三）某区第三方环卫运营监管

1.项目背景

环境卫生管理是城市管理的重点工作之一，是体现城市管理水平最直观的标志之一。坚持以习近平新时代中国特色社会主义思想和党的二十大精神为指导，高标准、高质量建设某区，贯彻落实《某省城市市容和环境卫生条例》《某省城乡生活垃圾分类管理条例》《某区环境卫生保洁运营管理办法（试行）》，加快构建以法治为基础、政府推动、全民参与、因地制宜、市场化运作的环境卫生管理长效机制。某区将打造"精致细腻、整洁有序"的城市环境作为重要任务。当前全区环境卫生保洁工作已全面铺开，并已取得一定成果，但范围广、任务重，仍有提升的空间。

2.服务内容

完善顶层设计。项目围绕"谁来管－管什么－怎么管"，采用案头研究与实地调研相结合的方式，深入分析某区环卫、生活垃圾管理领域问题，通过制定标准化工作导则，明晰管理的标准、内容、程序和责任。制定了《某区环境卫生保洁运营考核管理办法（试行）》《某区生活垃圾分类实施方案（试行）》《某区垃圾分类奖补资金管理办法（试行）》等文件。

现场监督检查。持续进行某市环卫保洁作业质量检查，对全区所有已交付区域的道路清扫保洁作业质量进行检查；对覆盖全区域的生活垃圾收集、清运、处理的作业质量进行检查；对覆盖全区域的所有环境卫生设施的运营维护质量进行检查，包含但不限于垃圾多功能收集站、公共厕所、废物箱等。

环卫绩效评价。组织撰写环卫清扫保洁及垃圾分类工作的信息数据审查及监督考核报告；审核查验环卫运营单位报送的人员培训、应急预案等相关材料及环卫台账、各种巡检记录及台账数据；编制年度绩效分析报告；协助开展环卫运营年度考核等委托方交办的其他运营监管工作。

3.服务效果

本项目采用"第三方监管＋绩效评价"的先进理念。作为一个在建中的城市，从城市建设初期就开始委托第三方对运营单位实施效果及运营成本进行监管，并随着城市建设工作的推进，不断调整实施方案、检查指标、检查频次，切实有效提升了本区城市精细化管理水平。

通过第三方监管，一是促进运营单位落实管理机制，发挥主观能动性；二是督促工作人员履职，加强作业规范；三是加强环卫精细化作业，确保作业区域无死角；四是核对运营单位提交的费用请示和相关材料的完整性和真实性，各项数据的逻辑关系、勾稽关系的准确性。

六、环卫一体化调查评价展望

（一）环卫智慧化

智慧环卫利用环卫云平台采集、传输、存储和管理环卫运营全过程数据，并通过移动互联网进行实时质量监管，可实现任务的及时分配，提高应急响应能力，进而提高环卫服务的运行质量和运营效率，有效降低管理成本。智慧环卫将环卫管理服务从"机械化"逐步升级为"智慧化"，使环境卫生管理服务更加专业、高效。同时，智慧环卫是智慧城市的重要组成部分，是利用智能手段和新一代信息技术，改善政府、公众与企业及企业内各部门的交互方式，提高交互的效率。使垃圾收集、运输、加工和利用全过程的成本更低、效益更高，实现可视化、可控性、可互动和可循环，是环卫行业未来发展必然趋势之一。

（二）管理精细化

随着大数据和AI技术的应用，精细化管理将成为城市环卫工作的常态。通过建立精细化管理系统，实现对城市各个区域、各个环节的精准监控和管理。采用定位技术和GIS地理信息系统，实现对环卫资源的优化配置和调度，提高资源利用效率，及时响应市民请求。

（三）监管专业化

对环境卫生作业服务项目进行第三方监管，是适应市容环卫作业市场化、专业化和社会化的重要举措。对环境卫生作业服务项目引入第三方监管服务，由第三方监管单位通过科学严谨的监管办法和科学高效的监管手段，秉持"公平、公正、客观、廉洁、科学"原则，可较全面反映环境卫生作业服务的工作情况和质量，并提出切实可行的改进建议。这种模式改变了政府既当环境卫生服务提供者又是环境卫生服务考核者的角色，使政府依托专业机构真正履行监督监管的职能。

（四）服务系统化

目前，我国的环卫信息化、智能化建设处于起步阶段，但随着智慧环卫投入的加大和5G信息技术进步的推动，环卫智能化程度将不断提升。基于环境卫生作业服务项目的实践，研发并逐步完善环境卫生作业服务项目第三方监管系统，包括第三方监管信息管理系统、GPS移动终端监管系统和GPS车辆监控管理系统等，可有效实现第三方监管服务的数字化与自动化管理，大大提高监管的工作效率与公正性。

第四节　乡村治理

乡村治理是乡村振兴的基石，是我国国家治理体系和治理能力现代化的重要组成部分。基层政府、村级组织、社会组织及村民通过基层自治、法制、德治的结合，统筹当地资源合理配置，促进经济、社会的发展及环境状况的改善，提升村民精神及物质生活水平。乡村治理调查与评价旨在全面审视乡村治理成效，发现问题并优化策略，推动乡村治理科学化、民主化，助力乡村全面振兴，提升村民福祉。

一、乡村治理发展现状

国外对乡村治理的研究聚焦于乡村自治的价值、政府及民众角色定位。关于乡村治理主体结构，国外研究尤为关注政府和民众角色定位，着重分析公民利益诉求和政府参与主体的功能。在技术层面，格莱梅·史密斯对乡村治理范围进行界定，认为乡村治理应覆盖乡镇、行政村及自然村[1]。在信息化层面，卡特里娜·科塞茨等学者提出运用现代技术手段提升乡村治理范围的公共服务水平[2]，有效整合对政府和民众的关键信息，为乡村治理提供实用和可靠的服务。在机制研究层面，赫瑟林顿认为确保村民利益是乡村治理效能的关键[3]。

随着我国乡村振兴战略深入推进，乡村治理工作取得了显著成效。一是乡村治理体系日臻完善。我国出台了《乡村振兴战略规划（2018—2022年）》《中国共产党农村工作条例》等，为乡村治理提供了坚实的法律保障。同时，治理主体多元化，政府不再是唯一的治理主体。农民群众、社会组织、企业等多元主体共同参与，形成了政府主导、多方参与的乡村治理格局。二是治理方式创新。出现了"村民自治+村规民约""党建引领+村民参与"等模式，有效提升了乡村治理的针对性和实效性。三是乡村治理能力显著提升。基层自治能力增强，公共服务能力提高，生态环境保护能力加强。

二、乡村治理调查评价对象和内容

（一）调查对象和范围

1.调查对象

政府部门。乡村治理涉及政府在农村地区的行政管理和政策实施。调查评价政府部门的角色和表现包括政府的政策制定和实施、资源配置、服务提供等方面。

乡村组织。调查评价乡村组织，如村民委员会、农民合作社等，了解乡村组织的活跃程度、村级民主自治水平、农民参与程度等，评估其在乡

---

[1] Smith, Graeme. The hollow state: rural governance in China[J]. The China Quarterly, 2010, 203: 601–618.

[2] Katrina Kosec, Leonard Wantchekon. Can information improve rural governance and service delivery[J]. The China Quarterly. 2020: 125.

[3] Hetherington M J. Why trust matters: declining political trust and the demise of American liberalism[M]. New Jersey: Princeton University Press, 2005.

村治理中的作用和效果。

农民和居民。调查评价农村居民对乡村治理的满意度、参与度、获得感等，了解其对乡村治理的评价和需求及在农村治理中的角色和作用。

社会组织和非政府机构。评估社会组织和非政府机构在乡村治理中的参与和贡献，了解其对乡村治理的评价和意见，以及其在促进乡村发展和社会服务方面的作用。

企业和市场主体。调查评估企业在乡村经济发展和产业扶贫方面的作用和成效，了解企业参与乡村治理的情况和意见，以及市场主体对乡村治理的评价。

专家学者和媒体。评估专家学者对乡村治理的研究和评价，了解媒体对乡村治理的宣传和舆论反馈。

2.调查范围

（1）时间维度

历史沿革：回顾乡村治理的历史演变，包括重要的政策变迁、治理模式的转变及其对乡村社会、经济、文化的影响。

阶段分析：将调查时间跨度分为几个关键阶段，比如改革开放初期、新农村建设时期、乡村振兴战略实施以来等，分别评估各阶段的治理成效、面临的主要问题及解决策略。

动态变化：关注近年来特别是最近五年内乡村治理的主要变化，包括治理体系的优化、服务水平的提升、村民满意度的变动等，通过纵向比较揭示发展趋势。

（2）空间维度

地域分布：按地理区域划分，如东部、中部、西部及东北地区，分析不同区域乡村治理的特点、优势与挑战，考虑自然条件、经济发展水平、文化习俗等因素对治理模式的影响。

村落差异：选取具有代表性的村落作为样本点，比较不同类型村落（如山区村、平原村、民族村、边境村等）在治理结构、资源分配、公共服务、产业发展等方面的异同。

层级结构：从行政层级出发，包括县、乡（镇）、村三级，考察各级政府在乡村治理中的角色定位、职责分工、协同机制及政策传导的有效性。

重点区域：针对国家乡村振兴战略中提到的重点区域（如贫困地区、革命老区、生态保护区等），深入调查其治理特色、面临的特殊问题和针对性的治理措施。

（二）调查内容

1.组织建设与党建引领

乡村规划管理覆盖率评估：评估乡村规划是否全面覆盖各个村庄，确保乡村发展有明确的指导和方向。检查规划实施情况，评估规划内容是否得到有效执行。

党建引领乡村治理调研：调研乡村党组织在乡村治理中的核心作用发挥情况，包括组织领导、政策宣传、资源整合等方面。评估党员在乡村建设中的模范带头作用，以及党组织对农民自治的指导和支持情况。

干部人才引进政策和培养：调查各地农村人才引进政策的制定和实施情况，包括政策优惠、人才引进渠道、人才使用机制等方面。评估人才引进政策对吸引和留住人才的实际效果。调查人才培养计划的制订和实施情况。

2.公共服务

公共服务基本情况：子女教育、养老助残、医疗卫生、就业增收、交通、便民服务等。

农村社区服务设施覆盖率和配套情况调查：调查农村社区服务设施的建设和覆盖情况，包括医疗、教育、文化、体育等设施。评估社区服务设施的配套情况和功能完善性。如建有卫生室并配备专职医生、基础设施可达性、文化设施充裕度、无害化卫生厕所覆盖率、建有综合服务站提供"一站式服务"等情况。

农村公共设施建设和维护水平评估：调查农村公路、水利、电力等公共设施建设、管理、养护、运营情况。

3.公共安全

公共治安：开展网格化服务管理；设有辅警驻村制度；主要公共场所安装视频监控系统，有效遏制盗窃、斗殴等恶性事件等情况。

4.乡村自治

农民参与度与参与决策机会评估：调查农民参与乡村治理的积极性和广度，了解农民在乡村治理中的实际作用。评估农民参与决策的机会和数量，包括村民大会、村民代表会议等渠道。

农民自治能力和自组织能力评估：评估农民在乡村治理中的自治能力，包括自我管理、自我教育、自我服务等方面。调查农民自组织的数量、类型和活动情况，评估其在乡村治理中的作用和效果。最新一轮村主任选举的村民参选率、村民（代表）会议年度召开频次、"三务"公开方式多元化、村民协商议事形式多元化、制定村规民约且确保得到遵守、"一事一议"成功开展的年度累计次数等情况。

本村党务、村务、财务公开：公开方式、公开内容等情况。

社会治理民众满意度调查：通过问卷调查、访谈等方式了解农民对乡村治理的满意度和意见建议。分析农民满意度的影响因素，为改进乡村治理提供有益参考。

5.乡村德治

道德建设：道德评选评议活动多元化、公益性社会组织数量。

乡村文明建设：为婚丧嫁娶等各类礼金收受设定最高限额、获得过村庄社会组织或个人的财物捐助等方面的调查评价。

文化建设：调查乡村文化活动和节庆活动的举办情况，包括活动内容、参与人数、活动效果等方面。分析文化活动和节庆活动对丰富农民精神文化生活的作用和效果。

文化遗产保护和传承情况评估：调查乡村文化遗产的保护状况和传承情况，包括古建筑、古村落、民俗文化等。评估文化遗产保护政策的有效性和传承机制的完善性。

村规民约设立情况调查：调查各村是否设定了村规民约，并统计设定村规民约的村占比。分析村规民约的内容、制定过程和执行情况，评估其在乡村自治中的实际效果。

6.乡村法治

农村普法水平：法律法规的宣传普及、村民法治意识的提高、基层法律服务的完善等方面。

法治建设：建设法治文化阵地或学法平台，村两委成员接受正式法治培训，驻村法律顾问进村提供法律服务频次、纠纷调解成功率等。

三、乡村治理调查评价重难点分析

（一）业务领域重难点

政府主导为主，村民参与度低。许多村民对村务和公共事务的参与意识薄弱，普遍存在"事不关己"的观念，认为村务是村干部的事情，与自己关系不大。此外，村民普遍文化水平较低，缺乏对政策和制度的了解，对参与公共事务的方式和渠道不了解，导致实际参与度较低。村民参与度低不仅影响政策的有效实施，还可能导致公共资源配置不合理，难以真正实现有效的乡村治理。

基层治理能力总体偏低。许多农村基层干部的管理经验和能力有限，难以应对复杂的基层治理任务。同时，部分基层组织内部管理松散，缺乏有效的工作机制和监督措施，导致治理工作执行力不足。此外，基层治理往往面临人手不足、资源有限等问题，难以高效开展各项工作，影响治理效果。

乡村治理缺乏资金。乡村治理需要大量的资金支持，用于基础设施建设、公共服务提供和日常管理维护等。然而，许多农村地区财政收入有限，难以筹措足够的资金，导致治理工作面临资金短缺的问题。资金短缺不仅影响治理项目的推进，还可能导致公共服务质量下降，难以满足村民的需求。

（二）工作推进重难点

数据收集困难。乡村治理调查评价需要大量的数据支持，但在农村地区，数据收集面临诸多困难。一方面，农村地区地理位置分散，交通不便，数据收集的成本和难度较高。另一方面，农村信息化水平较低，数据采集手段落后，许多数据无法通过电子方式获取。此外，部分农村地区缺乏完整的数据记录和统计，导致数据不全、不准。

资金和资源短缺。评估工作需要大量人力和物力，需要一定的资金支持，许多地方政府财政能力有限，难以筹措足够的资金支持调查评价工作。此外，评价工作需要专业的技术支持和设备投入，许多农村地区难以满足这些需求。

（三）第三方调查重难点

评估标准不统一。乡村治理涉及多个方面，不同地区和领域的评价标准差异较大，指标设置也不同，导致评估结果的可比性和一致性差。缺乏科学、统一的评估标准，使第三方评估机构难以进行有效的评估，难以全面反映治理效果。

评估方法和技术限制。乡村治理的复杂性和多样性，村民的分散居住、外出务工较多等情况，对评估方法和技术提出了很高的要求，传统的评估方法可能难以适应现代乡村治理的需求。此外，评估方法和技术的应用需要专业人员的支持，但许多第三方评估机构在农村地区难以找到足够的专业人才。

地方配合度低，导致信息获取困难。第三方评估机构在评估过程中需要地方政府和村集体的配合，但一些地方政府和村集体对第三方评估存在抵触情绪，担心评估结果不利于自身，因而不愿意配合评估工作。此外，地方政府和村集体的治理能力和意识也影响评估工作的顺利开展。

（四）解决思路

1.制定统一的执行标准

乡村治理涉及领域众多，村庄千差万别，在项目执行前，应统一标准和解释口径，确保各地在评估过程中有一致的依据。根据不同地区的实际情况，细化和量化评估指标，确保评估标准的科学性和适用性。第三方评估机构应与相关政府部门和学术机构合作，共同制定和完善调查评价标准。

2.建立信任关系，加强沟通

与地方政府、村集体、村民进行充分沟通，强调评估的独立性、公正性和客观性。通过签订合作协议，明确各方的权利和义务，确保评估工作的顺利进行。提供反馈机制，及时向地方政府和村集体反馈评估结果和建议，促进其改进和提升。

3.创新调查方式，提升团队人员专业性

第三方调查评价机构应不断探索和创新调查评价方法，采用大数据、人工智能等先进技术，提高调查评价的科学性和准确性。加强与高校、研究机构的合作，提升技术水平和专业能力。在项目队伍组建方面，重点考虑有农村生活经验、乡村振兴等方面工作经验的人员。加强对项目人员的专业培训，提升其技能和知识水平。

四、乡村治理调查评价的主要成果

（一）前期成果

1.项目方案

项目方案是项目整体操作指南。项目方案通常包含项目背景、目的、内容、范围、方法、进度安排、保障措施等。项目方案应该目标明确，可操作性强。

某市基层党组织人才队伍建设调研方案示例

加强农村基层党组织人才队伍建设在提升农村基层党建工作质量，发展农村经济，稳定基层，振兴乡村，推进农业农村现代化方面发挥着重要作用。为进一步摸清当前我市农村基层党组织现状，提升人才队伍质量，组织开展本次调查，制定方案如下。

一、调研目的

二、调研范围及对象

三、调研内容和方法

四、具体安排

（一）时间安排

（二）人员安排

（三）调研流程安排

（四）交通、食宿安排

五、预期成果

六、保障措施

（资料来源：民生智库乡村振兴研究中心）

2.调查问卷

根据项目目的，针对乡村治理的各个领域，制定逻辑严谨、重点突出的调查问卷。问卷以定量调查为主，便于后期进行统计和分析。问卷部分问题为开放式，主要询问受访者态度、建议等。

 某市乡村治理村民问卷示例

一、基础信息（略）

二、甄别问卷（略）

三、调查问卷（部分展示）

Q1.以下说法，与您的实际情况是否相符？

	很符合	比较符合	一般	不太符合	完全不符合
我对我们村的村规民约很熟悉	5	4	3	2	1
我们村的村书记有威望、有能力	5	4	3	2	1
我们村的村务都能实现及时公开	5	4	3	2	1

Q2.对于村里大家共同的事情，您有下列行为吗？（可多选）

A.提意见建议　B.投票表决　C.干活出工　D.出资　E.出物　F.志愿服务　G.出谋划策　H.监督　I.参与维护管理　J.以上都没有（若为J，跳过Q3—Q4）

Q3.您是通过什么渠道参与本村事务的？

A.本村微信群　B.村委组织　C.村民自发组织　D.12345市长热线　E.上级信访（若为ABC，跳过Q4）

Q4.通过12345市长热线、上级信访参与本村事务的原因？

A.村里故意不解决　B.村里没有能力解决　C.村里解决太慢　D.受人指使或煽动　E.其他（请说明）

（资料来源：民生智库乡村振兴研究中心）

3.访谈提纲

基于乡村治理的主要领域，对参与主体开展深度访谈。访谈的主要目标是挖掘受访者的态度、感受、观点等，侧重于挖掘现象背后的深层原因，以收集定性内容为主。乡村治理访谈内容包括但不限于受访者对于相关工作领域，如人居环境、基层民主、德治、法治等的现状认知，存在的问题，问题产生的原因，解决建议，需要的政策支持等。

 乡村治理访谈提纲示例

村书记访谈提纲

A.社会基础

1.就您的主观感受，比起十年前，村里的社会风气有什么变化？村民之间联系程度有什么变化（互相走动勤不勤）？

2.我们村的外来人口多吗？多的话对本村的村庄管理带来了哪些问题，或者有什么好处？

B.人居环境

1.我们村的人居环境具体怎么开展的，包括谁牵头、怎么分工？资金来源于何处？保洁员有多少个？保洁员的工资由谁发？

2.我们村的人居环境工作做得怎么样？难点在哪里？效果较好的原因是什么（您有哪些经验和秘诀）？较差的原因有哪些？

3.村民对我们村的人居环境工作都有什么贡献？村里是如何调动村民参与人居环境整治的？调动中的困难有哪些，原因是什么？遇到不配合的村民村里一般怎么处理（比如违建问题）？

4.本村的人居环境工作目前有哪些困难和问题？您认为目前的人居环境工作有什么不合理的地方？也可以谈谈您对上级政府的意见建议。

（资料来源：民生智库乡村振兴研究中心）

（二）过程成果

1.访谈纪要整理

乡村治理涉及主体众多，如村干部、村民、外部相关群体如学者、投资者等。访谈重点挖掘这些主体对乡村民主治理、法治、德治、乡村建设、人才建设等乡村治理重要领域的认知、满意度情况，以及对此提出的存在的问题和工作建议等。将访谈内容整理成文本，对文本内容进行分析，有利于提炼共性，发现深层问题。

2.问卷数据

定期对问卷核心问题进行统计，形成日报或周报。涉及定量调查的项目，需要在问卷投放阶段跟踪关键问题的回答情况。如在满意度调查中，需要定期对各群体的认知度、满意度进行统计，如果发现某个群体在某项指标的数据统计结果过高或者过低，需及时进行核查，确保问卷投放及填写没有问题。

3.阶段性报告

阶段性报告通常是在项目执行某一个阶段，对前期调查情况和初步发现进行总结，并确定下一阶段工作重点、改进的方向、工作安排等。

 某市乡村治理调查项目中期报告

一、调查工作开展情况

按照项目安排，我单位在某段时间内对本市进行了乡村治理调研，目前，已完成××个访谈，包括……

二、调查初步结论

结论一：

结论二：

三、存在的问题和建议

问题一：

问题二：

四、下一步工作计划

（资料来源：民生智库乡村振兴研究中心）

（三）终期成果

1.专项报告

专项报告主要聚焦某一个主题、某一事项或某类群体。乡村治理调查评价项目出具的专项报告有：人群报告，如基层干部报告、农民报告等；分领域报告，如人才队伍建设调研报告、乡村建设调研报告等；分区域报告，如分市、分区县、分乡镇出具报告。

2.总报告

在调查工作结束后，根据委托方需要撰写汇总报告。总报告的基本组成内容包括：项目总体调查情况，主要回顾项目执行情况；项目发现，从不同维度、不同层次概括本次项目发现的问题、该问题的表现，剖析背后的原因等，需要以访谈内容和问卷调研数据等资料作为佐证；改进措施和建议，所有建议都应该基于本次调研。

3.乡村治理数据库

将问卷结果、访谈记录等各类数据进行标准化处理后，构建乡村治理数据库。数据库既有结构化数据，如认知度、满意度等，也有非结构化的，如访谈记录文本、图像、视频等。数据库可以帮助政府部门、研究机构了解情况，提供学术研究材料等。

五、乡村治理调查评价案例

（一）某区基层党组织人才队伍建设调研项目

1.项目背景

提升农村基层党组织人才建设对于推动乡村振兴和提高基层治理能力具有重要意义。加强人才建设能够提高党组织的战斗力和凝聚力，确保政策在基层的有效落实，有助于引导现代科技和先进管理理念在农村的推广应用，推动农业现代化和农村经济发展。提升基层党组织的人才建设是实现农村长治久安和全面建成小康社会的关键环节。

为充分掌握全区基层党组织人才现状，为制订人才队伍建设计划提供参考，某区启动了本次调研项目。

2.项目内容

全面梳理、总结新形势下乡村振兴政策，基层干部的职责、能力要求，先进地区的案例等。

对某区现有的各乡镇的干部数据进行分析，总结各乡镇干部基本情况，分析的维度包括数量、年龄、性别、学历、党员比例等，重点分析是否存在结构不合理的问题。

对各乡镇干部进行深度访谈，了解其对国家乡村振兴政策的理解程度，责任落实情况，本乡镇组织能力建设情况，人才引进与培养情况，在组织人才建设方面的政策期待等。

对村民进行深度访谈，了解其对于本村乡村治理现状、村干部推进乡村振兴的工作方式、村干部工作能力、党群关系等的看法，并与干部访谈内容互相验证。

总结归纳某区农村基层党组织人才队伍结构存在的问题，能力现状及不足之处，提出改进方向及建议。

3.服务效果

本次项目为某区的基层人才队伍建设措施提供了有力证据和参考。结合调查研究报告成果，某区制定了干部结构优化目标，如提升女性干部比例，增加某类专业背景干部等。根据干部和村民的反馈，以及新形势下该区乡村振兴工作目标，该市明确了基层干部急需提升的能力，需要培养和引进的人才类型，需要健全的保障机制等。

（二）某市乡村治理满意度调查服务方案

1.项目背景

为深入了解农村居民对实施乡村振兴战略各方面的主观满意程度，着重反映乡村治理及基层民主建设情况，为全市涉农区党政领导班子和领导干部推进乡村振兴战略实绩考核评分提供依据，为制定相关政策、推动乡村振兴战略实施提供参考，某市统计局拟开展乡村振兴与乡村治理满意度调查。

2.项目内容

乡村治理满意度调查内容主要包括农村居民对本市乡村治理的满意度和对一些具体乡村治理问题的看法等，包括公共服务、公共安全、乡村自治、乡村德治、乡村法治五个方面。

本次调查采取随机起点、等距抽样方式在全市涉农区中抽取一定比例的行政村及涉农居委会，每个抽中村（居委会）随机抽取8～10户，进行入户调查。乡村治理满意度调查问卷涉及2000多户。具体调查内容详见表4-9。

表4-9 乡村治理满意度调查项目调查指标

一级指标	二级指标	三级指标
乡村治理	A.公共服务	A1.子女教育 A2.养老助残
	B.公共安全	B1.社会治安
	C.乡村自治	C1.群众参与
	D.乡村德治	D1.道德建设 D2.乡风文明建设
	E.乡村法治	E1.法治建设

（资料来源：民生智库交通发展研究中心）

3.服务效果

实施乡村治理满意度调查的效果显著，通过调查深入了解了农村居民对乡村治理各方面的主观满意程度。通过收集和分析调查数据，为相关政策制定和乡村振兴战略有效实施提供了宝贵的参考。

（三）乡村治理和乡村建设关系研究项目

1.项目背景

实施乡村建设行动是党的十九届五中全会作出的重大部署，是全面推进乡村振兴的重要抓手。农民是乡村生产生活的主体，2022年中共中央办公厅、国务院办公厅印发的《乡村建设行动实施方案》明确提出要坚持乡村建设为农民而建，充分尊重农民意愿，发挥农民主体作用，建立自下而上、村民自治、农民参与的实施机制，充分发挥村民委员会、村务监督委员会、农村集体经济组织作用，引导农民全程参与乡村建设。这对乡村基层的治理能力提出了更高要求。

A市乡村建设已经取得显著成效，基本建立了"五有"（有制度、有标准、有队伍、有经费、有督查）农村人居环境长效管护机制，农村基础设施明显改善。但该市乡村建设中存在驱动力单一问题，主要表现有：以政府主导为主的格局尚未改变，农民主体地位未得到充分发挥；过于依赖财政兜底，社会投入少，村级自筹不足，使用者付费机制基本尚未建立；乡村治理水平总体偏低，对乡村建设的支撑不足。

为了更深入了解乡村治理与乡村建设的作用机制，提升乡村治理对乡村建设的支撑作用，进而设计更加有效的政策，A市启动了乡村治理和乡村建设关系研究课题。

2.项目内容

通过案头研究、专家访谈、问卷调查等方式，本项目从乡村建设与基层治理关系出发，进行了多角度、深度研究。研究内容包括以下四方面。

（1）乡村建设成效。总结了A市推进乡村建设的经验做法、取得成效和面临问题。

（2）乡村建设主体及治理类型。总结了当前国内乡村建设参与主体及治理类型，分析各类型的运行方式，总结存在的问题及对A市的启示等。

（3）乡村治理对乡村建设的影响机制。主要分析乡村治理哪些因素对于乡村建设影响较大，发生作用的途径等。

（4）问题总结和政策建议。基于本次项目发现和A市现状，总结出A市急需改进的问题、改进措施等。

3.服务效果

通过本项目，A市明确了本市当前乡村建设和乡村治理所处的水平，对于存在的问题有了更加科学的认识；对于不同主体参与乡村建设的模式有更加全面的认识，有利于相关运作体系的制定；确定了在乡村治理方面优先改进的方向，为相关政策出台提供参考。

六、乡村治理调查评价展望

（一）构建乡村治理综合评价体系

当前的乡村治理调查评价主要聚焦于一些特定领域，如党建、法治、公共安全等，将这些领域整合起来，构建合理、科学的评价体系，对地方的乡村治理水平进行综合评价，既有助于推动内部各系统协调工作，也有利于不同地区的乡村治理水平进行比较借鉴。

在乡村振兴总体战略下，关注乡村治理对乡村振兴各项工作的影响，进而构建影响模型。治理有效与产业兴旺、生态宜居、乡风文明、生活富裕一起成为我国乡村振兴战略的总要求。乡村治理如何促进或制约产业发展、乡村建设、乡风文明建设等，哪些因素的影响更大，作用机制如何，这些都需要深入研究。

（二）调查评价主体更加多元化

随着城市化推进，大量青年农民流动到城镇与城市，乡村社会的成员结构发生变化，除传统农民外，新型职业农民、农业企业主、个体户等群体日益壮大。乡村社会正由一家一户向与农业大户或农业企业多元并存的生产方式转变。各主体在价值取向、文化水平、自身利益等方面的变化将促使乡村治理发生变革，对乡村治理工作提出更高要求。乡村治理调查评价工作应在数据获取、评价体系设计、评价方式等方面及时变革。

（三）数字化技术为乡村治理调查评价赋能

伴随《数字乡村发展战略纲要》的实施，数字技术作为新质生产力的代表和重要推动力，正全面融入乡村社会的各个方面。数字技术的推广将大幅度提升基层治理效能，推动乡村治理体系和治理能力现代化进程。在调查评价方面，数字技术有利于实现对乡村碎片化信息的数据集成和交换，准确快速完成对民意的采集和分析，以便进行高效的制度设计和反馈。

第五节　数字政府——智慧园林建设与应用

在新发展理念的指导下，城市发展理念和建设模式持续更新，对城市园林事业提出了新要求，时代呼唤叠加人工智能等新技术革命的加持效应，智慧园林应运而生。智慧园林借助智慧化工具和手段，实现园林绿化调查评价信息的显性化、可视化、深入化，为管理部门提供更加精准的决策支持及风险预警，促使园林绿化管理更加精细化、智能化，为人民群众创造优美舒适宜居的生活环境。

一、智慧园林发展现状

新的物联网技术提供了远程监控、管理和控制设备的能力，从大量实时数据流中创建可操作信息，推动全球范围的智慧园林城市计划。在国外林业发达国家，园林苗圃是一个比较健全的专业化生产体系，基本实现了信息化管理[①]，其中美国的信息化管理水平领先于其他发达国家[②]。欧洲国家在园林绿化实施管理上重视数字技术及其应用，纷纷开展智慧管理技术和数字化转型的研究。

在中国，随着智慧园林城市信息化建设热潮高涨，智慧园林已经迅速从1.0时代进阶到3.0时代，近年来各地政府纷纷打造智慧园林城市应用典范。智慧园林建设主要体现在智慧园林苗圃的生产和管理模式、智慧园林规划和实施流程及城市绿地建设和管理、智慧园林管养综合技术、智慧园林科普教育以及互动课堂和教改新模式、基于"双碳"战略的智慧园林相关政策的实施等。园林工程智慧化主要体现在智慧园林设施的建设及施工管理，集物联网、大数据、新一代信息技术等，将监管、服务、管理融为一体，实现信息数字化、决策数字化、办公数字化，见图4-4。

二、智慧园林服务对象和应用场景

（一）服务对象

智慧园林服务对象包括政府部门、绿地/公园管理单位、绿化养护单位、第三方监管机构等。

---

① 祝遵凌.智慧园林研究进展 [J].中南林业科技大学学报，2022（42）：1-15.
② 原阳晨.苗圃智能化信息管理系统研究 [D].保定：河北农业大学，2019.

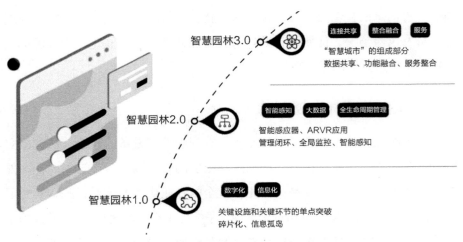

图4-4 智慧园林1.0时代到3.0时代发展阶段

1.政府部门

政府部门包括从乡镇（街道）、县（市、区）到地级市、省（自治区、直辖市）的园林绿化主管部门。智慧园林系统将项目管理、检查员与养护责任单位通过信息化联结，实现管理流程化、规范化，提供绿地资产、绿地养护、监督巡查、人员管理等信息的直观展示、市长热线、区网格件、监督案件等监督管理数据的统计分析。

2.绿地/公园管理单位

管理单位包括公园/绿地等园林绿化资源的管理单位。智慧园林系统实现对绿地台账、绿地植物名录信息、绿地植被、绿地资源GIS信息、绿地现状以及绿地和植被核增核减情况的信息化管理，综合展示养护系统里的重要指标，包括单位数量、地块数量、养护任务各状态统计、紧急事件上报统计。

3.绿化养护单位

绿化养护单位包括由园林绿化管理单位聘请的负责绿化植物养护、环卫保洁、设施维护的单位。智慧园林系统为其提供养护规范、养护台账、养护计划、养护方案、养护日志等，实现专项任务及任务追踪、养护流程管理、紧急情况上报、绿地体检等功能，并对智慧灌溉管理以及土壤墒情、虫情等的监测监控进行管理。

4.第三方监管机构

第三方监管机构指的是对绿化养护情况进行监督考核的第三方机构。智慧园林系统维护绿地台账基本信息库，实现巡查问题上报，并对巡查问题整改、外部派件处理等第三方监督流程进行管理，对监督巡查数据进行综合统计，实现监督巡查业务的闭环管理，以及人员考勤管理、养护单位考核管理。

（二）应用场景

园林智慧化管理将扩大到公园/景区古树名木保护、城市园林管理、森林防火监测、公共服务、政府管理等各方各面。

1.智慧公园建设

充分考虑智能、生态、环保、便捷等因素，打造智慧公园，通过数字赋能，将智能感知设备与公园管理平台相结合，对公园进行智能灌溉、公众科普、互动服务等智慧化管理，实现"智"管公园，"慧"及民生。平台建立科普中心，通过公园及植物介绍与虫情监测站、气象站、智慧灌溉等智管功能的演示与介绍，引导人们尤其是青少年热爱科学、走进科学，从而提升国民科学素养，帮助孩子们树立当科学之星的理想；建立互动服务中心，通过附近地标、信息互动、失物招领、寻物启事等方式为公众提供互动服务，提高民生质量，营造更加和谐、宜居的生活环境。

2.古树名木保护

为每棵古树名木建立详细的档案，记录其生长数据、历史信息、保护措施等，便于长期管理和研究；使用各种传感器和监测设备对古树名木的生长状况、土壤湿度、环境温度等实时监测，评估树木的健康状况；智能识别系统能够监测树木受病虫害侵扰的情况，并及时采取措施进行防治；通过分析收集的数据，预测可能对古树名木造成损害的风险因素，如极端天气事件，并提前采取措施。在宣传教育和游览服务方面，通过智慧园林平台向公众提供古树名木的相关信息，提高公众的古树保护意识，并鼓励公众参与保护活动；为游客提供古树名木的位置信息和导览服务，增强游客体验和古树名木保护意识。

3.森林防火监测

在森林中安装智能摄像头和传感器，实时监控森林状况，及时发现烟雾、火苗等异常情况；用大数据技术对收集的森林环境数据进行分析，预测火灾风险和发生区域；建立火灾预警系统，一旦检测到潜在的火灾风险，立即通知相关部门和人员采取行动；使用无人机进行定期、不定期巡查，覆盖人力难以到达的区域，提高巡查效率和覆盖面。

4.公众宣传服务

通过平台向公众推送森林防火知识、紧急疏散路线、安全提示等信息；提供教育和宣传资源，让公众认识森林防火的重要性、提高自我保护能力并宣传森林防火法规；开发虚拟森林游览等互动体验，让公众在享受自然美景的同时，了解森林保护的重要性；建立紧急求助系统，公众遇到紧急情况时可以通过平台快速告警求助。

5.行业监督管理

建立详尽的森林资源数据库，帮助政府进行资源规划和管理；通过数据分析和模拟，为政府提供防火带的设置、防火资源的分配等方面的决策支持；建立应急响应机制，在发生火灾时能够迅速调动资源，组织救援。

三、智慧园林建设重难点

（一）业务领域重难点

对人员业务能力提出更高要求。系统架构、开发人员既懂得业务需求，又了解5G、云计算、物联网等不断迭代的新技术，对项目开发人员的知识储备和业务技能提出较高要求，系统运维、硬件设备管理也要求具备一定业务知识和软硬件知识。

实现业务流程信息化。通过系统功能实现接、转、办、督、核全流程管理。结合市长热线、城管热线、督办案件及检查人员上报等方式，对绿地养护管理进行监督和检查，及时发现和解决问题，从而更好地执行绿地养护工作，形成"问题发现—立案—派发—整改—完成"的监督管理闭环。

（二）工作推进重难点

解决部门内部认知及需求分歧。管理部门内各科室对智慧园林的认知存在差异，在智慧园林的核心需求和期望方面各有侧重。

实现多方信息沟通。系统建设、运行及维护期间均涉及园林绿化监管部门、绿化养护单位、第三方监管单位的沟通协作，必须保障充分的信息沟通、需求整合。

国家政策持续驱动。智慧园林建设是国家生态文明建设方略和城市规划的重要内容，近年来国家不断出台政策推动该项工作的实施落地，各地相关部门如何按照政策要求稳步推进建设，成为工作重点。

（三）系统建设及运维重难点

做好多方需求沟通及整合。智慧园林系统的使用主体包含园林绿化监管部门、绿化养护单位、第三方监管单位等，不同主体的业务需求不同，如何整合这些需求，形成统一的智慧园林解决方案是一个挑战。系统涉及多方需求沟通、工作协调，沟通协调工作难度较大。

实现系统集成。智慧园林的建设需要借助5G、物联网、大数据、云计算等新一代信息技术，涉及多个子系统和硬件设施的集成，如何实现这些系统的无缝对接是一个技术挑战。

有效收集数据并实现全生命周期管理。数据全生命周期分为采集、存储、呈现与使用、分析与应用等阶段，园林绿化数据库具有时态性，记录不同时间段空间数据的变化，并进行历史回溯。建立完备详尽的绿化资源信息数据库，才能实现数据资源的可视化和智能分析。为此，建设前需要摸清并全面收集多方数据，形成基础数据并展示到一张图，系统运行期间需保证数据持续更新，服务于日常管理。

保障系统运行维护。系统建成后需要持续维护更新，主要是软件系统、硬件设备的日常运维，包括定期维护更新系统，以适应不断变化的需求和技术发展；及时更新系统数据，服务部门日常监管；避免硬件设备在其他养护、建设施工中被破坏，影响系统运行。

（四）解决思路

建立统一的认知框架。通过行业研讨会、培训和宣传，建立不同利益相关方对智慧园林的统一认知，建立统一的认知框架；建立行业标准和协议，促进不同部门和机构之间的信息共享。

建立协同监管机制。通过建立多部门协同的工作机制，形成部门合力，共同推进城市绿地的监管工作，明确各相关部门在城市绿地监管中的职责和任务，确保责任到人，避免监管空白。

做好技术路线规划及需求管理。项目实施前制定清晰的实施路线图，从信息化到数字化再到智慧化，逐步推进；深入了解不同职能部门的具体需求，制定综合性的智慧园林解决方案。

分级分步实施。先开展试点建设，通过实践验证解决方案的可行性，为大规模推广积累经验；建立项目评估机制，定期评估项目进展和效果，及时调整改进策略。

四、智慧园林建设成果

（一）系统平台建设成果

在智慧园林发展的大背景下，以绿地管养为抓手，综合运用云计算、大数据、移动互联网、物联网等先进技术，汇聚基础时空数据和绿地专题数据，建立集绿地资产管理、养护、监管、考核、考勤于一体的智慧园林管理平台，为绿地管理提供精细化管护、可视化管理、智能化决策等方面的技术支持，主要包括以下12个功能模块。

（1）绿地资产管理：对绿地地块台账、绿地地块图斑、绿地地块图斑附属资产等绿地资产进行管理。对绿地的核增核减管理流程进行管理，见图4-5。

图4-5　绿地资产管理一张图

（2）智慧养护管理：对养护内容如养护台账、方案、计划等进行统一管理。

（3）监督巡查管理：将项目管理、检查员与养护责任单位通过信息化联结，实现管理流程化、规范化，更好地形成监督巡查业务的闭环管理。

（4）人员考勤管理：规范人员考勤管理，通过对位置、时间、轨迹、出勤情况等进行信息化管理，保障工作的有序进行。

（5）考核管理：建立考评规则，通过自评、社会监督、第三方考核、专家考评多种方式对养护效果进行考评，并按照月份、季度、年份等频次进行统计排名。

（6）智能灌溉子系统：智能灌溉系统结合土壤墒情监测设备所监测数据制定阈通策略，使灌溉系统在特定环境下智能开启、关闭，防止过度灌溉造成损失，见图4-6。

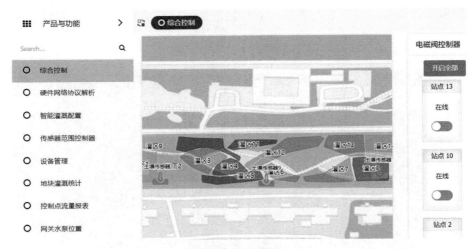

图4-6　智能灌溉子系统

（7）土壤墒情监测子系统：监测终端采用智能传感器对绿地土壤进行连续性监测，通过无线传输技术将土壤水分、土壤温度、土壤电导率、土壤pH等指标实时回传至智能分析云平台和系统中控台。

（8）虫情智能监测子系统：通过监测端的虫情监测站和智能识别云平台，与中控台的智能指挥调度系统对接，可支持虫情监测、预警预防与人工消杀任务调度智能化管理。

（9）移动办公App：将养护作业、巡查监督、整改反馈等业务管理应用平移至手机应用端，满足移动办公需求，并实现移动一张图。

（10）地理信息系统：对园林绿化图形数据进行管理，包括数据入库、地图编辑、地图输出、操作日志等功能。

（11）辅助决策平台：根据事前养护计划实施养护任务进行分析，对作业过程中的人、材、机等资源投入进行量化分析，对第三方常规巡查上报数据分析问题发生率、严重性、问题整改率，定期对地块的整体景观进行定量评价，形成年度报告，辅助领导形成决策。

（12）运维管理：实现用户管理、组织管理、权限管理、角色管理及菜单管理等管理内容，按照用户角色配置管理权限。

（二）数据库成果

数据库是智慧园林平台的核心，通过普查，摸清城市园林绿化"家底"，建立完备详尽的绿化资源信息数据库，能够保障平台常态化运行，为数据分析提供支撑。

基础地理空间数据库：主要包括地形图、影像图、卫星影像、电子地图、行政区划、地名地址等数据。

资产数据库：主要包括绿地台账数据、植被数据、VR数据等数据，见图4-7。

图4-7 绿地问题台账

园林绿化专题数据库：是园林绿化资源核心数据，主要包括公园绿地、防护绿地、附属绿地、行道树、道路绿地、垂直绿化、其他绿地等数据。

园林绿化业务数据库：绿地从建设至养护全过程的数据内容。养护数据主要包括操作养护台账数据、规范数据、养护方案数据、任务排班数据、养护日志数据、绿地体检数据。监督管理数据主要包括考评指标数据、市长热线数据、区网格件数据、上报问题数据、接办案件数据。人员考勤数据主要包括考勤规则数据、考勤统计规则数据、签到记录数据、考勤数据、请假数据、加班数据、轨迹数据、工牌数据。

园林绿化监测数据库：智能设备监测传回平台的数据。智能灌溉数据主要包括控制点位的物联网数据、灌溉策略数据、灌溉记录数据、远程控制数据。土壤墒情数据主要包括设备信息数据、物联网数据、土壤墒情监控数据、上报原始数据。虫情智能监测数据主要包括设备信息、物联网数据、虫情监测数据、图片AI分析数据、上报原始数据。

园林绿化指标数据库：主要包括综合管理评价指标、监督考核指标等。

园林绿化法规标准库：主要包括园林绿化及其相关的法律、法规、行业标准、数据标准、国家及地方政策等内容。

（三）文字成果

1. 前期成果

项目设计书：对平台的建设背景、现状、问题、痛点进行研究，对必要性、建设条件进行研究，调研业务需求，分析业务流程、内在机理，形成平台建设方案。

实施方案：叙述项目背景、目的、规划、服务期限、服务范围，制定项目实施方案、系统部署方案、项目组织保障方案、项目实施进度安排。

2. 过程成果

需求文档：到现场调查，确定项目范围，为软件开发提供需求说明，详细介绍本系统要达到什么样的要求以及基于什么样的硬件设备和软件平台来实现本软件系统。

开发文档：根据需求说明书，建立软件开发依据，主要包括概要设计说明书、详细设计说明书、数据库设计说明书。

测试文档：在软件开发过程中和开发结束后，对平台进行测试，保证软件开发质量。主要包括测试计划、测试用例、测试记录、测试报告。

试运行文档：在开发完成后，系统正式上线前，需要进行试运行，用于解决系统前期出现的各种问题，主要包括试运行记录和试运行报告。

3.终期成果

标准规范体系：标准规范体系是平台建设的前提和保障。在平台建设过程中，根据建设单位要求，在遵照相关国家标准的基础上，结合实际细化补充，形成了一套适合实际应用和今后长期发展的标准规范体系。主要包括总体规范、数据规范、平台规范、运维规范等内容。

第三方软件测评报告：由独立于甲方和乙方的具备相关资质的软件测试机构提供公正、客观、独立的软件测试服务和评估，帮助甲方和乙方发现和解决软件中的质量问题，为后期软件验收和交付提供基础。第三方公司对平台的功能性、性能效率、信息安全性、可靠性、易用性、维护性、可移植性测试，依据测试结果，为评价分析其符合需求的程度以及存在的问题和需要改进的方面提供参考和依据。

系统安全等级保护测评报告：智慧园林管理平台根据《信息安全等级保护管理办法》进行安全保护工作，首先划定保护等级，根据等级保护要求，建立安全保护管理制度，实施等级保护工作。完成系统建设后，由第三方等级测评机构定期对信息系统安全等级状况进行测评。按照《网络安全等级保护定级指南》，确定系统安全保护等级；根据要求到相应的公安机关进行备案，获取备案证明；建立安全管理活动各项内容的管理制度，制定包括安全政策、安全策略、管理制度、操作规程等的全面的信息安全管理制度，并根据管理制度建立相应的管理登记记录。第三方等级测评机构测评后形成等级保护测评报告。

工作总结报告：对系统建设、测试、试运行工作开展情况进行总结，撰写工作总结报告。

五、智慧园林建设与应用案例

（一）项目背景

园林绿化精细化管养是城市绿化可持续发展的基本需求之一。某地区推行市场化养护模式，提高资金投入，贯彻精细化管理理念，提高某地区绿地管理力度和专业化水平。在具体工作中，必须从市场化运作的源头抓起，从招投标抓起，制定完备的规范，严格管理养护作业过程，规范资金使用，完善日常监督考核机制和办法，逐步推进和扩大市场化运作的规模和效率，确保园林绿化工作的高效运行。建立完备的过程管理机制，做好事前控制、事中监督、事后考核，制定一整套园林绿化预算管理、养护作业管理、人员考勤、巡查检查、监督考核、绩效管理等制度，使精细化管护工作能够有章可循，有法可依，从而减少改革风险，确保资金使用效率。

某地区管理的绿地面积越来越大，管理的市场化公司由原来的十几家增加到几十家。管理工作更加繁重，精细化和专业化要求更高。

（二）服务内容

某地区立足于绿地养护管理的目标，借鉴当前领先、成熟的信息化技术手段，实现技术与业务的无缝融合。

各部分建设内容如下：

绿地资产管理：对绿地地块台账、绿地地块图斑、绿地地块图斑附属资产等绿地资产进行管理。对绿地的核增核减管理流程进行管理。

智慧养护管理：本系统对养护内容如养护台账、方案、计划等进行统一管理，提供综合展板、一张图、综合统计及模糊查询等。

监督巡查管理：本系统将项目管理、检查员与养护责任单位通过信息化联结，实现管理流程化、规范化，更好地形成监督巡查业务的闭环管理。

人员考勤管理：本系统规范人员考勤管理，通过对位置、时间、轨迹、出勤情况等进行信息化管理，保障工作的有序进行。

考核管理：本系统建立考评规则，通过自评、社会监督、第三方考核、专家考评多种方式对养护效果进行考评，并按照月份、季度、年份等频次进行统计排名，促进养护专业化、精细化。

智能灌溉：智能灌溉系统结合土壤墒情监测设备所监测数据制定阈通策略，使灌溉系统在特定环境下智能开启、关闭，防止过度灌溉造成损失。

土壤墒情监测：监测终端采用智能传感器对绿地土壤进行连续性监测，通过无线传输技术将土壤水分、土壤温度、土壤电导率、土壤pH等指标实时回传至智能分析云平台和系统中控台，对偏离正常值范围的指标，自动发出预警信号，并触发智能调度模块，向养护人员自动下发作业任务。

虫情智能监测：通过监测端的虫情监测站和智能识别云平台，与中控台的智能指挥调度系统对接，可支持虫情监测、预警预防与人工消杀任务调度智能化管理。

移动办公App：将养护作业、巡查监督、整改反馈等业务管理应用平移至手机应用端，满足移动办公需求，并实现移动一张图，通过手机就可以查询地图上绿地地块的概略信息、名称、面积、养护单位和产权单位。

地理信息管理：对园林绿化图形数据进行管理，包括数据入库、地图编辑、地图输出、操作日志等功能。

运维管理：本系统主要实现用户管理、组织管理、权限管理、角色管理及菜单管理等管理内容，按照用户的不同身份及业务管理区域分配其可以浏览的系统要素内容。系统还包含字典表、系统配置、系统日志、用户登录统计等内容。

（三）服务效果

实现绿化养护降本增效。从成本绩效的角度结合质量管理需求，建立科学的养护监管体系，极大提高了资金使用效率。

落实业务管理精细化。园林绿化一张地图可视化展示绿地边界、四至范围，资产情况可做到底数清、情况明、数据准、动态更新。

作业精细化：实现养护作业标准化、智能化监控，"人材机"测算准确，加强事前控制和过程监督，加强过程关键环节监控。

智能管理流程：所有业务流程在线化，均可实现移动、在线办公，决策在线化，提高信息传递速度，提高决策时效。

考核精细化：进一步精细化，不仅考核结果，还要考核作业过程。

智能监测辅助养护管理。汇聚虫害信息，结合虫害发生时间规律、气候条件综合分析病虫害区域性爆发的概率，发布虫害预警信息；汇聚区县土壤墒情监测数据和水、肥预警信息，掌握区域绿地土壤墒情，督导养护作业，并为园林绿化规划设计、绿地植物选型提供依据；结合遥感影像对比监测占绿、毁绿、行政许可占绿情况。

六、智慧园林建设与应用展望

智慧园林将逐步深入公众生活，改变人们的生活、工作方式，实现人与自然对话，社会公众共建、共享智慧园林环境，充分享受绿色福祉。

（一）工作重点

1.人员队伍建设

随着创新技术的投入和智慧管理的深入，不仅需要引入了解新技术、新手段的专业人才队伍，以支持智慧园林的建设和运营；同时需要培养能够适应新技术、新手段应用的专业化人才队伍，更好地将数字化手段应用于园林绿化管理、养护、监督各环节。

2.行业知识库完善

信息化和数字化使资产账目实现了在线、数字化管理，帮管理者厘清管理对象、资产变化，可以辅助决策管理。只有形成行业知识库，才能为整个行业提供有益借鉴。为此，需要打破多源接入及共享的壁垒，实现部门间的信息融合共享，为智慧园林乃至智慧城市建设提供数据支撑。

（二）发展方向

1.资产管理效率和效益提升

通过巡管养工作及相关流程的逐步标准化、数字化改善管理机制，提升工作效率；通过有效的监督提高工作质量，保证园林资产的合理增值；与移动设备、自动化工具相结合，提高自动化管理水平，提升实际的工作效率。

2.综合系统功能开发

智慧园林的建设不局限于为一个部门或系统提供支持，而是站在"智慧城市"的全局视野下，与城市其他部门的智慧化建设相连接，通过数据共享、功能融合、服务整合等方式，促使建筑、市政、智能化、大数据、互联网等专业协同合作、走向融合，开发集绿化、市政、环卫、路桥、排水、路灯等多业务的管理平台，推动城市智能化发展的有机衔接和整体推进。

3.拓展应用方向

拓展智慧园林在科普教育、"双碳"目标实现等方面的策略和路径，比如利用 VR 等技术逐步实现科普大众化，推动园林文化的科学化、专业化、精细化；加强人与园林之间的智慧交互、友好互动，注重发展人对园林的新体验，充分感知智慧园林带来的便利性、获得感；结合"生态＋产业"模式，建立园林发展生态体系，提升行业竞争及服务水平。

（三）工作导向

1.高位推动，多个部门协同推进

与市政、城市管理、交通、税务、生态环境、文化旅游等主管部门及智慧城市建设单位建立跨部门协作机制，规划统一的底层数据标准，根据各自职责和业务范围提出功能需求清单，将智慧园林系统建构于智慧城市总平台上，与智慧城市总系统及其他部门的子系统实现底层数据的连接共享，发挥数据要素价值[①]。

2.公众反馈，数据驱动优化迭代

建立有效的反馈机制，保持透明与开放的沟通，实时响应公众诉求，

---

① 申明华 . 民生智库 | 智慧园林 3.0 如何建？［Z］. 民生智库科技，2024–03–07.

基于数据驱动进行持续迭代与升级优化，不断满足公众需求。

3.商业嵌入，绿色资本变现增值

园林绿地作为重要的城市资产，蕴含的商业价值未得到充分体现，在花园城市、公园城市建设背景下，智慧园林需响应绿化资源存量盘活的新要求，通过商业模式的设计，促进业态融合，打造消费新场景，推动生态资产、绿色资本不断变现增值，实现园林绿化高质量发展和高水平保护的良性循环。

第五章
建议与展望

政府工作调查评价作为提升公共服务质量、增强政府透明度和公信力的重要工具，在推动政策科学决策、优化政策制定、提高行政效率、创新社会治理等方面发挥着不可替代的作用。建议在下一步工作中，党政部门强化调查评价工作意识，创新调查评价工作方法，深化调查评价结果应用。期待调查评价工作能进一步推动政府职能转变，助力国家治理体系和治理能力现代化建设，期待社会调查评价在党政单位工作中发挥越来越重要的作用。

第一节　调查评价工作优化建议

一、提升调查评价工作意识

（一）持续强化调查评价工作意识

重视调查研究是中国共产党在革命、建设、改革等各个历史时期做好领导工作的传家宝。当前国家发展面临新的机遇、新的挑战，政府工作也面临很多新的社会现象、社会问题，不开展调查就没有发言权，也不利于作出正确决策。

建议各级政府和政府工作部门定期组织关于调查评价方法、数据分析和结果应用的培训课程，提高部门人员对调查评价工作重要性的认识；建立数据驱动的决策文化，强调调查评价数据对决策的支撑作用，让部门人员认识到数据的重要性；通过内部刊物、网站等渠道，宣传调查评价工作的意义、最新动态和成果，并将调查评价工作的成果综合运用，提升部门人员开展调查评价工作的积极性。

（二）持续强化调查评价在政府工作中的深度应用

习近平总书记指出，调查研究是做好工作的基本功，一定要学会调查研究，在调查研究中提高工作本领。我国发展面临新的任务和要求、机遇和挑战，迫切需要深入基层一线和实际生活，开展多种形式的调查评价，把握社会现象的本质和规律，找到破解难题的办法和路径。

以务实的作风开展调查研究，避免流于形式，掌握全面、真实、丰富、生动的第一手材料，发挥解决问题的实效。以专业的态度进行调查研究，按照习近平总书记提出的调研"五字诀"，即"深、实、细、准、效"，调研过程中反复检视获取的信息是否真实有效，提出的对策建议是否管用，研究的结果能否解决实际问题，不断修正调查研究的方式、内容，确保调查研究切实解决群众最关心最直接最现实的利益问题。

二、优化调查评价工作内容

（一）推进调查评价工作系统化

调查评价贯穿政府工作事前、事中、事后全流程。事前开展需求调研、舆情监测、风险评估等，了解社会需求和社会问题的本质，制订科学可行的工作计划和政策，提前识别可能出现的问题和挑战，制定相应的应对策略，进行风险预测和防范；事中开展持续监测和评估，深入了解政策执行中的具体步骤、资源分配、协调合作等环节，及时发现问题并改进；事后对工作完成情况开展全面客观评估，对政府工作绩效进行准确评价，同时总结经验和教训,为今后的工作提供参考。

调查评价工作覆盖多方利益主体。调查评价对象包含政策制定出台部门、政策受益方、损失方及观望方等多个利益相关方,需求和意见较为多元,在政策制定或调整工作中,建议收集和反映各利益相关方的需求、意见,让利益相关者广泛参与政策意见征集、政策制定、实施效果的反馈评价等,强化调查评价工作多元化和系统化。

(二)细化调查评价工作颗粒度

细化和定制调查评价工作的范围、对象及内容等。区域范围上,从省市级,到区县级或一个单位/部门均宜开展调查评价。调查对象上,根据具体目标和需求,不仅可面向组织机构、社会公众,也可面向特定群体开展个案调查。调查内容上,政府部门各领域细分方向众多,各级管理机构可根据不同细分方向的典型特征,开展差异化的行业调查工作。

细化调查工作要求。随着党和政府对调查研究工作的重视程度提高,调查评价工作的质量要求更加细致。对调查目标是否明确,方案设计、数据收集处理、过程控制及结果反馈和应用等各环节考虑是否全面,把控是否到位均提出较高要求。对调查评价工作人员的专业素养和职业道德水平也有一定要求,建议加强对调查评价基本要点、相关法律法规等的学习和培训。

三、完善调查评价工作机制

(一)畅通调查评价工作运行机制

建立常态化长效机制。建议将调查评价工作纳入常态化管理,建立长效机制,通过制度化、规范化的管理,确保调查评价工作持续、稳定开展。通过常态化机制,逐步化解部分调查工作无据可依或保障不到位等状况,并通过强化机制,优化调查评价涉及的内外部单位协调流程等事宜。

提升社会组织和公众的参与度和信任度。充分利用政府官网、融媒体等宣传方式和手段，提高社会组织和公众对政府工作调查评价的了解和认知，增强调查评价工作的透明度和公信力，促进公众对调查评价工作的理解和支持。吸引和鼓励社会经济组织、社会公众积极建言献策，营造浓厚氛围，凝聚共识和力量，共同促进政府工作的改进和提升。

（二）做好调查评价工作保障

强化组织保障。建议各级党政部门提高调查评价工作重视度，积极工作部署，有条件的部门或地区可设立专人专职专班。部门主要领导总体负责，抓好本地区本部门本单位调查评价工作的推进落实；参与成员各司其职，抓好分管领域、分管单位的调查评价工作。领导干部发挥表率示范作用，在调查评价方法改进、过程实施、监督问效上亲自抓落实。

强化财政保障。加大对党政部门智库、事业单位和社会智库的经费支持，设立政府工作调查评价专项基金，在年度预算中明确划拨出专项资金，制订长期财政资金保障计划，支持长期或周期性的调查评价项目，根据政府工作的变化和调查评价需求的发展，动态调整财政资金的投入，确保调查评价工作持续、稳定开展。

做好工作统筹。做好事前统筹，避免多头或重复调研，避免调查评价工作流于形式。做好部门内外部沟通、上下协同、整体推动解决涉及多个地区或部门单位的问题。总结调查评价工作的做法经验，完善调查评价工作长效机制，让工作产生实效。

四、深化社会智库参与

（一）深化引入社会智库服务的意识

社会智库在特定领域拥有深入的专业知识和丰富的经验，利用专业能力开展评估、分析和建议，能够为政府决策和执行提供新的思路和方法，减少因专业程度不足、人力不足等导致的工作短板或决策偏差，提升政府工作的透明度和公信力，增强公众信任度。建议党政单位优化工作模式，提高对社会智库作用和价值的认识，积极寻求社会智库的服务支持。

（二）优化公平竞争的市场环境

《中共中央 国务院关于营造更好发展环境支持民营企业改革发展的意见》提出进一步放开市场准入、实施公平统一的市场监管制度、强化公平竞争审查制度刚性约束和破除招投标隐性壁垒等。将社会智库纳入国家新型智库创新管理体系，在课题申报渠道、任务需求背景、成果转化应用等方面，将社会智库与科研单位、高校等体制内机构同等对待，助力公平竞争、破除隐性壁垒。

（三）落实机制建设和政策支持

建立健全社会智库参与决策的长效机制。创新工作机制，拓展社会智库向政府部门提供调查数据、评估报告、规划设计方案、决策咨询建议的渠道，比如通过课题委托方式，鼓励和支持社会智库参与政府部门专项研究工作，充分发挥社会智库咨政、辅政、舆情引导、政策宣贯作用[①]。

鼓励和培育社会智库发展。设立专项基金，奖励在推动社会公共政策、公益事业、国家安全、国际关系和国计民生等方面，产生广泛影响、作出卓越性智力贡献的社会智库[②]。

第二节 调查评价在政府工作中的展望

随着社会经济发展变革和现代技术的不断进步，调查评价在政府工作中的应用更加多元、立体、深入，在支撑决策研究和治理能力现代化中的作用愈加突出，呈现出思维治理化、技术智慧化、内容丰富化、结果实效

---

① 国情讲坛国情研究.论智库人才的开发 – 薛永武 | 中国智库·国家智库 – 国家（中国）智库. https：//zhuanlan.zhihu.com/p/682075920.

② 赵国安.全球主要国家智库建设发展经验启示 [EB/OL]. https：//c.m.163.com/news/a/IQTLFFFL105387ILS.html.

化等趋势。其中，社会智库以其客观、独立、专业的视角，在聚焦经济社会发展中的关键问题，表达多元利益主体需求，参与国际交流合作等方面发挥重要作用。

一、思维治理化

（一）治理主体多元化

治理主体多元化是新时代治理体系的鲜明特征。党的十九大提出打造共建共治共享的社会治理格局，党的二十大部署建设人人有责、人人尽责、人人享有的社会治理共同体。治理主体多元化是构建社会治理共同体的基础。治理主体多元化能够改变以往政府单一主体的治理模式，让企业、社会组织、公众及个体参与到社会治理中，发出声音、提出建议、参与决策、监督落实，实现共治共建。社会智库扎根于社会，服务于社会，是社会智慧的集中凝聚和体现，是链接企业、社会公众、社会组织和政府之间的桥梁和纽带。

社会智库汇聚多元力量，形成共治合力。社会智库作为独立的研究机构，能够汇聚来自不同领域、不同背景的专业人士和社会力量，共同参与社会治理的研究和实践。社会智库具有专业领域的研究基础和实践经验，聚焦社会实际问题，了解政府工作模式和治理体系，洞悉企业、社会公众深层需求，基于专业、客观、独立的立场分析多元治理主体的诉求，提出具有前瞻性和创新性的政策建议，促进政策的科学性和民主性。社会智库利用自身资源和渠道优势，搭建信息共享平台，促进多元主体之间信息交流和资源共享，组织公众参与社会治理，建言献策，激发公众的积极性和创造性，增强治理的民主性和透明性。

（二）决策过程规范化

决策过程规范化是提升政府治理效能的重要途径。2013年11月，党的十八届三中全会提出加强中国特色新型智库建设，建立健全决策咨询制度。决策的科学性、有效性是政府治理能力的集中体现，决策过程的规范化既是保障决策科学有效的基础，也是决策咨询制度的重要构成。决策过程规范化意味着在政府治理问题识别、信息收集、分析判断、方案选择、评估选择、决策实施、执行监督的每个环节都有既定的顺序和操作规范，主要体现为清晰界定决策目标、广泛收集多维数据、强化分析论证、完善评估反馈。

社会智库发挥"外脑"支持，优化决策过程。社会智库因其民间性、自主性和灵活性，能够更加敏锐感知政策受益者、政策执行者、政策旁观者等多元利益主体的需求反馈，精准识别难点和堵点，准确把握社会问题的本质和规律。社会智库利用自身专业性和独立性，对政策问题进行深入调研和数据分析，从公众视角审视政策问题，提出多元化、可行性的政策建议。社会智库可以协助政府建立政策评估反馈机制，前置评估，发现潜在问题，降低决策风险，推进政策优化调整，确保政策目标实现。

（三）决策依据科学化

决策依据科学化是提升决策质量和效率的关键。决策依据科学化要求决策要基于事实，依据科学的数据信息资料，遵循科学的程序和方法，进行严密的逻辑推理，从而确保决策的正确性和有效性。决策要依据调查的数据事实和实证研究，通过实地调研、案例分析等多种方法，深入了解多元利益主体的实际需求。决策要依托科学分析方法，通过数据挖掘、实证研究等多种分析方法，理清思路、找准方向。决策要依据专业咨询和评估，强化决策分析中智库研究、专家论证和公众参与等多维视角，形成立体化、整体化的决策视角。

科学系统的调查研究成果是决策的重要依据。没有调查就没有决策权，正确的决策离不开调查研究，社会智库通过高质量的调查研究成果、参与政策咨询制定，提供有力的决策支持。社会智库聚集了不同专业领域的专家学者，具有深厚的理论功底和丰富的实践经验，能够准确把握调查研究的关键问题，提出系统研究思路和方法体系。社会智库具有广泛的信息收集渠道、敏锐的社会洞察能力，能够充分发挥现代技术和传统调查方式的优势，掌握有效决策数据。社会智库独立客观的分析视角，能够对标决策目标进行多维视角分析，提出科学性、前瞻性、可行性的建议。

二、技术智慧化

（一）数据获取自动协同

大数据、人工智能、云计算、物联网、区块链等前沿技术不断涌现，为社会调查工作的数据获取提供重要技术支持，通过自动化获取数据，提升数据处理效率和准确性。依托大数据技术手段和平台实现数据采集自动化，借助大数据技术获取全样本数据，确保数据全面反映研究对象的真实情况；利用爬虫技术自动抓取网络公开数据信息，采集平台流量数据；通过机器学习、人工智能技术等数据监测系统进行自动监测；采用聊天机器人、智能语音助手等，协助研究人员进行调研访谈，提高调研的效率和准确性。

数据协同整合对深化数据分析具有重要意义。社会调查需要将不同来源、不同类型、不同时段的数据进行有效整合和共享，以实现数据的协同利用。数据协同要基于确定的数据格式，搭建数据开放共享平台，将多个数据源的数据进行融合处理，形成更全面、更丰富的数据集，通过数据融合分析，发现不同数据源之间的关联性和互补性。数据协同的过程需要借助大数据分析手段，同时更需要研究人员对数据的判断和分析，把握数据背后的规律和趋势，构建数据自动协同分析框架，为智能化分析做好支撑。

（二）研究分析智能融合

人工智能及大数据的应用能够辅助支撑数据的分析解读。大数据技术可以对碎片化信息的数据进行集成和交换，提升数据基础分析整合效率，应用机器学习和数据挖掘技术分析调查数据，拓展数据分析的维度和广度；通过 AI 准确快速自动分类反馈、识别关键问题和预测未来趋势，支持风险预警；借助在线分析工具、大数据分析等技术进行数据挖掘和趋势预测，呈现智能化分析报告，辅助决策制定。

研究分析的智能融合要在大数据应用的基础上，结合研究人员的分析研判和业务管理人员的智慧，真正实现智慧分析决策。人工智能和大数据技术自动化处理海量数据，有助于社会调查研究人员从烦琐的数据处理工作中解放出来，更专注于问题的分析和解决。技术手段和社会智库的融合分析，可以增强数据分析的深度和精度，拓宽研究视野。人工智能大数据平台可以实现数据的自动分析和趋势预测，预警苗头性问题，再由研究人员及时跟进具体问题，多维分析比对，深入探究背后的原因，找到解决问题的关键，提出针对性建议措施，提前化解风险。

（三）决策制定多维立体

新一代数字技术的蓬勃发展为政府调查评价中的决策制定提供高效的工具和方式。数据平台能打破"信息孤岛"，实现跨部门数据共享，确保数据的全面性和时效性。利用大数据分析、机器学习、人工智能等先进技术，对海量数据进行深度分析和挖掘，发现数据背后的关联、趋势和规律，为精准决策提供科学依据。同时运用数据模型进行政策模拟和预测分析，评估不同政策选项的可能影响，帮助政府预判未来趋势，提高决策科学性。

近年来，随着各地数字政府建设的全方位推进，政务数据量呈现爆炸式增长，在多渠道、多口径海量数据中，专业咨询服务在大数据决策中的重要性愈加凸显。大数据提供了前所未有的数据量和复杂性，其中蕴含着的丰富信息须结合专业的服务进行深入分析和研究才能产生价值，运用智库专业力量，对大数据进行分析解读，揭示数据背后的规律、趋势和关联，才能真正发挥数据作为第五要素的价值和潜能，为决策者提供科学、精准的依据，从而提高决策质量。对存量数据和增量数据分级分类，结合专业咨询研究服务，优化政策制定和执行，才能真正提升决策立体度。

三、内容丰富化

（一）对外调查评价常态化

习近平总书记指出，调查研究是我们党的传家宝，是做好各项工作的基本功；调查研究是谋事之基、成事之道。在治理体系和治理能力现代化水平不断提升的时代要求下，相关部门在为公众、为企业服务中可将调查研究常态化、制度化，通过定期深入一线、走访企业、走进公众，全面、深入地了解实际情况，为制定科学合理的政策提供依据，形成稳定的政策反馈和调整机制，保证政策和服务能持续适应社会发展的需要。常态化的调查研究能及时捕捉社会需求变化，提高政府公共服务供给与公众企业需求的匹配度；及时发现潜在的风险和问题，提升应对各种风险考验的能力；及时找到工作中存在的问题和不足，为改进工作提供方向和动力。

社会智库以公众视角、贴近基层的优势提高调查客观科学性。社会智库来自民间、贴近基层，能够更及时、更深入地了解不同群体的利益诉求和意见建议，并通过专业、科学的政策分析，为服务提供者提供高效的政策咨询。通过调查研究，将公众的声音传递给决策者，增强政策的针对性和有效性。同时，社会智库在对政府的公共服务政策进行监督和评估中，提供客观的反馈和建议，助力政府部门及时发现和纠正政策实施中的问题，提高政策执行的效果。

（二）对内调查评价多元化

政府内部治理能力现代化是政府治理体系现代化不可或缺的一部分，在我国当前政府组织架构中，部分职能部门行使着对内服务的重要职能，在治理型政府体系中发挥重要作用。实际工作中，政府内部间的调查评价缺乏有效路径和抓手，内部信息共享和协同存在阻力，在对内服务及治理中积极引入第三方调查评价是提高内部治理效能，促进内部沟通协作和带动思维理念创新的有效方式。

在复杂多变的治理环境中，社会智库能够协调不同部门和机构之间的利益诉求，推动跨部门协作和资源整合，同时社会智库的研究成果和建议可作为沟通工具，助力不同部门间增进理解、协调立场，促进政策的统一性和连贯性，推动政府内部治理的协同和整合。通过对政府内部各个环节进行监督和评估，发现部门内部管理中存在的潜在不足，及时反馈内部服务对象的需求和建议，推动政府不断改进工作作风和提升治理水平。社会智库通常具有较强的创新意识和开放思维，能够引入国内外先进的治理理念和模式，为政府内部治理提供新的思路和方向。

（三）研究成果交流国际化

近年来，在习近平外交思想指引下，中国特色大国外交开创新局面，随着国际形势不断变化和中国特色新型智库茁壮成长，我国各类智库机构日渐走上国际舞台，深度参与外交活动，踊跃发出中国声音，积极引导国际舆论，促进国与国之间的政策互通、理念传播、民意通达，成为我国民间外交队伍中一支不可或缺的"生力军"。习近平总书记在第三届"一带一路"国际合作高峰论坛开幕式上的主旨演讲中提到"不断深化的民间组织、智库、媒体、青年交流，奏响新时代的丝路乐章"，明确了智库在国际交流和民间交往中的重要角色。

社会智库通过积极参与国际交流与合作，代表民间声音参与全球治理议题，参与全球治理体系的建设和改革，能够提升我国在国际舞台上的影响力和话语权，提升国家软实力。同时能在交流合作中学习和引进国外先进经验和治理模式，为中国的政策制定和改革提供参考和借鉴。有条件的本土社会智库积极走出国门，介绍中国公共服务治理的经验和做法，能提升中国的国际形象。社会智库还可以作为非官方渠道，与国外智库、学术机构和国际组织建立联系，进行"二轨外交"，促进国家间的政治互信。

四、结果实效化

（一）公众需求有回应

随着社会状况的不断变化，公众和企业的需求处于变化中，及时收集社会需求是增强政策的适应性和有效性的必要环节。通过对不同社会群体和领域持续的调查研究，政府部门能够及时发现政策执行中的问题和不足，收集了解公众需求和期待，为及时调整和优化政策提供重要依据和参考。政府部门对公众需求的及时回应和响应，是增强公众对政府信任度、提升政府公信力的有力方式。

社会智库作为政府与社会之间的桥梁，能够深入基层、走进公众和企业，及时了解和反映公众及企业的诉求和关切。通过专业的分析和研究，为政府呈现准确、全面的公众诉求信息，帮助政府更好地了解民情、顺应民意。同时在社会调查中将政府的政策意图和导向反馈给公众、企业，增进政策的透明度和公众的参与感。在此过程中，社会智库的独立性和专业性有助于增强公众的信任感，获取到更全面的需求信息，社会智库调查中透明的研究过程和客观的研究结果，也能进一步增强公众对政府决策的理解和支持。

（二）多方建议有落实

治理型政府建设强调多元主体参与、注重合作与协调、追求公共利益最大化，以服务为宗旨，参与式决策、协同治理是该管理模式下的重要特点，公众和企业建议是政府工作改进和优化的重要方向。政府部门应将收集到的公众和企业建议作为政策制定和调整的重要依据，将公众意见转化为政策行动，制定相应的政策、措施或实施方案，明确各部门、各单位的责任分工和时间节点，确保公众建议得到有效落实。及时将政策制定和调整的进展、结果及原因等反馈给公众，并通过官方网站、媒体等渠道公开相关信息，可有效增强政府工作的透明度和公信力。

社会智库能设计和推广公众参与政策制定的渠道和机制，收集、整理并有效传达公众意见，进一步参与到政策创新机制的设计中，如建立公众参与决策的制度化通道，促进政府决策体系更加开放、包容，长期促进公众建议的有效转化等。社会智库往往具有丰富的研究经验和强大的分析能力，能结合公众建议进一步分析和挖掘，快速捕捉和总结社会变化，为政府提供及时的落地建议，提高政府部门对新情况的适应性和灵活性。同时，社会智库还能对政府采纳公众建议后的政策实施效果进行跟踪评估，及时发现问题并提出改进建议，确保政策有效落地，真正惠及民众。

（三）资源配置有优化

调查评价是及时发现并关注社会中的热点、难点和痛点问题的手段方式，通过调查评价后的深入分析，挖掘问题的成因和规律，找到切实可行的解决方案和建议，推动社会问题有效解决是政府部门开展调查评价的核心任务所在。针对调查发现的难点问题，做好资金、人员、机制和保障的统筹协调和持续优化，平衡不同利益群体的诉求和利益，是做好闭环管理的重要部分。

社会智库作为相对独立的第三方机构，可以客观地评估政府当前资源配置的效率和效果，通过数据分析和案例研究，揭示资源配置瓶颈与浪费现象，为政府提供基于数据和事实的科学决策支持。结合经济学、管理学等多学科理论，社会智库能够设计更加科学合理的资源配置政策框架，优化财政支出结构，提出高效利用公共资源的具体措施，帮助政府实现资源的优化配置。同时，社会智库在调查研究过程中能灵活运用国际比较、历史经验，引入社会治理新思路、新模式和新方法，构建政策分析、风险评估和预测模型，及时发现资源配置过程中的问题和潜在风险，助力政府作出更加理性、科学的资源配置决策。

后 记

　　社会调查与评价是社会型智库沟通政府工作与群众建议的重要桥梁，是了解政策举措落实与群众体验反馈的重要渠道，是听民声、察民情、聚民智的重要方式，是政府转变思维、推进治理体系和治理能力现代化的重要抓手。党的十八大以来，习近平总书记强调：调查研究是谋事之基、成事之道，没有调查就没有发言权，没有调查就没有决策权；正确的决策离不开调查研究，正确的贯彻落实同样也离不开调查研究；要在全党大兴调查研究之风。

　　作为一家政府咨询机构，研究是我们的日常工作；作为一家社会型智库，社会调查是我们的基本功。我们的工作领域很小，多年来仅深耕政府咨询工作；我们的工作领域又很大，涉及人民群众、经营主体关心的方方面面。十余年来，民生智库深耕政府民生领域，一千余个项目中，社会调查与评价占大半。由是，我们梳理总结了近些年的一些工作经验、工作方法和一些典型案例，形成民生智库文丛之《社会调查与评价》，以期为党政单位开展社会调查评价工作提供参考，为社会公众了解政府工作提供窗口，为社会同仁友好交流、共同发展提供素材。

　　全书由民生智库各研究中心研究人员共同编写而成。第二、第三、第四章涵盖了民生智库部分研究领域，为本书主体内容；第一章和第五章是我们对社会调查与评价工作的基本认知与期待展望。

第一章简单介绍了社会调查与评价的现状、方法和要点，主要作者为营商环境研究中心李璐、城市治理研究中心潘吟、环境水务研究中心程成、就业促进研究中心宗莉、绩效管理研究中心方园、乡村振兴研究中心梁庆宇、文化和旅游研究中心金志玲、交通发展研究中心于瑶。

第二章聚焦公共服务调查与评价，主要作者为交通发展研究中心于瑶，民政老龄研究中心唐艳红、王静妍，环境水务研究中心程成、邢岩、刘源、张俊娜、程红红，园林绿化研究中心陈季琴、申明华、周红英。

第三章聚焦经济发展调查与评价，主要作者为营商环境研究中心李璐、韩朔，市场监管研究中心关凯承、陈佳云、陈颖，文化和旅游研究中心金志玲，就业促进研究中心宗莉、陈欢、朱兰香，乡村振兴研究中心梁庆宇、苑云、冀娜。

第四章聚焦政府治理调查与评价，主要作者为绩效管理研究中心方园、朱兰香，城市治理研究中心毕晓佳、潘吟、付世龙、赵明月、王晓霞、王文娟、赵引凡、张珊珊、谢卓玉，冀娜、于瑶，园林绿化研究中心周红英、陈季琴、胡嘉琪。

第五章主要作者为园林绿化研究中心陈季琴、就业促进研究中心宗莉、绩效管理研究中心方园。

全书由民生智库咨询研究总裁张洪云博士任执行主编，陈季琴、方园为执行副主编。因水平有限，时间紧张，疏漏之处在所难免，恳请各位读者提出宝贵意见，批评指正。